Wer möchtest du sein?

HELLMUT HILSE

Wer möchtest du sein?

Wer bist du?

Erkenne dich selbst!

Werde dir und dem Mitmenschen gerecht!

Bibliografische Information der Deutschen Nationalbibliothek:
Die Deutsche Nationalbibliothek verzeichnet diese Publikation
in der Deutschen Nationalbibliografie; detaillierte bibliografische
Daten sind im Internet über http://dnb.dnb.de abrufbar.

© 2015 Hellmut Hilse
Satz, Umschlaggestaltung, Herstellung und Verlag:
BoD – Books on Demand

ISBN: 978-3-7386-9460-4

Inhalt

Vorwort	11
Weichenstellung (Hoffnungen und Gegensätze)	13
Zuckerrüben und der Wert der Seelen?	20
Bringt einem Mann das Fischen bei!	25
Ist die Liebe nur Schicksal oder Mitgestaltung?	29
Sieben Teenager nach Klassenfahrt schwanger	38
Wie Gerechtigkeit und Barmherzigkeit uns aus der Knechtschaft befreien	40
Träume müssen sein	47
Das Leben ist kein oder doch ein Tanz?	52
Von oben nach unten	55
War es Zufall, dass sich unsere Wege kreuzten?	57
Das Skierlebnis und andere Erfahrungen in der Jugend	65
Liebesgaben – Poesie	70
Aus Feldpostbriefen, 22. November 1914	71

Das Richtige tun – zur rechten Zeit und ohne zu zögern	74
Zeichen erkennen!	80
Sich selbst meistern. Erkenne dich selbst!	92
Der Versuchung widerstehen	96
Die Wahrnehmung während des Medizinstudiums	99
Ein Vater erinnert sich – die Kräfte im Leben. Ein Gespräch zwischen Vater und Tochter	107
Dem Übel entgegentreten; dem Guten zusagen	111
Mit seinen Kindern die Wurzeln der Kommunikation pflegen	115
Für eine starke Jugend. Sie alle haben Chancen	122
Auffassungen von Liebe und Akzeptanz	129
Steht Armut der erfüllten Liebe entgegen?	134
Bringen wir das Beste in uns hervor! Werde dir und dem Mitmenschen gerecht!	139
Die Schöpfung! Die Natur zum Beruf machen	144
Erkenntnis von Licht und Wahrheit erlangen	152
Bin ich der, der ich sein wollte?	158

Das unglückliche und traumhafte Liebesleben des Märchenerzählers Hans Christian Andersen	164
Begebenheiten der Vielfalt	178
Eine Welt der Hoffnung	181
Wege aus einer Wochenbettdepression	183
Nimm es an – es stärkt dich!	189
Düsterer Morgen, strahlender Tag	196
Der Geist des Jungseins	203
Die Liebe, die bewegt!	206
Musik, Familie, geistige Ideale	222
Schlusswort	241

Spruch des Tages!
Wer den Menschen studieren und erkennen will, der unternimmt ein so schwieriges Werk wie einer, welcher Tinte anfassen möchte, ohne sich zu beschmutzen.

(Zwingli)

Vorwort

Die Anziehungskraft der Menschen untereinander bestimmt seit Jahrtausenden das Weltgeschehen in vielfältiger Weise. Schicksale ewiger Lebens- und Liebeskraft begegnen uns in wechselnder Folge. Liebe und Hass, Vergebung und Verurteilung. Dankbarkeit und Gleichgültigkeit lenken unser Handeln. Die Stimme der Natur berührt uns oder lässt uns erkalten. Glücklicher und schöner verbleibt das Innere des Menschen, wenn er sich ewige Grundsätze zu eigen macht:

> Wenn du dreimal fällst, stehe viermal wieder auf!

Tu, was ist recht, du ringst nicht vergebens, Wahrheit erreicht nun den Herrn und den Knecht. Tu, was ist recht! Lass dich Folgen nicht sorgen, kämpfe für Wahrheit und Tugend und Recht! Schau auf das kommende Morgen; Gott wird dich schützen, drum tu, was ist recht!

> Ein jeder preist nur, was ihm nützt.
> (Ramler, Die Krähe und die Nachtigall)

Große Freude empfinde ich dafür, Ihnen, lieber Leser, einen nie endenden Glanz der Lebenszeit mit den Wechselwirkungen aufzuzeigen, was uns stark und widerstandsfähig gegenüber dem Bösen machen kann. Wer die Rüstung der Rechtschaffenheit anstrebt, wird inneren und äußeren Frieden erlangen. Erfüllte Beschlüsse ersparen Bedauern. Je mehr wir mit ganzem Herzen danach streben, glücklich und würdevoll zu werden, desto sicherer vermeiden wir einen Weg, den wir eines Tages bedauern.

Als ich vertrauten Personen das Manuskript zum Lesen zur Verfügung stellte, kamen alle zu dem Ergebnis, dass sie sich entspannt zurücklegen konnten, denn es gibt keine Obszönitäten.

Alles ist so angefasst, dass es den Schwachen, den Starken und den Überflieger auf dem Weg des rechten Weges begleitet.

Dieses Buch soll kein politisches Buch sein. Der aufmerksame Bürger und der beherzte Leser können fast täglich aus den verschiedenen Medien von den nachdenklichen Umständen in der Welt erfahren.

Krankheiten, Seuchen, Gewalt, Betrug, Krieg, Kriegsgeschrei, die Macht der Natur, Erdbeben und dergleichen sind seit alters für die Zeichen der Zeit vorhergesagt.

Ein Mensch, dessen Inneres friedfertig, dem Treue ein praktizierendes Anliegen ist und bleibt, dem Kranken, der unter Schmerzen leidet, jede als Unglück empfundene Trübsal hat die Schöpfung geschaffen, um den Menschen zu stärken und ihn für die wunderbare Zeit der Ruhe in der anderen Welt vorzubereiten. Der Satz ist so gemeint.

Wer diese Prüfungen besteht, wird dereinst in eine Welt der Freude gelangen.

Ich weise auf das Schlussthema über Johann Sebastian Bach hin, der durch seinen unerschütterlichen Glauben und seinen gottgefälligen Lebensstil für viele als Ehemann und Familienvater ein Zeichen für uns alle gesetzt hat.

Wer möchtest du sein?

Erkenne dich selbst!

Werde dir und dem Mitmenschen gerecht!

Der Verfasser
Hellmut Hilse

Siehe auch:
Die Herausforderungen des Lebens annehmen!

Weichenstellung (Hoffnungen und Gegensätze)

Das große Sterben durch Pest und Hungersnot im 14. Jahrhundert wurde im Osten und Westen in unterschiedlicher Weise ausgeglichen. Eine allgemeine Schätzung geht dahin, dass, wenn Deutschland um 1340 etwa 14 Millionen Menschen zählte und sich diese Zahl bis 1470 auf etwa 10 Millionen verringerte, der frühere Stand um etwa 1560 wieder erreicht wurde. Bis zum Dreißigjährigen Krieg dürfte die Gesamtbevölkerung dann noch um 2 oder 3 Millionen gestiegen sein. (W. Abel)

Andere nehmen für die Zeit von 1500 bis 1600 eine Steigerung von 12 Millionen auf 20 Millionen an. Im Jahre 1500 gab es wohl kaum eine Stadt in Deutschland, die wesentlich mehr als 30.000 Einwohner hatte. Zur Spitzengruppe gehörten Köln, Danzig, dann folgten mit etwa 20.000 bis 25.000 Straßburg, Lübeck und Nürnberg. Hamburg, Danzig, Nürnberg und Augsburg wuchsen im 16. Jahrhundert überdurchschnittlich; sie verdoppelten ihre Bevölkerung. Während im Osten noch gelegentlich Stagnationen eintraten, wurde der Westen anscheinend trotz gelegentlicher Pestepidemien von keiner mit den großen Verlusten des 15. Jahrhunderts vergleichbaren Regression mehr betroffen.

Selbst der gewaltsame Tod von etwa 100.000 Menschen im großen Bauernkrieg 1525/26 konnte offenbar sehr rasch ausgeglichen werden. Noch 1503 hatte die volkstümliche Schrift »Evn christliche ermanung« erklärt: »Die viele sterbunge und pestilenzen sint eine Strafe Gottes, damit die menschen nit zu üppig werden«.

Es muss wohl der Frauenüberschuss in den spätmittelalterlichen Städten in Rechnung gesetzt werden, womit die geburtenregelnde Wirkung kirchlich empfohlener Enthaltsamkeit in der Ehe während der Advents- und Fastenzeit weiter Bestand hat. (Heinrich Lutze)

Einige hundert Jahre später las ein junger Mann diese Zeilen und war zutiefst beeindruckt, denn man hatte ihm vorher erzählt, dass es ähnliche Verhältnisse wieder geben wird. Man erklärte ihm, dabei nahm man das Neue Testament im Lukasevangelium zu Hilfe, dass Plagen, Krankheiten und Seuchen die ganze Erde bedecken werden.

Trotz des Fortschritts der Medizin werden die Menschen in den letzten Tagen vor dem zweiten Kommen Christi in ungeahntem Ausmaß Krankheiten, Plagen und Seuchen ausgesetzt sein. Immer neue Krankheiten, die bisher unbekannt waren, werden die Menschen plagen. Ja, sogar die Plagen und Seuchen von früher werden im Vergleich zu den Krankheiten verblassen, die künftig auf die Welt zukommen. Dieses Wissen ließ den jungen Mann nicht los.

Gibt es denn keinen Weg, das zu verhindern? Aber es steht doch geschrieben, dass alles noch kein Ende haben wird.

Es kam ihm in den Sinn, es müsste doch ein Weg gefunden werden, wenigstens das Leid der Menschen zu mildern, ihnen eine Hoffnung zu geben, dass ein Leben danach wertvoll und aussichtsreich erscheint. Er hatte in der 12. Klasse des Gymnasiums sich damit befasst, einmal Arzt zu werden. Doch war für ihn unübersehbar, dass die Medizin mehr ein Faktor der wirtschaftlichen Bilanzen geworden ist, als gemäß dem Eid den Menschen in den Mittelpunkt zu stellen.

Sicher, es gab immer noch Ausnahmen, doch der Trend war unübersichtlich. Mit seinen Eltern besprach er dieses Thema und diese konnten aus ihrem Umfeld berichten, dass es Menschen jeglichen Jahrgangs gäbe, die bei aller medizinischen Hilfe das Leben nicht verlängern konnten.

Viel Nachdenken gab es in den Familien. Wieso nachdenken? Oftmals trat die Frage auf: Was habe ich falsch gemacht? Warum gerade ich? Warum gerade jetzt?

Diese Fragestellung ist zu verständlich, ihre Beantwortung ändert aber nichts an der Tatsache, eventuell eine schwere Erkrankung erleiden zu müssen. Sicher, dieser oder jener konnte es ertragen. Ist da ein Unterschied? Lesen wir dazu einen Fall, dem unser junger Mann dereinst begegnete. Mag es sein, dass das »Ertragen« eine andere Geisteshaltung bedingt, wohl wissend, dass man das, was soeben beschrieben, kaum zu überwinden ist? Ein junges Mädchen, nennen wir sie Dagmar, beschreibt ihre Prüfung wie folgt:

Ich lag in einem Krankenhausbett und es ging mir so elend, dass ich nicht einmal die Augen öffnen konnte. Die Diagnose: akute lymphoblastische Leukämie. Erst vier Jahre zuvor war meine Mutter an einer ähnlichen Krebskrankheit gestorben. Ich musste mich einer starken Chemotherapie unterziehen, die nach Aussage der Ärzte zweieinhalb Jahre lang fortgesetzt werden musste, damit alle Krebszellen vollständig zerstört wurden. Ich konnte nicht begreifen, warum es gerade mich traf und warum gerade jetzt. Schon bald wurde mir bewusst, dass die Krankheit selbst nicht mein einziges Problem war. Eines der Medikamente, das gegen Leukämie eingesetzt wird, ist ein Steroid, das in extrem hoher Dosis verabreicht wird.

Es ist sehr wirksam und zerstört die Leukämiezellen, aber es besteht, vor allem bei Mädchen im Teenageralter, ein geringes Risiko, das man avaskuläre Nekrose nennt (wobei die Knochen an den Gelenken zerstört werden). Meine Ärzte dachten, mit meinen zwölf Jahren sei ich noch so jung, dass ich nicht gefährdet sei. Doch nach einem Monat Chemotherapie hatten die Steroide die meisten wichtigen Gelenke sowie Teile meines Rückgrats zerstört.

Ich hatte ständig Schmerzen. Vier Monate nachdem die Leukämie diagnostiziert worden war, hatte ich meine erste Hüftoperation, die den Schaden, den die Steroide verursacht hatten, beheben und meine Schmerzen lindern sollte. Die Operation verlief aber nicht so gut, wie ich gehofft hatte, und der orthopädische Chirurg sagte mir, ich würde wahrscheinlich nie wieder reiten können.

Plötzlich hatte sich die Zukunft, die ich mir vorgestellt hatte, in Luft aufgelöst. Ich war eine gute Schülerin und ging gern in die Schule. Jetzt konnte ich nicht mehr zur Schule gehen, auch nicht in die Öffentlichkeit, weil die Chemotherapie mein Immunsystem zerstört hatte. Stattdessen war ich zu Hause bei meiner Stiefmutter.

Damals dachte ich, es ginge mir wirklich schlecht, aber es kam noch schlimmer. Sechs Monate nach meiner Hüftoperation musste ich noch einmal an der Hüfte operiert werden, weil die erste Operation nichts gebracht hatte. Ich saß im Rollstuhl, weil mir das Gehen zu große Schmerzen bereitete. Es stand fest, dass ich nie wieder reiten konnte, doch nun fragte ich mich, ob ich überhaupt jemals wieder gehen konnte. Ein Leben lang krank, mit ständigen Schmerzen, an den Rollstuhl gefesselt, das waren trübe Aussichten.

Ich betete zu meinem himmlischen Vater, und ich wusste, dass auch viele andere Menschen für mich beteten. Während der ganzen schweren Zeit betete ich, dass ich geheilt werden möge, dass meine Gelenke wieder heilen und ich die übrige Chemotherapie nicht mehr brauchte. Aber offenbar wurden meine Gebete nicht erhört, denn ich musste noch immer jede Woche in die Kinderklinik, um weitere Chemotherapie zu erhalten. Ich hatte immer noch Schmerzen. Und ich war weiterhin an den Rollstuhl gefesselt.

Eine Zeit lang dachte ich, meine Eltern müssten verrückt sein, weil sie an einen Gott glaubten, der nicht einmal einem armen kleinen kranken Mädchen zuhörte. Jahre zuvor war mein Glaube in ähnlicher Weise auf die Probe gestellt worden, als ich darum betete, dass meine Mutter wieder gesund werden möge. Sie brauchte die ganze Zeit Sauerstoff und war so schwach, dass sie nicht einmal im Haus umhergehen konnte. Ich betete und hoffte und betete, dass sie auf wundersame Weise geheilt würde. Aber sie wurde nicht geheilt. Nachdem sie gestorben war, wurde mir klar, dass wir im Gebet um alles bitten können, war wir wollen, dass unser Gebet aber nur erhört wird, wenn wir um das Richtige bitten und darum bitten, dass der Wille des Herrn geschehen möge.

Ich erinnere mich wieder an diese Erkenntnis und bat den himmlischen Vater nicht mehr, mich zu heilen. Vielmehr sagte ich ihm, dass ich mir sehr wünsche, dass die Prüfungen aufhörten, dass ich aber seinen Willen annehmen wolle. Als ich auf diese Weise betete, kam ich besser mit der Chemotherapie zurecht und hatte eine bessere Einstellung.

Unglückliche Umstände lehrten mich, mich von dieser Frage – oder von allem anderen, was eigentlich nicht so wichtig ist – nicht beunruhigen zu lassen. Das war aber erst der Anfang der Segnungen und Antworten auf meine Gebete und Antworten. Aus unserem Bekanntenkreis gaben zwei Priester immer wieder einen Priestertumsegen. Immer wenn ich operiert werden sollte, bat ich um einen Segen.

Der Segen half mir und meiner Familie uns zu beruhigen. Einmal hatte ich hohes Fieber und wir mussten ins Krankenhaus. Bevor wir losfuhren, bat ich erneut um einen Segen. Als wir die Tür zur Notaufnahme öffneten, hatte ich kein Fieber mehr, und ich musste die Nacht nicht im Krankenhaus verbringen. Ich weiß, dass die Macht des wahren Priestertums ein Geschenk von unserem himmlischen Vater ist, der uns liebt. Am Anfang fiel es mir schwer, Hilfe von anderen anzunehmen. Wenn jemand etwas für mich tat, hatte ich das Gefühl, ich könnte gar nichts mehr selbst machen. Aber bald lernte ich, dass es in Ordnung war, um Hilfe zu bitten.

Als ich mich wieder besser fühlte, suchte ich nach Gelegenheiten, auch etwas für andere zu tun. Jetzt bemühe ich mich, anderen so gut ich kann zu helfen. Ich habe ein gutes Gefühl, wenn ich meinen Mitmenschen diene. Deshalb habe ich auch erkannt:

Wenn ich zulasse, dass andere etwas für mich tun, dann ermögliche ich ihnen, dieselben guten Gefühle zu haben. Ich habe gelernt, mehr über die Zukunft und über meine Entscheidungen nachzudenken, weil ich dem Tod so nahe war.

In der Schule hörte ich manchmal, wie Mädchen sich darüber beklagten, dass ihre Haare mal wieder furchtbar aussahen.

Ich saß in meinem rosa Rollstuhl mit einer Perücke auf dem Kopf und dachte: »Immerhin hast du Haare!« Manche Mädchen beklagten sich darüber, dass ihnen beim Gehen die Füße wehtaten, weil sie Schuhe mit hohen Absätzen trugen. Dann sagte ich in Gedanken: »Immerhin kannst zu gehen.« Ich versuche mich auf das große Ganze zu konzentrieren und nicht auf die banalen Dinge, über die ich mir früher oft Sorgen machte.

In den letzten paar Jahren habe ich noch vieles andere gelernt, und daher waren meine Krankheit und die Komplikationen durch die Chemotherapie auch ein Segen. Ich bin meinem himmlischen Vater nähergekommen. Meine Liebe und mein Wissen, dass es ihn gibt, sind gewachsen. Und ich habe gelernt, worauf es wirklich ankommt. Ich weiß zu schätzen, was Menschen für mich tun, auch wenn es nur etwas ganz Einfaches ist. Inzwischen geht es mir besser, ich habe weniger Schmerzen und kann nach und nach meine Gelenke wieder besser bewegen. Während meine Genesung voranschreitet, empfange ich weitere Segnungen und lerne Neues dazu. Also warum gerade ich? Warum gerade jetzt? Ich stelle diese Fragen nicht mehr, weil ich im Laufe meiner Prüfungen geistig gewachsen bin. Ich habe herausgefunden, wer ich wirklich bin, weil der Herr mich so sehr liebt, dass er zugelassen hat, dass ich Unwohlsein erlebe, aber auch die Segnungen bekomme, die damit verbunden sind.

(Der Dagmar geht es inzwischen besser.)

Sie hat in den letzten drei Jahren keine Chemotherapie mehr benötigt. Ihre Gelenke heilen wieder und sie muss nicht mehr im Rollstuhl sitzen. Das Risiko eines Rückfalls besteht zwar, aber darüber macht sich Dagmar keine Gedanken. Stattdessen konzentriert sie sich in ihrem letzten Schuljahr aufs Lernen und übt Oboe und Englischhorn. Kommen wir wieder zu dem Abiturienten zurück, der den Arztberuf anstrebt. Ihm fehlte die Glaubenskomponente wie der Dagmar.

Seine Weitsicht, das Studium mit einer Praxisausbildung zu verbinden, erwies sich als sehr hilfreich für ihn, denn dadurch wurden die Theorie und auch der praktische Teil in der Klinik noch effektiver. Als er nach einigen Jahren sein Studium beendete und die Assistentenzeit im Krankenhaus beendet hatte, ging er nach Afrika, um dort das zu tun, was in der menschlichen Macht stand. Erst nach Jahren fand er eine geistige Brücke zu dem, was er beruflich tat, und zu dem, was man Gott und Heiland nennt.

Beides in Einklang zu bringen befähigte ihn, im Beruf den Menschen in den Mittelpunkt zu stellen. Ob er vom Priestertum Gebrauch machte, wissen wir nicht, nur eines, er ist glücklich, trotz aller Anstrengungen, sich so entschieden zu haben.

Fazit: Das Thema Weichenstellung, Hoffnungen und Gegensätze hat sich als praktische Lebensleitlinie erwiesen. Erkenne dich selbst! Wenn wir die Aufmerksamkeit auf schwache Empfindungen vermehren lernen, so können sie uns den Dient von starken tun.

(Lichtenberg)

Zuckerrüben und der Wert der Seelen?

Erfried gehört zu der Generation, die noch ganz exakt mitbekommen hat, als es hieß: Seit dem Krieg gefangen. Sein Vater gehörte dazu. Wie viele Kriegsgefangene hält die Sowjetunion noch in ihren Lagern zurück? Die Briten beziffern deren Zahl auf drei Millionen. Die Sowjets räumen ein, sie hätten noch knapp 0,9 Millionen in ihrem Gewahrsam; einer Million sei bereits die Rückkehr erlaubt worden. Franzosen halten noch 630.000 Exsoldaten fest, die Briten etwa 430.000, die Schritt für Schritt entlassen werden sollen. Auch in Polen und Belgien arbeiten deutsche Kriegsgefangene – meist im Bergbau.

Der gesunde Bauernbetrieb musste in den Kriegsjahren notdürftig am Leben erhalten werden, dank der Mutter, Oma und anderer hatte Erfried, geboren 1930, die Hauptlast zu tragen. Die Mechanisierung war anscheinend über Jahrzehnte stehen geblieben; man verließ sich auf bewährtes Material wie einen alten, viel zu unhandlichen Eisenpflug, der von den Pferden kaum gezogen werden konnte. Der Traktor aus den 30er Jahren war schwerfällig und nicht für jede Bodenstruktur geeignet, denn es gab noch nicht die technische Möglichkeit, die Auflagefläche der Räder zu vergrößern, um den Druck pro Kubikzentimeter so zu verringern, dass der Schaden der Bodenstruktur gering blieb. Man hatte den Eindruck, dass es nach dem Krieg noch schlechter lief als in den 30er Jahren und Anfang der 40er Jahre.

Die Presse, z.B. der SPIEGEL, umschrieb einige Jahre später die Situation wie folgt:

Magere Jahre.
Die Kältewelle wird von einer Hungersnot abgelöst, gegen deren Auswirkungen Randalierer und Demonstranten protestierten. Wer ist für den Mangel an Nahrungsmitteln verantwortlich – deutsche oder alli-

ierte Bürokraten? Oder gar Schieber und Schwarzhändler, denen nun die Todesstrafe angedroht wird.

Der Hausherr war erst vor kurzem aus der russischen Kriegsgefangenschaft zurückgekehrt, eine Zeit der unbeschreiblichen Drangsal, Mangelerscheinungen und psychischer Belastung; andere Aussagen seien hier ausgeklammert, denn das bescheinigte man ja der eigenen Nation gegenüber anderen zur Genüge.

Man prägte den Begriff: *Steine statt Brot!*

Dazu lassen sich folgende Fakten anführen, die die Menschen in der Stadt intensiver trafen als Erfried und seine Familie. Aber der Nachwelt sei es angemerkt, um ihren Stand der Gegenwart mit anderen Augen sehen zu können. 23 Monate nach dem Waffenstillstand, drei Monate nach der Zonenfusion und einen Monat nach dem Hunger. Es dokumentierten die beiden größten seefahrerischen Nationen erneut, dass sie nicht imstande sind, genug Getreide in die Länder zu transportieren, über denen ihre Fahnen als bedingungsloses Gebot aufgepflanzt sind.

An manchen von Bomben zerstörten Häusern wurde über den ehemaligen Geschäften in weißer Farbe geschrieben: *Wir wollen Taten – Worte machen nicht satt!* Ein deutscher Oppositionspolitiker verstieg sich in der Bemerkung: Solange ein Teil der Landwirtschaft in beiden Westzonen seiner Pflicht nicht genügt habe …

Hatte er übersehen, dass Niedersachsen 90 % des Getreide-Solls, Bayern 88 % und Württemberg 93 % abgeliefert hatten? Wusste die Regierung überhaupt, unter welchen ökologischen und biologischen Bedingungen der Anbau betrieben werden musste?

Die Kornkammer des Ostens, die mehr als 45 % des gesamten Bedarfs abdeckte, war in anderer Hand. An Import war nicht zu denken, denn die Struktur, die technische Ausrüstung und das ökologische und biologische Wissen waren dort noch weiter zurück als bei uns.

Erfried, durch seinen zurückgekehrten Vater in seiner Wahrnehmung unterstützt, hatte im elterlichen Betrieb den Einsatz des Handwerkszeugs in den 1940er Jahren aktiv miterlebt und die ganze Familie wusste, dass die Nährstoffe für die Kulturpflanze, die sich ausschließlich auf den Naturdünger der Viehwirtschaft erhob, nicht das Potenzial hatten, um ein optimales Wachstum des Getreides, der Rüben und so weiter zu gewährleisten. Rübenernten von 45 Tonnen pro Hektar waren Realität und ließen sich in den kommenden Jahren auf 70 Tonnen pro Hektar steigern.

Hinzu kam, dass die Bodentypen noch unzureichend erkannt waren, sodass ein gezielter Einsatz von Düngemitteln nicht möglich war. In manchen Äckern hat die Staunässe wegen nicht gegebener Entwässerung zu Erosionen geführt. Sicher, solche Böden waren Übergangstypen und wurden mit folgenden Bezeichnungen verdeutlicht: Landböden, Grundwasser- und Überflutungsböden, Moore. Der mit Leidenschaft und wirklichem Wissen ausgestattete Landwirt nennt die Grundvorgänge der Bodentypen vereinfacht wie folgt: der Aufbau eines Humuskörpers und die Verlagerung von Stoffen; Auswaschung, Anreicherung.

Durch die politischen und wirtschaftlichen Umstände war der Entwicklungsstand der Böden vernachlässigt worden, das Potenzial weitgehend nicht ausgeschöpft. Ein ganz entscheidender Faktor waren und sind das Klima und die Witterung. Für den Städter sei einmal liebevoll an gemerkt: Liebe Städter, es reicht nicht, das Saatgut einfach dem Boden anzuvertrauen, wenn die Vorarbeit zur Bodenstruktur mangels technischer Geräte unzulänglich sein musste und die anderen Faktoren bis zur Reife und Ernte unter erschwerten Voraussetzungen bedingten, dass die Ernteerträge das optimale nicht erreichten. Es vergingen noch Jahre, bis eine ganz beliebte Frucht, die Zuckerrübe, den Durchbruch erfuhr und die industrielle Verarbeitung – viele Anlagen waren zerstört oder veraltet – zur Ernährung beitragen konnte.

Die Zuckerrübe verlangt Standortbedingungen, die vorwiegend im südlichen Niedersachsen, in Braunschweig, in Hildesheim (Börde), im Rheinland zwischen Bonn und Krefeld (Köln-Aachener Bucht), in Süddeutschland in den Gebieten am Main und an der Donau, am nördlichen Oberrhein und in Württemberg gegeben waren.

Es war angestrebt, die Struktur vorausgesetzt, die Anbaufläche zu vervierfachen, um durch weitere Parameter den mittleren Rübenertrag deutlich auf ca. 70 Tonnen je Hektar zu erhöhen. Wer Erfried und seine Familie kennt, der reiht sich ein in Dutzende von Familienbetrieben, die für das Überleben kämpften und ihren Berufsethos hoch hielten. Für sie war es eine große Herausforderung. Sie nahmen diese Chance an. Wie wertvoll die Zuckerrübe war, möchte ich an einer Geschichte wiedergeben, die dem Verfasser vor einigen Jahren anvertraut wurde. Eine Geschichte mit einem ernsten und weitsichtigen Hintergrund, den zu verstehen einem Appell, einem Sinnbild, gleichkommt. Darin heißt es: …Stellen wir uns einmal einen Bauern vor, der mit einem offenen Zugwagen voller Zuckerrüben unterwegs zu einer Zuckerraffinerie ist. Sein Weg führt ihn über eine holprige, unbefestigte Straße und einige Zuckerrüben fallen vom Wagen und bleiben verstreut am Wegesrand liegen. Als der Bauer feststellt, dass er einige Zuckerrüben verloren hat, weist er seine Helfer an:

»In den Rüben, die vom Wagen gefallen sind, ist genauso viel Zucker.« Die Zuckerrüben sind – der Vergleich ist sinnbildlich wertvoll – wie die Mitmenschen, die uns anvertraut sind. Diejenigen, die von dem Anhänger gefallen sind, sind Männer und Frauen, die Jugendlichen und Kinder, die, aus welchem Grund auch immer, den Weg verlassen haben und nicht mehr in Gemeinschaft verweilen. Über diese Seelen, die für unseren Vater und unseren Herrn von so großem Wert sind, sage ich mit ähnlichen Worten wie der Landwirt:

»Diejenigen, die auf dem Weg zurückgeblieben sind, sind genauso wertvoll. Gehen wir zurück und holen wir sie wieder in den Schoß des Vertrauens und der Liebe der Gemeinschaft.«

Gerade in der heutigen Zeit lassen sich manche von uns von der Strömung der vorherrschenden Meinung mitreißen. Andere werden von den Wellen turbulenter Zeiten hin und her geworfen.

Wieder andere werden hinabgezogen und versinken im Strudel der Sünde. Das muss nicht so sein. Wir haben die wahren Lehren. Wir haben die Programme. Wir haben die Menschen, die Familien, die alles daran setzen, jede Seele zu retten. Man kann zusammenfassend betonen: bleibe bis zum Ende treu.

Bringt einem Mann das Fischen bei!

Ernst hörte auf zu paddeln. Er saß in seinem kleinen Auslegerkanu und betrachtete den Sonnenuntergang über dem großen Meer auf der anderen Seite der Bucht. Jahrelang hatte er hier mit seinem Vater gefischt. Doch heute sah er vor lauter Tränen den vertrauten Anblick nur verschwommen. Heute war er allein. Während das Kanu sanft auf dem Wasser schaukelte, konnte er hören, wie sein Vater so oft zu ihm gesagt hatte:

»Schau aufmerksam zu, Ernst. Einmal, wenn ich nicht mehr da bin, musst du wissen, wie du unsere Familie ernähren kannst.«

Nun war der Tag da, auf den sein Vater hingewiesen hatte und auf den er ihn hatte vorbereiten wollen. Aber dieser Tag war viel zu früh gekommen. Ernst war erst 16 Jahre. Er war noch nicht bereit. Ernst achtete seinen Vater.

Jahrelang hatte er ungeduldig gewartet, bis sein Vater endlich sagte, er sei alt genug, ihm dabei zu helfen, die Netze auszulegen oder einzuholen. Damals war Ernst sieben Jahre jung. Sein Vater verdiente mit dem Fischen nicht viel Geld, aber es reichte, um Ernst, seine fünf Schwestern und ihre Mutter zu ernähren.

Nun aber – erinnern wir uns an den Tod des Porschefahrers – war sein Vater nicht mehr da. Er war ganz plötzlich gestorben. Es brach Ernst das Herz. Mit seinem Vater hatte er seinen Helden verloren, seinen Mentor.

Zu dem Schmerz kam noch die erschreckende Erkenntnis, dass er nun die Aufgabe übernehmen musste, auf die sein Vater ihn vorbereiten wollte. Nun musste Ernst für seine Familie sorgen.

In der ersten Woche nach dem Tod seines Vaters konnte er nicht einmal ans Fischen denken. Wusste er doch, welche Gefahren die Natur (das Meer) in sich birgt. Vorsicht, Aufmerksamkeit und überlegtes Handeln wurden jemals gefordert.

Die Gezeiten sind ein Naturphänomen. Dank der wunderbaren Erziehung dahingehend, dass die Eltern dem Sohn den Optimismus, das Selbstwertgefühl förderten, kam in dieser Situation der Gedanke in ihm auf: Wie der Vater, so der Sohn!

Obwohl Ernst nicht daran gezweifelt hatte, dass er in die Fußstapfen seines Vaters treten konnte, erkannte er doch, dass er mehr zustande bringen konnte, als er gedacht hatte. »Viel hat sich verändert – wie ich denke, wie ich alles betrachte, wie ich etwas anpacke«, meinte Ernst. »Ich habe erkannt, dass ich tun kann, was mein Vater getan hat.« Ernst ist seinem Vater ähnlicher geworden, als er es für möglich gehalten hatte. »Ja, ich bin mit der Verantwortung gewachsen; erwachsener geworden.« Er ist in die Fußstapfen seines Vaters getreten – als Fischer und als Lehrer.

»Bring einem Mann das Fischen bei!« heißt es am Anfang dieser Geschichte. Lerne mit allem verantwortungsbewusst umzugehen; schütze deine Familie und trage Verantwortung für ihr Wohl und bewahre sie durch überlegtes Handeln vor Schaden und Kummer.

Stärke deine Kinder, damit sie sich den Aufgaben ohne Angst, ohne Unsicherheit stellen können, wohl wissend, dass Erfahrung durch nichts zu ersetzen ist (auch beim Autofahren).

Wie man nicht nur Kinder fürs Leben stärkt.

Wie gut Kinder mit Rückschlägen umgehen, hängt größtenteils davon ab, wie gut ihre Eltern sie darin unterstützt haben, die Einstellung und die Kompetenzen zu entwickeln, die ihnen innere Kraft verleihen. Das Leben ist voller Prüfungen, sagt Lyle J. Burrup.

Manche werden durch den »Schmelzofen des Elends« geläutert. Das klingt ziemlich beängstigend. Man fragt sich vielleicht, ob man inmitten von Prüfungen überhaupt glücklich sein und inneren Frieden finden kann. Die innere Einstellung setzt Signale. Der für diese innere Widerstandskraft verwendete Begriff Resilienz bezeichnete ursprünglich die Fähigkeit eines Materials, die ursprüngliche Form oder Lage wieder einzunehmen, nachdem es gebogen, gedehnt oder zusammengepresst worden war.

Heute wird mit diesem Begriff die Fähigkeit beschrieben, dass man sich auch bei Widrigkeiten rasch wieder fängt. Wir wissen zweierlei über Widrigkeiten und Widerstandskraft:

1. Es gibt in allem einen Gegensatz.
2. Alles, was von großem Wert ist, erfordert auch große Opfer. Kinder, die Lebenstüchtigkeit entwickeln, kennen und akzeptieren diese beiden Tatsachen. Sie gehen davon aus, dass das Leben viele Herausforderungen bietet und ständige Veränderungen bereithält, glauben aber daran, dass sie damit fertigwerden können. Sie betrachten Fehler und Schwächen als Chance, dazuzulernen, und gehen davon aus, dass mitunter dem Sieg eine Niederlage vorausgeht. Alle, die innere Widerstandskraft entwickeln, gehen davon aus, dass sie durch Anstrengung, Einfallsreichtum, Wissen und Können Einfluss darauf nehmen oder sogar steuern können, wie sich ihr Leben entwickelt.

Mit dieser Einstellung konzentrieren sie sich auf das, was sie tun können, statt auf das, worauf sie keinerlei Einfluss haben.

Innere Widerstandskraft zeigt sich außerdem in der Einstellung, dass das Leben und auch jeder Mensch einen tiefen Sinn und eine Bestimmung haben. Dieses Bewusstsein hilft uns, nicht gleich zu resignieren, obwohl sie Rückschläge erleiden oder unter Druck gesetzt werden. In dem Maße, wie wir und jeder Jugendliche seelische Widerstandskraft entwickeln, verinnerlichen sie auch grundlegende Werte ihres Selbstverständnisses wie Nächstenliebe, Tugend, Redlichkeit, Ehrlichkeit, Arbeitsmoral. Sie bringen sich in das Geschehen ein.

Perfektionismus untergräbt die seelische Widerstandskraft.

Die Entwicklung innerer Widerstandskraft kann auch durch eine falsche Auffassung von dem Gebot, dass wir vollkommen sein sollen, beeinträchtigt werden. Diese falsche Auffassung ist meiner Beobachtung nach der häufigste Faktor, der die seelische Widerstandskraft auszuhöhlen vermag. Man will in allem perfekt sein, weil man seinen Eltern oder dem Nächsten gegenüber seine Verbundenheit und sein Vertrauen zeigen will. Dabei verstehen wir oft nicht, dass das Streben nach Vollkommenheit nicht bedeutet, dass man niemals Fehler macht.

Vielmehr werden wir, indem wir uns bemühen, besser zu werden, seitens einer höheren Perspektive unterstützt. Diese zweifelhafte Auffassung kann auch daher rühren, dass die Gesellschaft besonders den Jugendlichen vermittelt, dass nur Talent und Leistung ihren Wert bestimmen. In der Schule (auch in der Schule des Lebens und im kommunalen Leben, bisweilen sogar in der Familie) erleben wir, wie Altersgenossen wegen irgendeiner besonderen Begabung gelobt, bewundert und anerkannt werden. Also versuchen sie ebenfalls, diesem Anspruch gerecht zu werden.

Und dabei bekommen nicht nur junge Menschen Angst vor einem Misserfolg – Angst vor Fehlern, die ihnen unterlaufen können.

Also nehmen wir meist das in Angriff, wovon wir meinen, dass es auch gelingt. Fühlt man sich unsicher, schiebt man es vor sich her. Seien wir uns bewusst:

Der Perfektionismus wird zum Zuchtmeister und mindert unsere seelische Widerstandskraft.

Ist die Liebe nur Schicksal oder Mitgestaltung?

Mal ehrlich, »Erkenne dich selbst!« heißt der Titel dieses Buches. Es gibt umfassende Berichte, Kommentare und Wegweiser, wie die Liebe zu gestalten ist. Jeder setzt unterschiedliche Schwerpunkte. In der Jugend wird sie dominiert von dem Bedürfnis, die Manneskraft gegenüber dem »Weib«, positiv gemeint, zu beweisen, oftmals ohne die eventuellen Folgen zu beachten.

Es muss so schnell gehen, der Verstand bleibt auf der Strecke und die Hormone bestimmen das Handeln. Wer hat davon nicht immer wieder gehört und im nahen Umkreis erlebt, wie ein 15-jähriges Mädchen Mutter wird und der jugendliche Vater außerstande ist, die Verantwortung als Vater zu übernehmen.

Die junge Mutter steht allein da und ist auf die Unterstützung ihrer Eltern angewiesen, muss ihre schulische Laufbahn unterbrechen oder aufgeben, hat bezüglich der Gründung einer neuen Familie eine Erblast zu tragen, die zu überwinden oftmals unmöglich ist! Ein geflügeltes Wort bezüglich der Liebe lautet:

Unter Liebe verstehe ich stets die Naturkraft in ihrer schönsten Erscheinung, die uns allen auch heute noch, mögen wir zu den Gebildeten oder den Ungebildeten gehören, das Herz bewegt und unser Leben beeinflusst!

Vergessen wir nie, dass wir vor Naturereignissen stehen, wenn wir den ewigen Tauschprozess der Liebe im Menschenleben nachspüren und ihr Rätsel zu erraten versuchen. Zweifellos sind diese lebendigen Rätsel die interessantesten, die uns das Leben aufgibt, betonte in den 20er Jahren ein Frauen- und Menschenkenner, der es gegenüber der Gegenwart gewagt hat, das Edle der Liebe in den Vordergrund zu stellen.

Die Eltern wissen um die Leidenschaft einer blühenden Tochter oder eines draufgängerischen Sohnes, wenn sie sie nicht belehren, damit vorausblickend umzugehen. Kann man aus dieser Aussage vielleicht ableiten, dass die Kinder, die aus Liebe geboren werden, sich von denen unterscheiden, die aus gleichgültigen oder gar feindlichen Verhältnissen hervorgehen?

Ich kann mir nicht vorstellen, dass zwei Menschen, die sich aus oberflächlichen oder geschäftlichen Gründen verbinden, Kinder mit lebendigen Liebeskräften gebären. Ein Wissenschaftler, getragen von der eigenen Erfahrung, kommt zu folgendem Schluss:

Diese Liebeskraft nimmt zu, je mehr sich unser Menschenleben der Natur nähert, und nimmt ab, je weiter uns die Technisierung unseres Lebens von der Natur entfernt.

Im Zusammenhang mit dem Miteinander kann folgendes Zitat zum Nachdenken anregen:

»Nicht die Bosheit richtet das meiste Unheil an, sondern die Dummheit.«

Das allein kann der Grund sein, warum noch heute die wenigen Sätze der Bergpredigt des Christus so unumstößlich und ungeheuer wirksam sind. Er erkannte die Liebe. Hier muss man klar herausstellen, dass Christus die Liebe nicht zur eigenen Befriedigung verwandte, sondern für die Erlösung der Menschheit. In der heutigen Zeit, wo die biologische Reife beider Geschlechter im Vergleich der 50er Jahre, besonders beim weiblichen Element, spürbar sichtbarer und erlebbarer sein kann, steht die Verantwortung beider Geschlechter im Vordergrund.

Es war in der zweiten Hälfte der 80er Jahre, als die Eltern der 17-jährigen Anni bemerkten, dass die männliche Generation auf sie aufmerksam wurde. Schon seit Monaten traf sie sich überregional mit Jungen und Mädchen gleichen Alters, von den Eltern der Jugendlichen gefördert und unterstützt, denn hier wurde entgegen den allgemeinen Gepflogenheiten darauf geachtet, dass Alkohol, Zigaretten und andere verführerische Mittel keinen Platz finden.

Man ging so miteinander um, dass die geschlechtliche Distanz gewahrt wurde; daran hielten sich beide Geschlechter, obwohl man weiß, der Mensch ist in diesen Jahren ganz mit sich selbst beschäftigt und mit den Menschen, denen er begegnet; sie müssen zuerst begreifen, dass die sexuelle Befreiung hier noch keinen Platz hat, wohl aber die geistige Befreiung dahingehend, dass man sich weitgehend für das Gute und Wertvolle im Umgang miteinander entscheidet.

Die Anni lernte bei diesem Treffen den gleichaltrigen Alfredo kennen. Sie, ein gewisser Schönkopf, natürlich, selbstbewusst, mit guten Grundsätzen erzogen, und, so sollte man sich wünschen, dass bei dem Freund (Alfredo) diese Grundsätze ebenfalls verwurzelt waren bzw. dass er aus einem ebenso gegliederten Haushalt stammte. Sie sind beide nach den Grundprinzipien der Reinheit und Zurückhaltung erzogen, mit einem Geist der Rechtschaffenheit, wie man auch zu sagen pflegte.

Welche Eltern gestatten es der Tochter dann nicht, ihren Freund zu besuchen, ein Wochenende in der Wohnung seiner Mutter zu verbringen, wenn beide Eltern die gleichen Grundsätze beachten, so hofft man. Es ist nachvollziehbar, dass das junge Temperament, die seelische Empfindsamkeit und ein ruheloser Geist immer wieder auf die Probe gestellt werden. Wer hat nun wen erobert? Er sie oder sie ihn?

Man kann davon ausgehen, dass es ein Tauschprozess war, wo sich immer zwei Pole begegnen, die gerade aus natürlichen Gegensätzen – wie in der Natur selbst – Harmonie entwickeln.

Das ist die eine Seite der jungen Lebensjahre. Doch eine Zweisamkeit in Eigenverantwortung setzt voraus, dass beide Seiten in ihren Handlungen vorausschauend agieren. Er keinen Schulabschluss und ohne Beruf; sie noch in der Lehre und mit Blick auf die Abschlussprüfung; aber das allein ist noch keine Basis für eine gesicherte Zukunft in Eigenverantwortung mit allen damit verbundenen finanziellen Verpflichtungen eine Ehe zu führen.

Die Eltern der Anni dachten damals gar nicht so weit; sie vertrauten darauf, dass beide sich der Auswirkungen ihres Handelns bewusst waren, wenn sie gewisse Gebote der Vorsicht überschritten. Es ist kein Rosenleben, kein Erlebnis von Blühen und Duften, wenn neben der Liebe die sachliche Vernunft herausgefordert wird; mögen sie das so empfunden haben?

Wer sich in Gefahr begibt, kann darin umkommen.

Die berufliche Perspektive der Anni zeigte sich in ihrer Lehre bei einer Fachärztin. Sie stand kurz vor der Zwischenprüfung und der Sinn sollte sich auf die Abschlussprüfung ausrichten. Das ganze Berufsschulwesen stand damals auf dem Prüfstand. Schulmeister, der Förderer der Jugend? Erinnern wir uns: Die Zwergschulen hatte man aufgelöst.

Mit der Vorstellung der Bildung in der Grundschule und in weiterbildenden Schulen ergänzte sich das Berufsschulwesen. Immer neue Berufe entwickelten sich gemäß den Erwartungen. Die technischen und wirtschaftlichen Erfordernisse mussten berücksichtigt werden. Es entstand hin und wieder Frust.

Es war im Sommer des Jahres 1986. Der neu erbaute Winkelbungalow der Eltern von Anni stand mitten in einem Nutzungsgebiet. Die überdachte Terrasse warf leider wenig Licht in die angrenzenden Räume, denn das Holz war, wie damals üblich, nicht weiß, sondern in Buchenfarbe gestrichen.

Die Eltern und die anderen Geschwister der Anni schauten die Abendnachrichten.

Man berichtete erneut vom Mai des Jahres, wo es um den Kampf um »Atom« ging. Friedliche Demonstrationen, brutale Chaoten, eine fahrlässig unvorbereitete Polizei, die Gasgranaten einsetzt, treffen vor dem Gelände der geplanten Atomwiederaufbereitungsanlage im bayrischen Wackersdorf aufeinander.

Die Folgen: einige hundert Verletzte. Die Anlage wird nie gebaut. Die »Pfingstschlacht« von Wackersdorf war eine Gelegenheit, ihre Wut loszuwerden. Drei Tage lang gab es auch in Wackersdorf Szenen wie in Brokdorf (1977 und 1981) oder Gorleben (1980).

Vermummte Gestalten, die ungeachtet der Wasserwerfer den Eisengitterzaun des WAA-Baugeländes zu durchbrechen suchten, Polizisten und Stahlkugeln aus Zwillen, die Demonstranten unter Beschuss setzten, tief fliegende Hubschrauber der Staatsgewalt, die Reizgasgranaten in die Menge warfen – schierer Zufall, dass es keine Toten gab. 187 Polizisten und Hunderte Demonstranten kosteten dem Staat Millionen.

Die Eltern hatten diese Umstände der Gewalt noch in guter Erinnerung. Und nun wieder; wenn auch die Motive einen anderen Ansatz aufwiesen? Noch mit diesem Thema befasst, traten Anni und ihr Freund Alfredo ins Zimmer, sie hatten einen Spaziergang unternommen. Schon als sie den Raum betraten, war auffällig, dass sie etwas auf dem Herzen hatten. Die Mutter erkannte das sofort und fragte nach.

Die beiden jungen Leute trugen den Eltern ihre Absicht vor: Sie – beide 17 Jahre alt – wollten sich verloben. Die Eltern schauten sich an!

Obwohl sie nicht immer einer Meinung waren, hier kam es aus ihnen heraus: Nein, nein, nein, nicht vor dem 18. Lebensjahr, dem Alter der Volljährigkeit. Der Vater fragte nach der Zwischenprüfung der Tochter. Ihre Antwort: »Das interessiert mich nicht.« Wie ein Nadelstich empfanden die Eltern diese Feststellung.

Haben die Naturkräfte sie voll im Griff, dass sie die berufliche Weichenstellung vernachlässigen kann?

Es ließ sich der Eindruck nicht verwischen, ein gewisser Widerstand herrschte auf die Reaktion der Eltern. In der Vergangenheit war die Anni hin und wieder über das Wochenende zu ihrem Freund gefahren. Die Mutter, davon gingen wir aus, wird alle Verantwortung walten lassen, um den »Kindern« die Gelegenheit der biologischen Verführung, nicht zu ermöglichen. In diesem Zusammenhang steht ein Gedicht von Goethe sehr nahe bei ihnen:

> Ihr verblühet süße Rosen,
> Meine Liebe trug euch nicht,
> Blühet, ach dem Hoffungslosen,
> Dem der Gram die Seele bricht!

Was wird hier blühen und wann? Der Vater der Anni, bestrebt, in dem eventuellen Schwiegersohn einen zuverlässigen Charakter mit dem schulischen Wissen für eine berufliche Zukunft auszumachen, hat sich mit einigen Fragen an ihn vergewissert, ob er das Zeug dazu hat, die Anni allumfassend zu unterstützen. Später einmal, so wurde dem Vater gesteckt, war der Alfredo erbost darüber gewesen und nur die Liebe zu seiner Tochter hat ihn befähigt, damit in Geduld umzugehen. Sicher, es mag seitens des Vaters eine gewisse Überziehung der Vorsicht angezeigt sein; es ging schließlich um seine älteste Tochter.

Einige Monate später, die Anni hatte ihre Prüfung mit »befriedigend« abgelegt, erfolgte das, was man im wortwörtlichen Sinne »Ursache und Wirkung« nennt.

Sie war mit fast 19 Jahren schwanger geworden. Wie sich später herausstellen sollte, hatte Alfredos Mutter diese beiden oftmals unbeaufsichtigt gelassen und dadurch dem Vorschub geleistet, was man als eine mittelbare Verführung ansehen konnte.

Es sind erst einige Jahrzehnte her, da stand der Paragraph der »Verkupplung« im Strafgesetzbuch geschrieben. Richtig, sie liebten sich von Herzen, und trotzdem ist das Gleichgewicht ins Rutschen gekommen. Ob sie das so geplant hatten?

Der Alfredo ohne Schulabschluss und ohne Beruf, die Anni hatte gerade ihre Ausbildung abgeschlossen. Charakterlich, so sollte es sich später erweisen, erweckte er manchmal den Anschein, als würde er sich über die anderen stellen und befugt sein, Fehler an ihnen auszumachen, sie zu verurteilen und den Wortschatz »Vergebung« nicht zu berücksichtigen.

Kommt jetzt der Ernst des Lebens? Ist das Schöne, das Jugendliche, das Neckische, das Zutrauliche einer neuen Verantwortung gewichen? Nach alter Menschenkultur heißt es: Es nützt einem Manne, der ein großes Werk aufbaut, nichts, dass ihn schöne Frauen anhimmeln und »verstehen«; er braucht Frauen, die sich ihm und damit seinem Werke opfern.

Diese Verantwortung lag nun in den Händen der Anni, gemäß der Frage: Ist die Liebe nur Schicksal oder Mitgestaltung? Anni und Alfredo setzten sich mit ihren Eltern zusammen und berieten, wie sie vorgehen sollten.

Es herrschte keine Vorwurfstimmung gegenüber den nun erwachsenen jungen Leuten. Die Gefahr, sich im Kreis zu bewegen, war nicht gegeben, denn seitens der Kindererziehung, das konnte die Anni immer bestätigen, war eine gewisse Strenge, für sie manchmal zu viel, eine gute Basis, der neuen Aufgabenstellung mit Zuversicht zu begegnen. Das Vertrauen in beide war gegeben und ein Lob an Alfredo, seine Liebe zu ihr war von Übersicht geprägt, sodass keiner befürchten musste, wie es so oft unter jungen Vätern geschah, dass sie in einer gewissen Panik vor der Verantwortung flohen.

Beide hatten im Elternhaus die geistige Orientierungshilfe erhalten, die sie festigen sollte. Die Hochzeit fand dann im bescheidenen Rahmen statt, an der sein Vater, aber nicht seine von ihm geschiedene Mutter teilnahm, eine ganz besondere Form der Toleranz und der Fähigkeit des sozialen Miteinanders. Schließlich ging es um die Zukunft der jungen Leute.

Der Schwiegersohn bewarb sich bei der Bundeswehr und konnte seinen Schulabschluss der mittleren Reife nachholen und eine Berufsperspektive aufbauen.

Anni und Alfredo hatten schon im Ansatz bewiesen, dass sie sich nicht ohne Kompromisse im Kreis bewegten konnten, sondern, eingebunden mit einem gesunden Menschenverstand, alles daran setzten, eine Familie zu werden. Eine Familie mit Idealen, ehrenvollen Prinzipien und dem Vorsatz, nach vorne zu schauen. Das war also, aus der

Jugendzeit gesprochen, der letzte Tanzabend. Bald gebar die Anni eine gesunde und wohlgenährte Tochter. Eine Familie war es geworden. Es sollten in den Jahren noch drei Töchter hinzukommen.

Erfreulich und erstaunlich zugleich; sie wurden streng erzogen und zur Mitverantwortung angehalten. Alles das, was ihre Mutter im Elternhaus, besonders beim Vater kritisiert hatte. Eine Familie entwickelt sich, wo Kummer keinen Platz haben sollte. Wohl aber die Fähigkeit, sich den sich nun entwickelten Möglichkeiten so zu stellen, dass alle Familienmitglieder eine Schaffensperiode mit gesunder Leidenschaft und Glücklichsein wie ein kleines Naturwunder empfanden.

Sie ein »Hausschatz«. Kurzum ein Wesen, das die alltäglichen Bedürfnisse nicht nur erfasst, sondern auch erfüllt. Auf die Herbsttage wird noch nicht gesetzt. Sie besuchten regelmäßig das Elternhaus, genossen das begrünte Grundstück sowie das vertraute elterliche Umfeld. Sie tauschten mit den jüngeren Geschwistern Erfahrungen der Kindheit aus.

Alle, wie die junge Mutter den Eltern einmal bestätigte, sie alle sind streng und gerecht in Liebe erzogen, sodass Anni parallel noch einen weiteren Beruf erlernen konnte, der Jahre später ein zweites finanzielles Standbein für die Familie war. Sie schloss die Prüfung mit »sehr gut« ab.

Krone des Lebens,
Glück ohne Ruh,
Liebe bist du!

Die Familien besuchten sich über Jahre in bewährter Vertrautheit, bis es bei den Eltern der Anni zur Scheidung kam. Von da an, betrieben und durchgesetzt vom Schwiegersohn, wurde der Kontakt zum Vater bzw. Opa vollends abgebrochen. Er hatte sich in seinen Augen als unfähiger Ehemann und Vater erwiesen. Sogar die Mutter/Oma wurde unter Druck gesetzt, ja keinen Kontakt mehr zum geschiedenen Ehemann zu halten. Der Schwiegersohn hatte sich über die anderen gestellt, unfähig zu vergeben und seine eigenen Mängel zu erkennen. Aber, das ist der Trost für den Opa, der Schwiegersohn hat sich als Ehemann und Vater mit Unterstützung seiner Frau als gut erwiesen.

Damit ist eine Familie zerbrochen, die über 30 Jahre alle Hürden des Lebens genommen hatte, in guten und weniger guten Tagen. Es sollte wohl so sein. Heute lebt der Vater bzw. Opa allein. Hat das Schicksal angenommen, wohl fühlend, dass ihm die Familie und ehemalige Ehefrau fehlen. Er immer noch an ihnen hängt.

Die Klugheit des Fuchses wird oft überschätzt, weil man ihm auch noch die Dummheit der Hühner als Verdienst anrechnete.

(Hans Kasper)

Sieben Teenager nach Klassenfahrt schwanger

Viele Jahre später las der Verfasser: *Sieben Teenager nach Klassenfahrt schwanger*. Bei Schulausflügen befürchten Eltern die Alkohol- oder Drogenexzesse ihrer Kinder. In Bosnien kehrten nun sieben Schülerinnen zwischen 13 und 14 Jahren schwanger von der Reise zurück.
Nur fünf Tage dauerte der Schulausflug einer Klasse in Bosnien. Fünf Tage, in denen die Eltern glaubten, die Lehrer würden auf ihre Kinder aufpassen. Nach der Rückkehr der Schüler stellt sich allerdings heraus: Sieben Mädchen sind schwanger. Sie sollen erst 13 und 14 Jahre alt sein und aus einem kleinen Dorf aus dem serbischen Teil Bosniens, der Republik Srpska, stammen, berichtet der bosnische Sender.
Der Fall hat eine öffentliche Diskussion über mangelnde sexuelle Aufklärung in der bosnischen Gesellschaft ausgelöst. Es ist offensichtlich, dass es hier Versäumnisse seitens der Eltern, aber auch der Bildungsinstitutionen gibt. Wir haben ein großes Problem, sagte der nationale Gesundheitskoordinator.
Tatsächlich steigt in Bosnien die Zahl der Teenagerschwangerschaften. Erst im April war der Fall einer 13-Jährigen bekannt geworden, die ihre Schwangerschaft bis zum siebten Monat geheimhalten konnte. Die Eltern hatten keinen Verdacht geschöpft. Sie dachten, ihr Kind esse einfach zu viel und habe deshalb an Gewicht zugenommen, zitiert die Zeitung.
Elfjährige diskutieren über Geschlechtsverkehr. Dabei sprechen die Zahlen für sich: Allein in der bosnischen Hauptstadt Sarajevo haben im vergangenen Jahr 31 Minderjährige ein Kind zur Welt gebracht. Vier von ihnen waren erst 15 Jahre.
Es ist schon besorgniserregend, dass Mädchen mit 13 Jahren Sex haben, aber das ist der Trend der heutigen Zeit. Wir dürfen aber nicht weiterhin zulassen, dass unsere Kinder über Sex auf der Straße und nicht in der Schule oder im Elternhaus aufgeklärt werden.

Der Verfasser fügt diese Begebenheit an, weil wir rechtzeitig Verantwortung für unser Handeln übernehmen sollten, uns selbst zu erkennen, um Schaden von uns abzuwenden.

Wie Gerechtigkeit und Barmherzigkeit uns aus der Knechtschaft befreien

Gottfried, der Name soll eine gewisse Affinität zum Thema aufweisen, begab sich zu einer Veranstaltung, die völlig anders war als alle Abschlussfeiern oder Urkundenverleihungen, an denen er je teilgenommen hatte. 44 Absolventen waren anwesend, ausschließlich Männer. Sie kamen nicht traditionell mit Talar und Doktorhut bekleidet. Alle trugen ein hellblaues Jeanshemd und dunkelblaue Jeans.

Die Feier fand nicht in einer Sporthalle oder einem Stadion und auch nicht in einer schönen Aula statt, sondern in einer schlichten, würdigen ökumenischen Kapelle im Staatsgefängnis. Die Absolventen hatten einen einjährigen lebenbejahenden Kurs erfolgreich absolviert. Ein junger Mann, seine Haftstrafe wegen bewaffneten Raubüberfalls betrug mindestens zehn Jahre, war auch erschienen. Ein anderer, 45 oder 50 Jahre alt, sah aus wie ein guter Onkel. Für seine Straftat musste er zehn hinnehmen.

Der jüngste der Männer, der inzwischen aus der Haft entlassen wurde, war ebenfalls anwesend, um seine Urkunde entgegenzunehmen und den anderen Insassen Mut zu machen.

Er ermahnte sie:

Jungs, im Gefängnis sind die Aussichten wirklich trübe. Draußen sieht es besser aus; vergesst das nicht!

Dann wandte sich Gottfried an die Besucher, Freunde und Angehörigen und unterstrich:
Sie sind wie ein Licht an einem dunklen Ort. Ohne Ihre Liebe könnten wir nicht von da, wo wir sind, dorthin gelangen, wo wir sein sollten.

Als die Feier zu Ende war, betonte der Insasse, der die Versammlung geleitet hatte, mit belegter Stimme und feuchten Augen: *Das ist der glücklichste Tag eines jeden Jahres. Es ist besser als Weihnachten.* Es ist sogar besser als der Muttertag. Es ist deswegen besser, weil wir geistig erleuchtet wurden, und näher können wir der Freiheit im Moment nicht kommen. Gehen wird doch an einen Ort, wo wir Reue zeigen können – gehen wir zu denen, die wir gekränkt haben, oder zu denen, die uns gekränkt haben. Dann kam ihm noch ein Gedanke, als er an die in Blau gekleideten Männer dachte: Es ist nicht nur so, dass wir ernten, was wir säen – irgendwie ernten wir auch noch mehr davon. Wir säen ein paar Disteln und erhalten eine Unmenge an Disteln – Jahr für Jahr, große Sträucher, die sich immer weiter ausbreiten.

Wir werden sie nie los, es sei denn, wir entfernen sie restlos. Wenn wir ein wenig Hass säen, ernten wir, ehe wir uns versehen, ganz viel davon – schwelenden, gärenden, aggressiven und schließlich gewalttätigen böswilligen Hass.

Interessanterweise kam mir dann die tröstliche Erkenntnis, mein erster Gedanke – dass es auch Gerechtigkeit gibt – nicht schmerzhaft, sondern erbauend, wie es sich gehört. Wie beängstigend es auch sein mag, dass wir alle gesündigt haben, wie bedenklich es auch sein mag, sich einen Gerechten vorzustellen – es ist weitaus bedrückender und demotivierender, sich einen ungerechten Mitmenschen vorzustellen.

Der Gedanke bekam für mich diese Bedeutung, weil ich gerade im Staatsgefängnis zu Besuch gewesen war. Dieses Gefühl ließ Mut, Barmherzigkeit in mir aufkommen, denn er erhebt Anspruch auf die Reumütigen.

Ich kam zu dem Schluss:

Wenn die Männer ins Gefängnis kommen mussten, um aus der Gabe der Barmherzigkeit Nutzen zu ziehen – wenn sie gerade das Evangelium oder die heiligen Schriften oder das Sühnopfer für sich entdecken –, dann hatte die Haft sich doch als Persönlichkeit fördernd erwiesen.

Gehen wir also an einen Ort, wo wir Reue zeigen können – gehen wir zu denen, die wir gekränkt haben, oder zu denen, die uns gekränkt haben. Vermutlich gibt es für uns alle solche Orte, die wir aufsuchen sollten. Wenn wir dorthin gehen müssen, um wahrhaft reumütig zu werden und dadurch Anspruch auf die Gabe der Barmherzigkeit erheben zu können, müssen wir es tun.

Ich weiß, dass es nicht leicht ist, zurückzugehen, etwas wiedergutzumachen und neu anzufangen, aber ich glaube von ganzem Herzen, dass es leichter und sicherlich erfüllender ist, von vorne anzufangen, als weiterzumachen und sich vorzumachen, dass die Ungerechtigkeit nicht ihren Tribut fordern werde.

Ein britischer Gelehrter hat bemerkt:

»Ich meine nicht, dass alle, die den verkehrten Weg wählen, zugrunde gehen. Aber ihre Rettung besteht darin, sie auf den rechten Weg zurückzubringen. Eine falsche Summe kann berichtigt werden, doch nur dadurch, dass wir zurückgehen, bis wir den Irrtum finden, und von diesem Punkt an von Neuem addieren, nicht aber dadurch, dass wir einfach damit *fortfahren*. Böses kann rückgängig gemacht werden, aber es kann sich zum Guten entwickeln. Die Zeit heilt nur dadurch, dass der Zauber entzaubert wird.«

Der letzte und krönende Gedanke, der mir in den Sinn kam, mir gar ins Herz ging, was ich bis dato nie so wörtlich genommen hatte, nämlich, warum der Schöpfer jeder Generation, in jeder Evangelium-Zeit gesagt hat:

> Sprich nichts als nur Umkehr zu dieser Generation; halte meine Gebote.

Wenn wir wie andere Sterbliche sind, gibt es ein paar Bereiche, wo wir uns losketten müssen, ein paar Stricke und Fesseln, von denen wir frei werden, ein paar Sünden, von denen wir ablassen sollten. Ich, Gottfried, möchte nur ein Beispiel herausgreifen: die Fesseln der Unwissenheit. Die größte Fessel, die wir uns in diesem Leben anlegen, ist schlicht und einfach unser unzureichendes Wissen.

Wir lernen schon früh im Leben einige Klischees kennen. Zwei davon sind: »Unwissenheit macht selig« und »Was ich nicht weiß, macht mich nicht heiß«.

Ich möchte hier mit allem Nachdruck sagen, dass uns nichts *mehr* schaden wird als das, was wir nicht wissen. Ich glaube, dass wir einmal wegen der daraus entstehenden Unfreiheit angeklagt werden und dass wir wegen dem, was wir zu lernen versäumt haben, irgendeine Strafe verbüßen werden – in diesem oder im nächsten Leben. Wie sieht es mit der Bedeutung der Freiheit aus? Wenn wir ein Leitmotiv unserer Existenz auswählen müssten – der Existenz, die wir jetzt kennen, oder der, die noch vor uns liegt –, hätte dieses Leitmotiv etwas mit dem Streben nach wahrer Freiheit zu tun.

Die Entscheidungsfreiheit, ein wesentlicher Bestandteil zur Selbstfindung, lässt sich wie folgt darstellen.

Wir erleben wirklich Knechtschaft und Gefangenschaft, wenn wir nicht frei sind. Fast wünsche ich, ich hätte schon einmal im Gefängnis gesessen, damit ich dieser Aussage mehr Nachdruck verleihen könnte. Es gibt noch andere Arten von Fesseln und Gefängnis in unserem Leben, die wir beseitigen müssen. Manch einer ist vielleicht schon von Adlerflügeln emporgetragen worden. Ich weiß von ganzem Herzen, dass wir ungehindert und unbelastet leben können, wenn wir gewissen Verführungen und Abhängigkeiten, z.B. durch schädliche Genussmittel, entsagen.

Streben wir danach durch unser Handeln nicht unfrei, sondern frei zu sein! Der Verfasser schließt sich aus voller Überzeugung der Aussage an: Junge Leute, wir alle brauchen nachahmenswerte Vorbilder.

Eine Geschichte der Lebenserfahrung, erzählt von Theodor Graf. An der höheren Schule hatte er zwei Hauptziele: hervorragend Korbball zu spielen und als der größte Partylöwe der Schule zu gelten. Mit 14 begann Theodor zu trinken und gelegentlich auch Drogen zu konsumieren. Er gehörte damals nicht zu einer Familie, wo edle und weiterführende Grundsätze vertreten wurden.

Seine Eltern hatten ihm keine Richtung vorgegeben, was sein Verhalten anging, erklärt er.

Mit den Jahren zerstörten seine Drogenabhängigkeit und sein Alkoholkonsum seine anfangs vielversprechende Korbball-Laufbahn, und es ging mit ihm so weit bergab, dass er an Selbstmord dachte. Leider finden sich einzelne Aspekte von Theodors Geschichte heutzutage auch im Leben vieler anderer junger Männer und auch Mädchen wieder, sogar bei denen, die aus gutem Hause stammen. Allerdings fehlte Theodor etwas, was die jungen Männer aus bestimmten Häusern haben: Vorbilder zum Nacheifern. Erwachsene in Führungsämtern können für Jugendliche in einer entscheidenden Lebensphase von großem Wert sein. Gerade wegen seiner eigenen Lebensgeschichte liegt Theodor viel daran, den Jugendlichen in seinem Umfeld ein mahnendes Beispiel zu sein.

Ein Freund sagte zu ihm: »Theodor, ich habe das Gefühl, ich solle dir sagen, dass wir dich auf unserer Seite brauchen … Du kannst vielen Menschen helfen, vor allem den Jugendlichen und den Kindern.« Theodor bekam in seinem Umfeld Aufgaben, die von seiner Vergangenheit motiviert waren, nämlich den jungen Männern und Mädchen zur Seite zu stehen.

Er fand einen Weg, auf das einzugehen, was ihnen zu schaffen machte. »Ich denke«, betonte er immer wieder, »dass die meisten Jungs und Mädchen Angst davor haben, über ihre Probleme zu sprechen. Aber ich habe den Jugendlichen Jahr für Jahr meine Geschichte erzählt. Und wahrscheinlich haben sie sich deshalb getraut zu mir zu kommen und sich mir anzuvertrauen, dass sie ein Problem mit Pornographie oder Alkohol haben oder schon mal an Selbstmord dachten.«

Theodor konnte sie auf ihrem Weg der Umkehr, zu dem auch Gespräche mit anderen Vertrauten gehörten, unterstützen. Lehrer, Beauftragte von Jugendämtern und dergleichen, die zuhören und einem Jugendlichen auch in schwierigen Zeiten liebevoll begegnen, können eine starke Verbindung schaffen, die dazu beiträgt, das Selbstverständnis des Jugendlichen zu formen.

Ein Dozent einer Universität, dessen Dissertation die Entwicklung Jugendlicher zum Thema hatte, erklärt:

Im Jugendalter entwickelt man eine Vorstellung von seiner Identität: Werte, Ansichten, die eigene Rolle und so weiter. Das ist ein Prozess, bei dem man vieles erkundet. Zu diesem Prozess gehört auch, dass man von Jugendlichen gleichen Alters, von Eltern und anderen Erwachsenen Rückmeldungen bekommt, die großen Einfluss haben, wenn der Erwachsene von dem Jugendlichen geachtet und geschätzt wird.

Er betonte weiter:

Am ehesten wird man als erfahrener Berater angenommen, wenn die Beziehung auf gegenseitiger Achtung beruht und der Jugendliche das Gefühl hat, dass da jemand ist, dem er wirklich am Herzen liegt, ganz gleich, wie er sich kleidet oder wie er daherredet!

Die meisten Jugendlichen sehnen sich nach einer Beziehung zu ihrem Vater. Wenn diese Beziehung fehlt, ist das Beste naheliegend , wenn ein männlicher Erwachsener zur Verfügung steht, mit dem man reden kann und bei dem man Ideen freien Lauf lässt, ohne wegen seiner Beschwerden gleich verurteilt oder lächerlich gemacht oder kritisiert zu werden.

»Ich«, so betont der Dozent, »hatte niemals vor, bei den Jungen den Vater zu ersetzen, aber ich wollte einfach da sein, damit sie jemanden hatten, mit dem sie vernünftig reden konnten.«

Ideal wäre es – man denkt auch an alleinerziehende Mütter –, wenn man feststellen kann:

Väter sind für ihre Söhne das wichtigste Vorbild an Männlichkeit. Sie sind eine bedeutende Vertrauensperson und, ob man es glaubt oder nicht, auf unzählige Weise ihre Helden. Ihre Worte und ihr Beispiel haben großen Einfluss auf sie; wenn man das Beispiel erkennt und nicht durch Vorurteile verwirft.

Bedenken wir: Keine Beziehung, die man zu den Jugendlichen aufbaut, entstand von einem Augenblick auf den anderen; er musste diese Beziehung über Vertrauen, Geduld und Verständnis aufbauen.

Von den 20 jungen Männern, die er unterrichtete, gingen 17 einen sehr passablen Weg. Andere bedurften noch der weiteren Rücksichtnahme und Betreuung. Der Dozent betont: »Ich konnte bei diesen Jungen nur deshalb so viel erreichen, weil sie wussten, dass sie mir am Herzen lagen. Sie wussten es, nicht weil ich es sagte, sondern weil ich mich entsprechend verhielt.«

Der Verfasser möchte einen anderen Aspekt zum Nachsinnen einfügen: Körperliche und seelische Gesundheit stehen in einem engen Zusammenhang. Manche Jugendliche versäumen es, auf ihre körperliche Fitness zu achten, und das kann unter Umständen dazu führen, dass sie kaum Freude oder nur wenig Selbstvertrauen entwickeln.

Körperliche und seelische Gesundheit ist außerdem ein wichtiger Teilbereich der Vorbereitung auf die Ehe und Familie. Es wirkt sich positiv auf unsere seelische Verfassung aus, wenn wir auf die Fitness unseres Körpers achten. Bewegen wir uns ausreichend; folgen wir der Einsicht, dass Alkohol, Nikotin, Drogen und aufputschende Arzneimittel unser eigenes Selbstvertrauen zerstören können. Sportler wissen, wenn wir auf unseren Körper achtgeben, kommt das auch dem Verstand zugute.

Als Wegweiser vermag ich allen, nicht nur den Jugendlichen, ans Herz zu legen:

Leben Sie anständig. Gründen Sie eine Familie. Sorgen Sie auf geeignete Weise für Ihren Lebensunterhalt.

Erfüllen Sie Ihre Aufgaben. Mehren Sie die enormen Potenziale, Gutes zu tun! Kümmern Sie sich um die Eltern, Großeltern, so oft es Ihre beruflichen Belange ermöglichen. Der beste und gesundeste Weg, sich selbst zu erkennen!

Träume müssen sein

Eine reife und nachsichtige Frau schreibt ihrem Mann, von dem sie zu der Zeit getrennt lebte:

Lieber …, ich bin zurzeit nicht so gut drauf, wenn ich das so ausdrücken soll. Da war ich nun froh, dass ich etwas mehr Geld habe und etwas sparen kann, nun wird es nichts. Ich weiß nicht, in Geldangelegenheiten haben wir beide kein Glück. Die Autorechnung von 650 DM steht auch noch aus und ich weiß auch nicht, wie ich sie bezahlen soll. Zum Glück haben sie noch keine Mahnung geschickt. Über kurz oder lang wird sie kommen.
 Morgen sehen wir uns ja im Büro, dann können wir ja miteinander reden. Zurzeit kann ich gut mit Dir auskommen. Bist Du etwas gelassener geworden; es würde mich freuen. Ja, Du hast gerade angerufen. Leider konnte ich keine Termine für Dich machen. Das Wetter ist ja noch gut. Ab Sonntag soll es etwas kühler werden und bald geht das Heizen wieder los.
 Klaus Dieter hat mich heute Mittag angerufen und meinte, ich hätte wohl einen neuen Freund, weil ich mich gar nicht melde. Weißt Du, ich habe Dir mein Traumhaus aufgezeichnet. Wir können es ja mal durchrechnen.

Ein Mann und Vater an seine Familie:
Liebe K., Du hast viel dazu beigetragen, dass wir wieder als Familie dieses Fest gemeinsam begehen können. Gemeinsam, das ist die Vorgabe für die Zukunft.
 Liebes, ich danke Dir in Liebe und Freude, dass Du mir wieder ein Zuhause gibst, welches ich vermisst habe. Deine Gesundheit wird Dir Licht, Erfolg und Hoffnung sein für einen gemeinsamen lohnenden Lebensabschnitt. Ich bin sicher, dass dieser Vorsatz sein Ziel erreicht.

Ich wünsche uns allen – Dir besonders –, dass die Weihnacht Zeichen für die Zukunft setzt. Ich umarme Dich in Liebe. Dein Ehemann erinnert sich:

Liebe K., sind es wirklich schon so viele Jahre, die uns das Auf und Ab des Lebens unterschiedlich komfortabel getragen hat? Die prägenden Schwerpunkte dieser Zeitspanne auch nur annähernd darzulegen, würde Seiten füllen. Wollte man es trotzdem tun, so ist man geneigt, die Sonnenseiten im Stellenwert den trüben oder Regentagen zu opfern. Unterschiedliche Charaktere, gänzlich anders geartete Kindheits- und Jugenderlebnisse, genau das ist die Chance zum beiderseitigen Fortschritt – auch bei differenzierter Wahrnehmungsfähigkeit.

Gelang uns das ungenügend, bleibt sicherlich die Anteilsbewältigung ausgeglichen. Hat vielleicht die Erwartungshaltung an sich selbst und den Partnern mit den tatsächlichen Hoffnungen zu weit auseinandergelegen? Liebe, die jüngste Dramatik, für dessen Ursache ich meinen Anteil zutiefst bedaure, zeigt, dass Vergangenheitsbewältigung grundsätzlich eine große Überwindung ist. Diese Überwindung, wenn sie überhaupt Bestand haben soll, nähert sich nur dann einer Lösung, wenn einem bewusst ist, dass Emotionen grundsätzlich zu überzogener Sichtweise führen können. Ein Diebstahl ist noch lange kein Raubüberfall. Die Familie – in diesem Fall Eltern und drei Erwachsene und ein Jugendlicher – ist aufgerufen, intern diese Bastion zu überwinden.

Nicht nur im Sinne der Schadensbegrenzung, die die Kenntnis Dritter mit sich bringt. Dritte helfen nicht – denken wir daran, dass Einzelpersonen nicht nachhaltig und einseitig ins Licht gesetzt werden.

Wiedergutmachung – wenn man die Chance dazu nicht bekam – liegt außerhalb der Realität. Jeder ist nur so gut, wie man ihn lässt, jeder so schlecht, wie man ihn will. Wenn alle in der Familie ohne Beschönigung, ohne Rachegefühle sich damit auseinandersetzen, werden sie erkennen müssen, dass es nicht um kurzfristige Bodengewinne geht, sondern die Zukunft aller den Blick schärfen sollte für das Wesentliche. Für mich sind die vielen Jahre unserer Ehe die Vorarbeit mit Korrekturanspruch für weitere lebendige Jahre für Ehe und Familie.

Ein getrennt von seinem Sohn lebender Vater:

Lieber M., herzlichen Glückwunsch zu Deinem 16. Geburtstag. Am 12. April 1781 schrieb Goethe an seine Freundin (er war ca. 32 Jahre alt): Liebe Lotte, was sind die meisten Menschen doch übel dran. Wie eng ist ihr Lebenskreis, und wo läuft es hinaus. Wir beide können dagegen Schätze der Persönlichkeit aufweisen, dass wir Könige auskaufen könnten …

Was vor mehr als 200 Jahren Gültigkeit hatte, hat auch heute an Aktualität nichts verloren. Ich schreibe Dir dies, lieber M., weil Du als junger Mann mit bestimmst, wie eng oder wie weit Dein Lebenskreis sich darstellt und darstellen soll.

Ich bin mir ganz sicher, dass Du das Zeug dazu hast, ernsthaft darüber nachzudenken und die Schlüsse weitsichtig daraus zu ziehen verstehst, dass Dein Schulabschluss noch auf Dich wartet. Sammle Dir Schätze, die vom Machthunger und von der Geldgier der Menschen unantastbar sind. Sie wurzeln in Deiner Persönlichkeit als Ganzes und tragen dazu bei, wie Du Dich von der Masse unterscheiden willst. Anläufe dazu unternimmt der Mensch Zeit seines Lebens, um die optimale Form der Einstellung in seinem Handeln zu finden. Auch das ist nicht statisch.

Ich wünsche Dir von ganzem Herzen und aus Überzeugung, dass die nächsten zwölf Monate und darüber hinaus Dir zur Freude und Zufriedenheit gereichen.
In Liebe
Dein Vater

Ein Brief des Vaters an seine Tochter:

Liebe M., zu Deinem 18. Geburtstag meinen herzlichen Glückwunsch. Ab heute entstehen Dir mehr Rechte und neue Pflichten.
Aus der Normandie lesen wir:
Wenn du einmal Erfolg hast, kann das Zufall sein.
Wenn du zweimal Erfolg hast, kann das Glück sein. Wenn du dreimal Erfolg hast, so sind es Fleiß und Tüchtigkeit. Ich wünsche Dir, liebe M., dass es Dir immer wieder gelingt, aus einer Kurve – wo man abbremsen muss – zügig zu beschleunigen und das Ziel gesund zu erreichen. Mit Selbstvertrauen, Geduld lässt sich mehr verwirklichen als mit der Anpassung an den Zeitgeist.

Brief an seine getrennt vom ihm lebende Ehefrau:
Zu Deinem 52. Geburtstag herzlichen Glückwunsch. In jedem Menschen stecken ganz bestimmte Leistungsmöglichkeiten. Mögen das beim Mann die treue Pflichterfüllung, bei der Frau eine gewisse Anzahl von Kindern, die ihr Körper geboren hat, sein. Andererseits setzen körperliche, seelische Störungen ein, die unter Umständen arge Befindlichkeitsstörungen mit Langzeitwirkung hervorrufen. Uns hat, liebe E., das Leben Beispiele gebracht, die leider nicht immer richtig verstanden wurden. Das brachte uns aus dem Gleichgewicht.

Du sorgtest stets gewissenhaft für mich und ich hielt es auch in weniger harmonischen Zeiten mit Dir aus. Danke! Bei einem mittelmäßigen Mann, wie ich mich Dir wohl seit Jahren präsentiere, eine schwer überwindbare Perspektive für Dich. Darf ich Dir als Freund eine segensreiche Hand und Gottes Führung wünschen?

An eine Freundin!
Liebe S., herzlichen Glückwunsch zu Deinem Geburtstag. Was für manche Zeitgenossen eine Niederlage darstellt, wenn sie 30 Jahre alt geworden sind, ist für Dich ein unschätzbarer Zeit- und Lebensgewinn.
So darf ich es beurteilen, der ca. 15 Jahre teilhaben konnte an Deinen Gedanken, Deiner Persönlichkeit, Deiner Klugheit und Weitsicht.

Der Gefühlstiegel Deiner Seelentiefe und Geisteshaltung zeigt Berührungen mit deutlich älteren und erfahrenen Menschen. Das, was unsere Freundschaft in ihrer Einmaligkeit auszeichnet, ist unverlierbar und wird auch in Zukunft Fähigkeiten und Neigungen zum Guten tragen.

Karoline schrieb einmal an Humboldt:

Es geht etwas Geistiges durch alles Irdische hindurch, wehe dem, der das nicht erkennt, und dies alles zeigt, und die, die für die Gegenwart und Zukunft wirken wollen, sollten zu allererst durchdrungen sein von der Vergangenheit und dem Wissen um die göttliche Zukunft. Du hast einen Mann, liebe S., der Dir an beruflicher Größe den Ausgleich gibt. Ich bin sicher, dass jüngste Entscheidungen euren Lebensweg erfolgreich kennzeichnen. S., Deine Sehnsucht nach aktiver Selbstgestaltung beruflich und privat hat Wurzeln und Voraussetzungen, die als Signal gesetzt sind. Berufliche Freiheit, Klarheit des Geistes, die Quelle zum höheren Leben sind eine bindende Kraft, die Dich ans Ziel bringen wird. Das ist wie Musik, liebe S. So wie geistvolle Musik einen Menschen verwandelt und zu einem besseren Menschen machen kann, so tragen Dich Deine geistigen und rechtschaffenen Werke zum Licht des Erfolgs.

Von innen heraus setzt Du mit Deinen Überzeugungen an; Auseinandersetzungen federst Du ab mit Geschick und Diplomatie …Was willst Du mehr?

Alles Liebe und Gute von …

Das Leben ist kein oder doch ein Tanz?

Ungefragt werden wir aufgefordert, mitzutanzen, Schritt zu halten. Wir drehen uns im Kreis, treten auf einer Stelle, werden umhergewirbelt, schweben dahin, vergessen Raum und Zeit, sind harmonisch im Takt, liegen am Boden und stellen fest, es ist nicht immer leicht, den richtigen Rhythmus zu finden.

Die letzten Strahlen der untergehenden Abendsonne erinnern daran, dass wieder ein Tag mehr vergangen und auf dem Lebenskonto gestrichen ist. Heute hätte ich es noch sagen können: Ich liebe dich, verzeih, ich bin dir so dankbar. 24 Stunden versäumte Gelegenheit, andere glücklich sein zu lassen, Freude zu vermitteln.

Niemand weiß, ob der neue Tag noch einmal 24 Stunden dafür haben wird. Das Leben gleicht manchmal einem Baum im Schatten anderer Bäume, einem knospenden, grünenden, erblühenden Zweig, voller Überraschungen in einem Meer von entfaltender Blüten. Von Zeit zu Zeit ist er kahl, abgeerntet mit gefallenen Blättern, dennoch voller Hoffnung auf ein wiedererwachendes Leben noch mehr. Geben und Nehmen.

Eigenständigkeit darf man nicht mit vollständiger Unabhängigkeit verwechseln, denn schließlich sind wir in allem auf die Hilfe, so betont er, des Vaters im Himmel angewiesen. Auch der Stärkste braucht seine Führung und seinen Schutz. Wir sind auch aufeinander angewiesen. Da wir unterschiedliche geistige Gaben haben, wird von uns erwartet, dass wir andere an unserer Gabe teilhaben lassen, damit allen dadurch genutzt werde.

Es geht darum, eigenständig zu werden, so gut es geht, unseren Mitmenschen zu helfen, wenn es möglich ist, und zuzulassen, dass andere uns beistehen, falls das notwendig wird. Hilfe zur Selbsthilfe ist gefordert.

Je eigenständiger wir sind – geistig und zeitlich –, desto besser sind wir auch in der Lage, Gutes zu tun.

Unser Vermögen, etwas für andere zu tun, vergrößert oder verringert sich, je nachdem, wie selbständig wir sind. Für diese Aussage steht Luis.

In diesem Zusammenhang möchte der Verfasser einen Kernsatz in den Mittelpunkt stellen: Die Bedeutung der Familie.

Die Familie wird heutzutage massiv angegriffen. Deshalb ist es wichtiger als je zuvor, dass Kinder und Jugendliche eine Erkenntnis davon erhalten, welche Bedeutung der Familie im Plan des Lebens zukommt.

Dazu zählen nicht Schweigen und stumm Dulden, sondern

a) Anregungen für Gespräche mit Jugendlichen und
b) Anregungen für Gespräche mit Kindern. Eine anständige Ausdrucksweise.

Mit Worten kann man von einem Gefühl Zeugnis geben, einen Bedrängten trösten, einer Freundin ein Kompliment machen oder einem Angehörigen sein Mitgefühl ausdrücken. Mit Worten kann man aber auch jemanden verletzen, Klatsch verbreiten, fluchen oder jemanden herabsetzen.

Wenn die Kinder dazu angeleitet werden, sich anständig auszudrücken, trägt das dazu bei, dass in der Familie eine friedvolle, aufmunternde Atmosphäre herrscht. Es sei uns bewusst, wir beschäftigen uns in Gedanken mit dem, was wir im Herzen empfinden, und wir reden über das, womit wir uns in Gedanken beschäftigen. Deshalb stimmt die Aussage, dass unsere Ausdrucksweise die Gefühle unseres Herzens widerspiegelt und zeigt, wer wir wirklich sind. Täuschen hat keinen Bestand.

Wer schon einmal etwas von Corona Schröter gehört hat, der kann lesen: Sie war von Natur aus ein schöner und heiterer Mensch, der zu Scherzen und Neckereien neigte. Gewandt und liebenswürdig im Umgang mit Menschen, war sie auch in der Unterhaltung frisch und schlagfertig. Vielleicht etwas zu spröde und keusch für eine Frau der Bühne.

Sie spielte während der Jahre 1776 bis 1782 in Weimar eine unvergessliche Rolle, und die gesamte Gesellschaft, darunter vorzüglich auch die Männer, fühlten sich bei ihr ungewöhnlich angeregt.

Der Herzoginmutter, Anna Amalia, die das geistige Weimar mit so viel Schwung gegründet hatte, vergaß ihr das nie, während die Herzogin und Frau von Stein auf sie eifersüchtig waren. Jedem Menschenkenner wird es einleuchten, dass dieses Porträt eine ungewöhnliche Frau darstellt, die im Laufe ihres Lebens alle Qualitäten entwickelte. Dieses Selbstporträt ist zwar kein Jugendbildnis, aber doch das wertvolle, was überhaupt von Corona Schröter existiert. Ich erwähne dies, weil auch Menschen aus der Öffentlichkeit einen Eindruck hinterlassen können, der auf guter Veranlagung, Erziehung und Selbstwertgefühl basiert.

Wer sich nicht mit der Löwenhaut bekleiden kann, der nehme den Fuchspelz. (Gracian, Handorakel der Weltklugheit)

Von oben nach unten

Der Verfasser möchte aus eigener Erfahrung von einem großen Musiktalent berichten, das er im reifen Alter bei seinen Konzerten begleitet und einen Teil seiner Freizeit mitgestaltet hat.
  Sein Name ist Boris S. Jahrgang 1961. Er gehört zu den besten jungen deutschen Geigern unserer Zeit. Seine Ausbildung verdankt er Max Rostal, Nathan Milstein und Leonid Kogan. Erste internationale Erfolge erzielte Boris S. 1983 als Preisträger des Paganini-Wettbewerbs in Genua und des A.-Curci-Wettbewerbs in Neapel. 1984 gewann er den Wettbewerb deutscher Musikhochschulen in Frankfurt. Zahlreiche Konzerte im In- und Ausland sowie Rundfunk- und Fernsehproduktionen folgten.

Neben seiner Tätigkeit als Solist widmet sich Boris S. auch mit großem Engagement der Kammermusik. Hier erhielt er wichtige Anregungen durch intensive Zusammenarbeit mit dem Amadeus-Quartett und dem Quartetto Italiano. Eine beängstigende Vollkommenheit, die selbst renommierten Zunftgenossen Ehre gemacht hätte.
  (Frankfurter Allgemeine Zeitung)

In der jungen russischen Pianistin Luba J. hat Boris S. eine künstlerisch gleich begabte Partnerin gefunden. Geboren im Jahre 1968 in Perm, Russland, bekam sie als Fünfjährige die erste Klavierausbildung. Bis 1987 studierte sie am Klavierkollegium von Perm, wo sie anschließend als Musikpädagogin und Konzertpianistin lehrte. Sie war eine der gefragtesten Duo-Partnerinnen für bekannte Musiker in Russland. Seit 1991 lebt Luba J. in Hannover, wo sie von Boris S. entdeckt wurde.
  Im persönlichen Auftreten zurückhaltend; doch in der Interpretation mit enormer Sicherheit des Ausdrucks, war die junge russische Pianistin L. J. eine ideale Duo-Partnerin für B. S. Das hervorragende

Zusammenspiel im Dialog der Instrumente ...lässt hoffen, dass das gesamte Musizieren fortgesetzt wird.
(Westdeutsche Zeitung, 15. Juli 1992)

Durch massives persönliches Fehlverhalten mit juristischen Folgen musste Boris S. seine Karriere aufgeben und weilt heute an einem mir nicht bekannten Ort. Ich habe einen Freund und ein großes Talent verloren!

Freunde unter sich mit dem Verfasser, B., S. und L.
Am 23. November 1993 in Garbsen/Beerenbostel

War es Zufall, dass sich unsere Wege kreuzten?

Wir alle kennen die Situation, dass uns Menschen nach vielen Jahren wieder begegnen, die uns mehr oder weniger von Bedeutung waren. Ein Mann erzählt eine Geschichte, in der er sich an Folgendes erinnert:

An einem besonders kalten Samstagabend im Winter 1983/84 fuhren meine Frau und ich die mehrere Kilometer lange Strecke ins Gebirgstal der Alpen, wo wir ein Haus hatten. Die Temperatur an diesem Abend lag bei zwölf Grad minus; wir wollten uns vergewissern, dass mit unserem Haus alles in Ordnung war. Wir fanden alles in einem guten Zustand vor. Also machten wir uns auf den Rückweg nach Norden. Wir schafften es gerade mal (ein) paar Kilometer (weit), ehe unser Auto seinen Dienst versagte …Wir saßen fest!

Zögerlich begaben wir uns zu Fuß auf den Weg in den nächsten Ort, während die Autos an uns vorbeizischten. Schließlich hielt ein Auto an und ein junger Mann bot uns Hilfe an …Der nette junge Mann fuhr uns zurück zu unserem Haus in den Alpen. Ich wollte ihm Geld in die Hand drücken, (aber) er meinte, er sei ein Pfadfinder und wolle eine gute Tat vollbringen. Ich sagte ihm, wer ich war, und er erwiderte, es sei ihm eine Ehre gewesen, uns zu helfen.

Da ich annahm, dass er sich ungefähr im Alter von 20 Jahren befand, fragte ich ihn, ob er vorhabe, diese guten und lobenswerten Eigenschaften weiterhin zu praktizieren, denn die meisten in seinem Alter setzen andere Prioritäten.

Am darauffolgenden Montagmorgen schrieb ich diesem jungen Mann einen Brief und bedankte mich dafür, dass er so freundlich gewesen war. Ich ermunterte ihn auch, diesen Weg weiter zu verfolgen, um den Mitmenschen ein Beispiel zu geben. Etwa eine Woche danach rief mich die Mutter des jungen Mannes an und erzählte mir, dass ihr Sohn ein ganz feiner Junge sei, aber wegen gewisser Einflüsse aus der

Vergangenheit damit belastet war, sich zu ändern, den besseren und guten Weg zu gehen.

Es gingen noch einige Monate ins Land und ich hatte weiterhin Kontakt mit dem jungen Mann, der uns immer mehr schätzte und meinte, dass wir durch unser Verhalten sehr dazu beigetragen haben, dass er den Weg zum Besseren nun leichter findet und an ihm festhalten will. War es Zufall, dass sich unsere Wege an diesem kalten Dezemberabend kreuzten? Daran glaube ich keinen Augenblick. Vielmehr glaube ich, dass durch das Zusammentreffen die aufrichtigen Gedanken und Gebete einer Mutter und eines Vaters für den Sohn, der ihnen teuer war, erhört worden sind.

Ein Sprung in das Mittelalter soll uns zeigen, dass jeder Zeitabschnitt der Geschichte seine Handschrift trägt.

Wer damals schon des Schreibens mächtig war, der hielt diese oder jene Erfahrungen fest, und wir können davon ausgehen, dass die meisten aus ihrem ehrlichen Gefühl und aus einer weitgehend objektiven Wahrnehmung heraus berichtet haben. Das Ritterleben, welch eine Romantik? In der Schule und bei anderen Gelegenheiten las man darüber.

Dieser oder jener konnte sich vorstellen, er wäre das gewesen; oder lieber doch nicht. Aus einem Bericht über das Ritterleben hieß es, man lebte auf dem Felde, in Wäldern und in jenen Felsennestern, die uns Nahrung schafften; sind ganz arme Bauern, denen wir unsere Äcker, Weinberge, Wiesen und Wälder verdingen. Der Ertrag, der von ihnen kommt, ist für die Arbeit, die darauf verwendet wird. Gering und schmal, aber mit großer Mühe und großem Fleiß wird gearbeitet, damit es reich und lohnend werde, denn wir müssen sehr sorgfältig haushalten. Sodann müssen wir uns unter die Abhängigkeit von irgendeinem Fürsten stellen, damit wir von ihm Schutz erhoffen dürfen.

Wenn ich das nicht bin, meint jedermann, dass er sich alles gegen mich erlauben dürfe, und wenn ich es bin, so ist dieser Schutz mit Gefahr und täglicher Furcht verbunden, denn sobald ich aus dem

Hause trete, bin ich in Gefahr, dass ich dem in die Hände falle, welcher mein Schutzherr ist, Händel und Fehde hat. An seiner Stelle fallen sie mich an und schleppen mich fort. Wenn mich das Missgeschick recht verfolgt, geht leicht die Hälfte meines Vermögens für das Lösegeld drauf, und womit ich Schutz erhoffte, erwachsen mir auf diese Weise Feindseligkeiten.

Zu diesem Zweck halten wir darum Pferde und schafften uns Waffen an und umgeben uns mit zahlreichem Gefolge, alles unter schweren und drückenden Kosten; und dabei dürfen wir nicht 500 Schritte weit ohne Waffen gehen, man kann ein Dorf nur gerüstet besuchen, nicht zum Jagen, nicht zum Fischen, anders als in Eisen gepanzert gehen. Überdies gibt es häufig Zank zwischen fremden Bauern und den unseren, und es vergeht kein Tag, an dem uns nicht über irgendeinen Schritt berichtet wird, den wir sehr vorsichtig schlichten. Denn wenn ich zu ungestüm das Meinige in Schutz nehme und das Unrecht verfolge, so entsteht Krieg; wenn ich aber zu geduldig nachgebe und von meinem Recht etwas nachlasse, dann steht sogleich den Angriffen von allen Seiten Tür und Tor offen; denn was dem einen nachgelassen ist, das würde jeder Einzelne für sich gleichermaßen haben wollen, zur Belohnung für seine eigene Unverschämtheit. Und was für Leute sind es, unter denen solche Sachen vorkommen?

Nicht etwa Leute, die sich fremd sind, lieber Freund, sondern solche, die sich nahestehen, Verschwägerte und Verwandte, ja sogar Brüder handeln derartig gegeneinander.

Das sind die Begebenheiten unseres Landlebens, das sind unsere Ruhe und unser Frieden. Ob unsere Behausung auf dem Berge oder in der Ebene liegt, sie ist nie zur Behaglichkeit, sondern zum Schutz gebaut, mit Wall und Graben umgeben. Innen wenig geräumig, mit Vieh- und Pferdeställen zusammengedrängt, daneben finstere Schuppen voller Kanonen, Pech und Schwefel und was sonst zur kriegerischen Ausrüstung an Waffen und Maschinen gehört. Überall der Gestank des Schießpulvers, dann die Hunde mit ihrem Unrat – das duftet lieblich und angenehm, sollt ich meinen.

Reitersleute kommen und gehen, auch Raubgesindel, Diebe und Wegelagerer, denn gewöhnlich stehen unsere Häuser offen, und unsere Leute wissen selten, was einer ist, oder fragen nicht viel danach. Man hört das Blöken der Schafe, das Brüllen der Ochsen, das Bellen der Hunde, das Schreien der Feldarbeiter, das Rumpeln und Gerassel der Karren und Wagen, ja, in unserer Gegend, wo die Wälder nahe sind, auch das Heulen der Wölfe. Der ganze Tag ist mit Angst und Sorge um den nächsten, mit fortgesetzter Bewegung und dauerndem Sturm ausgefüllt. Wer das liest – wenn man einige Begriffe der Vergangenheit ausklammert –, könnte vermuten, mit der Gegenwart sieht es weltweit ähnlich aus.

Wir halten uns zugute, dass wir aus dem Zeitalter der Aufklärung gelernt haben, dass moderne wissenschaftliche Methoden entwickelt wurden.

Von großem Wert zeigt sich die Verbreitung der Naturwissenschaften. In fast allen Bevölkerungsschichten wurde das populär.

Immanuel Kant hat zur Aufklärung gesagt: Aufklärung ist der Ausgang des Menschen aus seiner selbstverschuldeten Unmündigkeit. Unmündigkeit ist das Unvermögen, sich seines Verstandes ohne Leistung eines anderen zu bedienen. Selbstverschuldet ist diese Unmündigkeit, wenn die Ursache derselben nicht am Mangel des Verstandes, sondern der Entschließung und des Mutes liegt, sich seiner ohne Leistung eines anderen zu bedienen. Habe Mut, dich deines eigenen Verstandes zu bedienen, ist also der Wahlspruch der Aufklärung.

Diese Klarheit konnten sich allerdings zunächst nur Mitglieder der privilegierten Stände oder diesen Nahestehende verschaffen, die mit ihrem Aufklärungsprogramm anfangs auch nur ihresgleichen erreichen wollten. Den Aufklärern ist gesagt, dass trotz verschiedener Auffassungen über Tragweite und Ziele ihres Programms im Einzelnen der Widerstand gegen jede Form von Vorurteilen gemein ist.

Vor allem gegen den Dogmatismus gewisser Organisationen und damit die Forderung nach einem nur von der Vernunft bestimmten

Leben. Dies schloss die Forderungen nach allgemeiner Denk-Rede- und Schriftreinheit sowie die nach Kritik und Toleranz ein. Heute bemühen wir uns um eine erfolgreiche Therapie der immer häufiger auftretenden Geisteskrankheiten, deren Ursachen nicht selten auf die Arbeitsbedingungen und die Menschenführung in Unternehmen zurückzuführen sind. Man macht sich Gedanken über Hygiene und untersucht Methoden, besondere Krankheiten wie Typhus und Cholera und Infektionskrankheiten zu bekämpfen. Wenn wir heute in Arztpraxen, Kliniken und Sanatorien hineinschauen, dann können wir erkennen, dass die Anfänge von einem der größten Erforscher der Infektionskrankheiten, Robert Koch (1843 bis 1910), weitgehend Anfänge geblieben sind.

Robert Koch wurde in Clausthal geboren und studierte Medizin an der Universität Göttingen. Anschließend arbeitete er zunächst als praktischer Arzt, danach im Deutsch-Französischen Krieg als Chirurg und schließlich seit 1872 als Medizinalbeamter in Wollstein. Hier begann er mit seinen bakteriologischen Studien, die ihn berühmt machten. Auf seinen Reisen durch Ägypten, Neuguinea und Uganda studierte Koch die Cholera und Malaria und die Schlafkrankheit.

Koch gilt neben Pasteur als der Begründer der Bakteriologie. Um seine Leistungen zu würdigen, muss man sich vergegenwärtigen, dass es zur damaligen Zeit keine Bücher oder Anleitungen zu diesem Thema gab. Man war allein mit einem Mikroskop, mit einer Anzahl von Reagenzgläsern betraut und musste mühsam Präparate anfertigen und nach Bazillen suchen, deren Lebensbedingungen und Vermehrungsbedingungen man nicht kannte.

Koch entwickelte zunächst Methoden zur Züchtung von Bakterien auf einem Nährboden, den man Agar-Agar nennt. Er fand heraus, dass bereits nach kurzer Zeit aus einem Keim so viele Bakterien entstanden waren, dass die Kolonie mit bloßem Auge erkennbar wurde.

Er stellte auch fest, dass die Form der Kolonien für die betreffende Bakterienart charakteristisch ist. 1876 isolierte Koch den Milzbranderreger der Tuberkulose und ein Jahr später den der Cholera. Er wies auch nach, dass die Cholera durch das Trinkwasser übertragen wurde. Für seine großen Erfolge wurde er 1905 mit dem Nobelpreis für Medizin geehrt. Kommen wir noch einmal auf die Hygiene zurück. Jeder von uns weiß, dass gegenwärtig in Krankenhäusern dies ein noch weitgehend unbeherrschtes Thema ist. Erinnern wir uns: Im 19. Jahrhundert waren die Menschen besonders von Typhus und Cholera bedroht. Nach Ansicht Pettenkofers traten solche Epidemien vorwiegend dort auf, wo örtlich oder auch individuell eine entsprechende Veranlagung vorliegt. Besonders nachhaltig sollten sich kleine und unsaubere Wohnungen, ein schlechter Ernährungszustand, seltenes Waschen, schmutzige Kleidung sowie ein hoher Grundwasserstand auswirken.

Dass nicht einmal Cholera-Bakterien ohne Vorhandensein einer entsprechenden Veranlagung eine Erkrankung hervorrufen, bewies Pettenkofer, indem er ganze Kulturen von Cholera-Bakterien verschluckte, ohne dass sein Befinden dadurch gestört wurde.

Tatsächlich gelang es noch in der zweiten Hälfte des 19. Jahrhunderts durch eine gesunde Volksernährung, durch Einführung der Kanalisation und die sorgfältige Kontrolle des Trinkwassers und Verbesserung der Wohnverhältnisse die Epidemien einzudämmen. Heute erkennen wir, dass speziell in Afrika das Ebola um sich greift. Die Gefahr einer Weltepidemie ist nicht auszuschließen. War die Forschung der Vergangenheit erfolglos? Nicht ganz.

Man hat leider diese Erkenntnis nicht konsequent weiterverfolgt und praktisch zur Anwendung gebracht; oder zeigt uns das die Grenzen der Medizin auf? Ich möchte daran erinnern, dass es unverkennbar einen Faktor beim Menschen gibt, den wir selbst beeinflussen können, allen Unzulänglichkeiten der Wissenschaft, Technik zum Trotz.

Vor einigen Jahren besuchte der Verfasser einen liebenswerten Menschen in einer Krebs-Rehaklinik. Diese junge Frau stand damals vor dem 45. Lebensjahr. Sie wusste um das Risiko ihrer Krebserkrankung und die inzwischen sechste Chemo bereitete ihr großen Verdruss. Sicher, sie wollte wieder genesen und die bisherige Verantwortung ihrem Sohn gegenüber weiter wahrnehmen. Doch, darüber war sie sich im Klaren: Es geht nichts ohne den Schöpfer.

Sie gab mir einen geistigen Gedanken mit, den sie vor kurzem gelesen hatte. Darin hieß es: »Damit wir geistig bereit sind!« Es handelte vom Fundament des Glaubens. Wenn wir kein tiefes Fundament des Glaubens und kein solides Wissen über die Wahrheit der Gottesworte haben, mag es uns schwerfallen, den rauen Stürmen und eisigen Winden der Widrigkeiten geistig zu trotzen, die jedem von uns unweigerlich entgegenschlagen können.

Das Erdenleben ist eine Zeit der Prüfung, eine Zeit, in der wir uns würdig erweisen müssen, in die Gegenwart unseres himmlischen Vaters zurückzukehren. Ein Weg, dem niemand verwehrt bleibt. Um geprüft werden zu können, müssen wir mit Anforderungen und Schwierigkeiten unterschiedlichster Form konfrontiert werden. Diese können uns brechen und bewirken, dass unsere Seele an der Oberfläche Risse bekommt und bröckelt, jedenfalls dann, wenn das Fundament unseres Glaubens und unser Wissen von der Wahrheit nicht tief in uns verankert sind.

Auf der Suche nach unserem besten Ich leiten verschiedene Fragen unsere Gedanken: Bin ich so, wie ich sein möchte? Bin ich dem Erretter heute näher als gestern? Werde ich ihm morgen noch näher sein?

Habe ich den Mut, ihn anzunehmen? Wenn wir uns der Zukunft zuwenden – die keinem erspart bleibt –, dann dürfen wir die Erkenntnis und Erfahrung aus der Vergangenheit nicht vernachlässigen. Diese junge Frau von 46 Jahren betonte aus innerer Überzeugung dem Verfasser gegenüber:

Denken wir daran, dass wir nicht allein sind, gehen wir auf unserem Lebensweg – trotz oder wegen aller Trübsal –, gehen wir immer auf das Licht zu, dann lassen wir die Schatten des Lebens hinter uns.

Sie vertraute voll auf Gott, auf seine Liebe und Barmherzigkeit. Noch vor ihrem 46. Lebensjahr nahm er sie zu sich.

Sie hatte, davon war sie überzeugt, vorher alles getan, um dem Herrn zu gefallen, um sich auf das Leben im Jenseits vorzubereiten. Ihr zurückgebliebener Sohn wird aus dem gleichen Glaubensverständnis heraus seinen Lebensweg auch ohne die Mutter gehen und gestalten können. Er weiß um das einstige Wiedersehen.

Vom Herrn zu neuen, größeren Aufgaben berufen!

Das Skierlebnis und andere Erfahrungen in der Jugend

Schon in den späten Herbsttagen sind die Gedanken und Wünsche der Ski- und Winterfreunde auf den nahenden Winter gerichtet. Skifahren, Rodeln und alles, was man mit dem Winter verbindet, sollen auch in diesem Jahr zur Freude gereichen. Ich möchte an dieser Stelle von einem Jungen, nennen wir ihn Kristian, berichten. Eine Schneeerfahrung, die vielen Familien zur Winterzeit bekannt vorkommen könnte. Oder doch nicht? Kristian schildert sein Erlebnis wie folgt:

Ich weiß noch, wie ich zum ersten Mal mit meiner Familie zum Skilanglaufen ging. Meine Eltern, meine Geschwister und ich packten die Skiausrüstung in unseren Kombi und fuhren zu einem Berg in der Nähe, wo wir den Tag verbringen wollten.

Als wir dort ankamen, stellte ich fest, dass ich in der ganzen Hektik des Aufbruchs einen Ski zu Hause gelassen hatte. Zu allem Unglück hatte ich noch meine Skistöcke vergessen.

Es war nicht daran zu denken, zurückzufahren und die fehlende Ausrüstung zu holen. Mein Vater, pragmatisch wie immer, meinte, ich müsse eben mein Bestes geben. Zum Glück hatte meine ältere Schwester Dorte Mitleid mit mir und lieh mir einen ihrer Stöcke.

Da ich noch nie Ski gelaufen war, dachte ich, es sei wohl nicht so schlimm, nur einen Ski zu haben. Ich war mehr aufgeregt als enttäuscht – schließlich war ich endlich alt genug, beim Lieblingssport meiner Familie dabei zu sein.

Meine Geschwister zogen sich die Ski an und liefen auf eine Wiese mit einem kleinen Hügel zu. Es machte sicher Spaß, dort hinunterzufahren. Aber ich kam keinen Zentimeter vorwärts.

Der Fuß ohne Ski versank tief im Schnee. Der Fuß mit dem Ski steckte ebenfalls fest, weil der Schnee an dem altmodischen Ski aus Holz pappte und ihn noch schwerer machte. Warum ging das denn nicht leichter? Je mehr ich mich anstrengte, desto tiefer versank ich, und ich wurde immer wütender. Meine Verzweiflung wuchs, als ich in der Ferne meinen Vater und meine Brüder sah.

Sie waren schon am Hang angekommen und hatten offensichtlich großen Spaß daran, den Hügel hinaufzusteigen und hinunterzufahren. Mein Vater kam ein paar Mal zurück, um nach mir zu sehen, und sagte ein paar aufmunternde Worte.

»Mach weiter! Du schaffst es!« Aber ich schaffte es nicht. Bis zum Ende des Tages hatte ich noch nichts geschafft. Mein erster Skiausflug war eine große Enttäuschung. Mit den Jahren wurde mir bewusst, dass wir alle manchmal Zeiten erleben, in denen es uns vorkommt, als müssten wir mit nur einem Ski – einem schwerfälligen Ski aus Holz – vorwärtskommen. Wir alle müssen mit Prüfungen, Enttäuschungen oder Schwächen fertigwerden. Manche haben wir uns selbst zuzuschreiben, aber bei anderen liegt das daran, dass wir in einer gefallenen Welt leben. Manche sind vorübergehend, mit anderen müssen wir uns unser Leben lang auseinandersetzen.

Wir merken schnell, wie wenig wir vorbereitet sind. Wir fühlen uns unzulänglich.

Unser Schmerz wird noch schlimmer, wenn wir andere sehen, die anscheinend überhaupt keine Hindernisse haben. In solchen Situationen ist ganz klar, dass wir es nicht schaffen können.

Zum Glück müssen unsere Erfahrungen im Leben nicht so enden wie mein erster Versuch mit dem Skilaufen. Ich gab mein Bestes, kam aber keinen Schritt weiter. Aber im Leben können wir unser Bestes geben und dann das Übrige dem überlassen, der über uns steht. Durch seine Stärke und seine Gnade können wir etwas schaffen, was wir aus uns selbst heraus nicht schaffen könnten. Ich gab das Skilaufen nach dieser ersten Enttäuschung nicht auf.

Ich ging immer wieder mit meiner Familie Ski laufen und belegte sogar Kurse. Das Skilaufen gehört jetzt zu meiner liebsten Freizeitbeschäftigung. Ich bin dankbar, dass ich nicht aufgegeben habe.

Eine vergleichbare Begebenheit:

Zwei junge Brüder standen oben auf einer kleinen Klippe, unter ihnen ein See mit klarem blauem Wasser. Es war eine beliebte Absprungstelle. Die Brüder hatten schon oft darüber gesprochen, dass sie diesen Sprung wagen wollten, wie sie es bei anderen gesehen hatten. Beide haben vor, zu springen, aber keiner wollte der Erste sein. Obwohl die Klippe nicht sehr hoch war, kam den beiden Jungen jedes Mal, wenn sie hinunterspähten, die Entfernung zum Wasser noch größer vor.

Ihr Mut schwand zusehends. Schließlich setzte einer der Brüder einen Fuß an den Rand der Klippe und machte entschlossen eine Bewegung nach vorn. Da flüsterte sein Bruder: »Vielleicht warten wir bis zum nächsten Sommer.«

Doch der andere ließ sich nicht mehr bremsen. »Bruder«, antwortete er, »ich bin fest entschlossen!« Schon tauchte er ins Wasser ein und kam mit einem triumphalen Schrei wieder an die Oberfläche. Sein Bruder sprang sofort hinterher.

Am Ende mussten beide darüber lachen, was der eine vor seinem Absprung gesagt hatte: »Bruder, ich bin fest entschlossen.«

Sich selbst zu verpflichten ist ein wenig wie ein Sprung ins Wasser. Entweder man verpflichtet sich oder man verpflichtet sich nicht. Entweder man bewegt sich vorwärts oder man steht still. Es gibt nichts dazwischen.

Wir alle stehen manchmal vor einer Entscheidung, die sich auf unser ganzes weiteres Leben auswirken kann.

Als Überleger müssen wir uns fragen: Tauche ich ein, oder bleibe ich am Rand stehen?

Mache ich den Schritt nach vorn, oder prüfe ich nur mit den Zehen die Wassertemperatur. Manche großen Fehler bestehen darin, dass man etwas Falsches tut, andere bestehen darin, dass man gar nichts tut. Wenn man sich einer ehrenvollen Aufgabe – Familie, Kindererziehung u.Ä. – nur halbherzig verpflichtet, kann dies zur Enttäuschung, Unzufriedenheit und zu Schuldgefühlen führen. Wer sich nur »ein bisschen« für das Gute einsetzt, kann davon ausgehen, dass die daraus entstehenden Früchte klein und gering sind.

Es gibt einen Unterschied zwischen der Absicht und der Tat. Wer nur vorhat, sich der guten Sache zu widmen, findet vielleicht an jeder Ecke eine Ausrede. Die sich wirklich verpflichten, fassen ihre Chancen klar ins Auge und sagen sich: »Ja, das wäre ein triftiger Grund, es nicht aufzuschieben, aber ich habe z.B. das Ehebündnis geschlossen, deshalb halte ich mich daran.«

Ein Sprichwort betont:

Versprechen sind wie der Vollmond. Löst man sie nicht sofort ein, nimmt ihre Kraft von Tag zu Tag ab.

Auf die eine oder andere Weise steht jeder von uns vor einer Entscheidung und blickt auf das Wasser. Joseph von der Insel Apu Inti auf dem Titicacasee in Peru hatte keine Angst vor Wasser. Der Siebenjährige ist mit dem Wasser aufgewachsen. Besser gesagt, er war immer von Wasser umgeben – vom kalten Wasser des Titicacasees in Peru.

So ist es eben, wenn man auf einer kleinen Insel lebt, die aus schwimmendem Schilf gebaut ist.

Joseph und seine Familie gehören zum Volk der Uros, die seit Hunderten von Jahren schwimmende Inseln auf dem Titicacasee gebaut und bewohnt haben. Sie fischen im See. Sie baden im See. Sie rudern über den See, um von einer Insel zur anderen zu kommen.

Man könnte meinen, dass Joseph, der so an das Wasser gewöhnt ist, kein bisschen aufgeregt ist, dass er in ein paar Monaten in einem Taufbecken stehen wird, um sich taufen zu lassen.

Aber es geht ihm wie vielen anderen Kindern. Die Kinder der Uro-Indianer, die ja vom Wasser umgeben sind, lernen schon von klein auf, sehr vorsichtig zu sein. Als Joseph seinen Eltern erzählte, dass er ein bisschen Angst vor der Taufe habe, erzählte man ihm, dass täglich viele Menschen diesen Weg gehen und danach sehr glücklich sind, zu erkennen, dass der Sinn und Zweck des Lebens eng damit verbunden sein wird.

Man hatte dem Joseph von Paulus erzählt. Für Paulus war Jesus Christus der neue Adam. Daraus lässt sich erkennen: Das fließende Wasser steht für das Auf und Ab des Lebens, für die Zeit, für die Vergänglichkeit.

Die christliche Taufe durch Untertauchen drückt aus, dass im Leben eines Menschen etwas einmalig Neues beginnt. Der »alte Mensch« vergeht, der »neue Mensch« wird durch Gottes Gnade geboren. Taufe bezeichnet ein Sterben, ein Untertauchen in das Wasser der Zeit und ein Auftauchen in das Leben des Lichts.

Spuren auf der Suche nach den Reisen von Paulus brachten bei Ausgrabungen ein achteckiges Taufbecken neben der Kirche, die Bischof Porphyrius in Philippi errichten ließ, zum Vorschein. Ja, so war das damals und so sollte es auch heute noch sein!

Und weil das so ist, ist Johannes aufgeregt, ob er die Erwartungen erfüllen kann, die Gott in ihn setzt. Ja, er kann, wenn er sich verpflichtet, das zu tun, was Gott ihm gebietet. Jesus ist das Wasser des Lebens!

Nur durch Mut kann man sein Leben in Ordnung bringen.

Liebesgaben – Poesie

Es war im Ersten Weltkrieg. Zwei Soldaten berichten an ihre Angehörigen zur Weihnachtszeit von der Front. Unsere Weihnachtspakete haben uns eine große Zahl freudiger Danksagungen eingebracht, zuweilen in fast klassischer dichterischer Form, zuweilen etwas holprig. Lesen wir einmal diese Gedichte:

Ei, das ist ja allerhand. Was Ihr mir zum Fest gesandt! Eine Büchse Leberwurst, Tee und Kognak für den Durst, Pfefferkuchen bester Güte, Zucker in einer großen Tüte, 2 Pakete Keks zum Naschen, 1 Stück Lanolin zum Waschen, Suppenwürfel zirka 10, dazu Tabak, wunderschön. 4 Zigaretten, auch sehr fein, 2 Paar Strümpfe, dazu ein schönes rotes Taschentuch, das auch wirklich groß genug. Ferner einen ganz aparten Bleistift, dazu 20 Karten.

Und den Spruch zum Weihnachtsfeste; für diese alle dank aufs Beste.

Ein Kamerad schrieb aus dem Schützengraben an seine Familie:

Müde, dreckig, hungrig, durstig kam ich aus dem Schützengraben, und da fand ich im Quartier Feldpost von den Liebesgaben. Ist auch was für mich darunter? Frag ich meinen Korporal. Ja, fand der, hier diese Sendung. Könnt es mir glauben! Als ich die Zigaretten fand, die mir Euer Herz entboten aus dem lieben Heimatland. Und indem ich dieses schreibe, qualmt die erste in die Luft. Blaue Ringel blas ich von mir. Wundervoll stärkt Tabakduft. Nun zum Schluss! Und viele Grüße, besten Dank aus Feindesland

Aus Feldpostbriefen, 22. November 1914

Ich schrieb Ihnen kurz, dass wir im Dorf immer von feindlicher Artillerie bedacht werden. Es geht jetzt immer lebhafter zu; denn wie es scheint, bekommen unsere guten Freunde da drüben schon Druck von oben rechts, denn sie möchten gern bei uns durchbrechen, wobei sie sich aber die Hörner abstoßen werden.

Vor einigen Tagen war ein Flieger über unserem Dorf und warf Zettel herunter, worauf in deutscher Sprache die Aufforderung stand, wir sollten diesem elenden Leben ein Ende machen, indem wir uns bei den französischen Vorposten ohne Waffen als Gefangene melden.

Es wäre nicht wahr, dass die Gefangenen drüben schlecht behandelt würden, sondern im Gegenteil. Zum Schluss stand sogar noch darauf, dass wir nach beendigtem Krieg lebend nach Deutschland befördert würden. Das ist doch ein sehr achtungswertes Entgegenkommen, sogar »lebend« wieder zurückzukommen! Leider konnte ich nicht selbst einen Originalzettel bekommen, sonst hätte ich Ihnen einen mitgesandt.

Wir sind jetzt in Wanderquartieren, weil wir immer ausziehen müssen, wenn wir zu toll beschossen werden. Leider mehren sich unsere Verluste immer mehr, aber wir trösten uns damit, dass wir immer noch Glück im Unglück hatten. Vor einigen Tagen ging die Schießerei mittags los. Ich selbst war zur Zeit, als die schweren Granaten ankamen, im Dorf und eilte zu meinen Pferden, wartete aber erst, bis sämtliche vier Geschütze abgefeuert hatten, denn ich musste durch die Schussrichtung.

Plötzlich hörte ich das Heulen einer auf mich zukommenden Granate und warf mich hin, mein Leben dem Schicksal überlassend. Im selben Moment schlug es fünf Meter hinter mir in eine Kuhweide ein, über mir flogen die Rasenstücke, und ich war mit Erde und Rasen bedeckt. Drei weitere Granaten waren glücklicherweise jede um etwa zehn Meter nach vorn gestaffelt.

Diese Granaten kamen aus einer Entfernung von 15 bis 16 Kilometern. Nachts sahen wir beim Schießen den Feuerschein und zählten volle 22 Sekunden, ehe wir den Knall und das Heulen hören konnten, dann vier weitere Sekunden, bis die Granate unter lautem Krach krepierte.

Wir wissen aus Erfahrung, dass, wenn ein Geschoss einschlägt, meistens die aufrechtstehenden Leute getroffen werden, deswegen wirft man sich hin, wenn man merkt, dass das Geschoss auf einen zukommt.

Als ich auf die Straße lief, merkte ich ganz genau, dass der Schuss auf mich zukam, und er lag dann genau hinter mir, ein Glück, dass ich mich hingeworfen hatte. Am schlechtesten ist es nachts, man muss mit einem Ohr immer horchen, ob uns nicht die guten Feinde wecken wollen. Aber auch Flieger sind öfters bei uns, so warf gestern Mittag einer vier Bomben. Abends waren wir zum gestrigen Totensonntag auf dem Friedhof versammelt, um Kränze auf die Gräber der gefallenen Kameraden zu legen, plötzlich erschien ein Flieger, und wir mussten alle unter Bäume und Häuser flüchten, damit wir nicht gesehen werden.

Nachdem der Flieger drei Bomben geworfen hatte, verschwand er, und der Divisionspfarrer fing an zu predigen. Es war mittlerweile etwas dunkel geworden, plötzlich ein lauter Krach, und dicht neben dem Friedhof in einem Garten fiel eine Bombe von dem zurückgekommenen Flieger.

Wir mussten auseinander, und so war die ernste Feier gestört. Die Infanteriekapelle konnte überhaupt nicht spielen. So geht's im Krieg, überall trachtet man nach des anderen Leben. Aber den armen Franzosen geht es sicher schlechter, denn unsere Infanterie hört öfters das Geschrei, wenn die Granaten von unseren Haubitzen in deren Schützengraben einschlagen. Wie es scheint, sind die Belgier und Franzosen auch kriegsmüde, was bei uns noch lange nicht der Fall ist, obgleich auch wir gerne zu Hause wären.

Sehr geehrter Leser, der Verfasser hat in seinen Ausführungen bewusst diese Feldpost eingefügt, um aus dem Blickwinkel der Gegenwart betrachtet, zu erkennen, dass zwar nicht in Deutschland, aber weltweit an vielen Enden der Erde der Tod durch Krieg herbeigeführt wird.

Wann hat das ein Ende? Es wird ein Ende haben; jedoch der Zeitpunkt ist noch ungewiss! Lesen Sie noch einmal die Punkte unter »Zeichen der Zeit«.

Es ist ein großer Vorteil, die Fehler, aus denen man lernen kann, recht frühzeitig zu machen.

(Winston Churchill)

Das Richtige tun – zur rechten Zeit und ohne zu zögern

Heutzutage sind viele Menschen traurig und sehr leicht verwirrt, unsicher. Sie finden trotz des großen Medienangebots keine Antwort auf ihre Fragen, und es gelingt ihnen nicht, das zu bekommen, was sie brauchen.

Einige verspüren kein Glück und keine Freude mehr. Fühlen sich alleingelassen in ihren Gedanken und ihren Gefühlen. Oftmals meinen die Großeltern oder Eltern, sie werden von ihren Kindern und Angehörigen allein gelassen. Bei vielen, die unsere Hilfe brauchen, ist es nicht nötig, ein besonderes Programm aufzustellen; es reicht aus, wenn wir einen Anruf tätigen, einen aufbauenden Brief schreiben und wenn es unser Berufsalltag zulässt, auch einen Besuch abzustatten.

Auch wenn wir erkennen, dass sie des Mitleids bedürfen, haben wir immer ausreichend Hilfsmittel, um ihr Herz zu berühren, ihnen das Kranksein zu erleichtern; ohne falsches Mitleid. Es reicht oftmals, dass sie fühlen: Man versteht sie. Man nahm es an. Eine Chance:

Erkenne dich selbst!

Er meinte später einmal, dass diese Kindheitserfahrung ihn stets geprägt hat. Er kann bestätigen: Es war für eine starke Jugend. Im Alter, wo oftmals Zweifel an dem Sinn und Zweck des Daseins aufkommt, man sich nicht mehr bewusst ist, was man alles geleistet hat, dann sollten wir uns vor Augen führen, dass das, was wir jetzt sehen und erleben, kein ewiger Zustand ist. Wir werden Einsamkeit, Leid, Schmerz und Entmutigung nicht endlos in uns tragen. Vertrauen wir darauf, dass wir nicht mehr geprüft werden, als wir ertragen können. Vertrauen wir auf die erlösende Hand!

Je älter man wird, desto besser weiß man die Einzigartigkeit eines jeden Menschen zu schätzen. Es gibt wirklich keine zwei Menschen, die genau gleich sind. Jeder besitzt ein bestimmtes genetisches Erbe, das unauslöschlich in jede Zelle eingeprägt ist.

Der Einfluss, den unsere Umgebung, unser Umgang mit anderen auf uns ausübt, sowie die durchlebten Erfahrungen tragen gemeinsam zur Bereicherung und zur Schulung des Menschen bei, der schließlich aus der wunderbaren Erfahrung, die wir das Leben nennen, hervorgeht.

Mit unserem Wissen, unserer Erfahrung sollten wir weise umgehen. Denn sonst haben wir Politik ohne Grundsätze, Fleiß ohne Moral, Wissen ohne Weisheit und Wissenschaft ohne Menschlichkeit. Trotz oder wegen aller Gebrechen und Prüfungen darf man festhalten, der Mensch ist etwas Großartiges. Wer sich von uns in der Natur bewegt, den Anblick der Frühlingswiese voller herrlicher Blumen erfasst oder den Duft der Rose in sich aufnimmt, kann feststellen, wie großartig die einzigartige Schönheit der Natur sein kann.

Manche sagen vielleicht, das Großartigste, was sie je gesehen hätten, sei der Abendhimmel im Sommer gewesen, von unzähligen Sternen übersät. Diejenigen, die schon einmal auf der Umlaufbahn um die Erde gekreist sind, sagen, der Anblick unseres Planeten sei der großartigste Anblick, den je ein Mensch gesehen habe.

Manche entscheiden sich vielleicht für einen Sonnenaufgang im Gebirge, andere für die Schönheit eines Gebirgssees, eines Flusses, eines Wasserfalls oder der Wüste.

Andere wählen vielleicht einen Pfau, der gerade ein Rad schlägt, oder ein schönes Pferd. Denken wir einmal darüber nach, wie großartig das ist, was Sie sehen, wenn Sie in den Spiegel schauen. Achten Sie nicht auf die Sommersprossen, das widerspenstige Haar oder andere Makel, sondern sehen Sie darüber hinweg und betrachten Sie Ihr wahres Ich.

Der Verfasser hat die widrigen Umstände der Zeit dank göttlicher Hilfe und der Fürsorge der zarten Mutter und der fürsorglichen Verwandten nicht nur überstanden, sondern erfreut sich heute mit 73 Jahren bester Gesundheit.

Die Schatztruhe des Lebens eröffnet uns von Kindheit an eine Vielfalt an Erkenntnissen. Wir lernen uns mit Selbstschutz, Selbstheilung und Selbsterneuerung zu befassen, erkennen dabei einen Widerspruch, denn wenn diese erstaunlichen Fähigkeiten des Körpers unaufhaltsam fortbestehen würden, wäre unbegrenztes Leben die Folge.

Wenn wir irgendetwas schaffen könnten, das sich selbst schützt, heilen und erneuern kann, und zwar unbegrenzt, dann könnten wir fortwährendes Leben schaffen. Genau das tat unser Schöpfer, als er Adam und Eva im Garten von Eden einen Körper erschuf. Wir stellen heute fest, dass das Leben auf dieser Erde begrenzt ist. Ja, es entstehen manche Leiden im Körper, die sich nicht mit der Zeit von selbst heilen. Wenn jemand bereits in der Blüte des Lebens einer schweren Krankheit oder tragischen Verletzung erliegt, können wir darin Trost finden: Die Gesetze, die nicht zulassen konnten, dass das Leben hier weiterbesteht, sind dieselben ewigen Gesetze, die zur Zeit der Auferstehung angewandt werden, wenn der Körper wieder zu seiner rechten und vollkommenen Gestalt wiederhergestellt wird. Welchem Ziel, welcher Aufgabe können wir uns auf dieser Erde stellen? Denken Sie an das Beispiel mit dem Spiegel.

Werde dir und dem Mitmenschen gerecht!

Wenn ich niederschreiben wollte, was hoffentlich einmal über mich gesagt wird, würden die drei Sätze vielleicht wie folgt lauten:

Ich leistete wertvollen Dienst an meinen Mitmenschen. Ich hatte eine gute Familie. Ich bewies durch unerschütterliches Selbstvertrauen, dass ich mehr kann, als mir zugetraut wurde. Manche haben ein System entwickelt, um ihre Interessen und Aufgaben der Bedeutung nach zu ordnen. Das vermag ich zu begrüßen. Bedenken wir aber, unser Leben lässt sich nämlich kaum in einzelne Stücke zerlegen.

Es ist nicht möglich, einen Lebensbereich zu beeinflussen, ohne dass es sich auch auf andere Bereiche auswirkt. Deshalb sollte man die Interessen nicht gliedern, sondern zusammenwirken lassen.
Eine gute Familie.
Wenn ich darüber nachdenke, wie ich unseren Kindern dienen kann, dann weiß ich, dass ich ihnen nicht wirklich dienen kann, wenn ich nicht zuerst meiner Frau, der Mutter dieser Kinder, diene und sie ehre. Sie muss an erster Stelle stehen. Bemerkenswert ist, dass alle Ziele eine gemeinsame Voraussetzung erfordern, nämlich Wissen und Bildung. Unsere Bildung ist für den Erfolg in jedem der Bereiche wesentlich, und wir dürfen nie aufhören zu lernen.

Wenn wir die Elternschaft ehren, müssen wir auch unsere Kinder ehren. Wir sind oft versucht, fälschlicherweise zu glauben, dass unsere Kinder unser Besitz seien. Das sind sie nicht. Stellen Sie sich bitte folgendes Szenario vor:

Ich fing an, unserer kleinen vierjährigen Tochter Anweisungen zu erteilen: Zieh dich an, häng die Kleider auf, putz dir die Zähne, zieh den Schlafanzug an und so weiter, wobei der Tonfall einem Feldwebel glich.

Da wurde mir bewusst, dass ich auf diesen zarten Geist Zwang ausübte und dass es die Methode des Bösen war und nicht die des Guten, Kinder durch Befehle oder Zwang zu führen. Meine kleine Tochter lehrte mich: Unsere Kinder gehören nicht uns; wir haben sie nur für eine kurze Zeit. Als Eltern haben wir das Recht, sie zu lieben, sie anzuleiten und sie dann gehen zu lassen.

Durch die Erfahrung, die wir mit der Kindererziehung sammeln, wächst unsere Fähigkeit, der Allgemeinheit und der Familie zu dienen. Seien wir uns bewusst, dass folgende Schritte empfehlenswert sind, um das Lernen zu erleichtern.

(1) Verlangen.
Der erste Schritt besteht darin, das große Verlangen zu haben, alles zu wissen. Die aber von Verlangen erfüllt werden, stellen Fragen. Ich habe

beobachtet, dass viele Schüler mit großem Verlangen genau wissen, was sie nicht wissen, und sich bemühen, die Lücke zu füllen.

(2) Wissbegierde.
Der zweite Schritt besteht darin, mit wissbegierigem Sinn zu lernen.

(3) *Anwendung.*
Der dritte Schritt besteht darin, das Gelernte im täglichen Leben anzuwenden oder zu üben. Wer eine Fremdsprache gelernt hat, weiß, wie wichtig das ist. Mag man auch noch so sehr danach verlangen und studieren, eine Sprache beherrscht man erst dann, wenn man sie im täglichen Leben anwendet. Nun habe ich auch noch eine wichtige Warnung: Man kann auch Irriges lernen und dadurch seine Ziele verfehlen.

Wir wollen einige Schutzmaßnahmen betrachten, die uns davor bewahren. Wir müssen die Gabe des Geistes täglich nähren, ebenso wie wir unseren Körper nähren.

Wir müssen unsere Vorbilder klug auswählen. Ehe wir etwas annehmen, was jemand sagt oder tut, müssen wir uns fragen, ob die Korrektheit dieses Menschen so stark ist, dass man ihm nacheifern kann. Wir sind alle aufgefordert, aus jeder zuverlässigen Quelle zu lernen und nach Erkenntnis zu trachten.

Sokrates hielt ein unerforschtes Leben nicht für lebenswert, daher hinterfragte er alles. Doch hatte er, wie auch Immanuel Kant, einen unerschütterlichen Glauben an Gott, die Freiheit und die Unsterblichkeit.

Sokrates stellte den Willen seines Gottes nie in Frage. Er glaubte so sehr an die Freiheit, dass er sich selbst dieser Freiheit verschrieb.

So sehr glaubte er an die Lehre von der Unsterblichkeit der Seele, dass er das Todesurteil des Athener Gerichts gelassen annahm, obwohl er sein Leben hätte verlängern können, wenn er das Land verlassen hätte.

Louis Pasteur sagte bei der Aufnahme in die Französische Akademie: »Die Griechen haben uns eines der schönsten Wörter unserer Sprache gegeben, nämlich das Wort Enthusiasmus, was so viel bedeutet wie ›worin ein Gott ist‹. Die Größe der Taten eines Menschen wird an der Inspiration gemessen, der sie entspringen.«

Wir müssen also das Ziel von Anfang an vor Augen haben und dann unsere Bestimmung selbst herbeiführen.

Denken Sie daran, dass die berufliche Entwicklung, die Familie und der Glaube an Gott die Aufgabe jedes Einzelnen ist, eine Aufgabe, für die auch jeder Einzelne einmal zur Rechenschaft gezogen wird.

> Nie ist das menschliche Gemüt heiterer gestimmt, als wenn es seine richtige Arbeit gefunden hat.
> (Wilhelm von Humboldt)

Zeichen erkennen!

Gestern – heute – morgen

Es war Ende Oktober 1989. **Volker Holtusen**, er war Förster in dritter Generation, lebte mit seiner Familie in einem Forsthaus im Südschwarzwald in der Nähe von Fetzenbach. Er war dankbar für seine Familie, die zwei Töchter, 11 und 13 Jahre, und sein Sohn Daniel, 15, zeigten sich wohlerzogen und, wie die Eltern auch, sehr naturverbunden.

Es war Mittagstisch und seine Frau, sie stammt aus Niedersachsen, Celle, hat sich wunderbar in diese Traditionsfamilie eingelebt. Ihre Mutter von 83 Jahren lebte ebenfalls bei ihnen. Sie hatte es schon etwas schwerer, aus ihrer Heimat vor zwei Jahren wegzuziehen und nun im Südschwarzwald zu leben.

Das Haus, erbaut Mitte des 18. Jahrhunderts, wurde vom Forstamt immer wieder renoviert und in Schuss gehalten. Das heißt, nicht nur die Natur war ihnen ans Herz gewachsen, sondern die Charakteristik der Hausarchitektur, der praktische Vorhof, die große Garage mit dem Carport; alles spiegelte das Wohlgefühl wider, das dieser Arbeitsplatz und die Familie boten. Man konnte sagen, die Holtusens lebten zwar auf der Erde, aber nicht in der Welt mit all ihren Verführungen. Es herrschten in der Familie Werte, die sich allgemein immer mehr verflüchtigten. Ordnung, Verlässlichkeit, Vertrauen und all das, was die Lebensumstände bereichert, wenn man zusammenhält. Heinrich, er hatte die Forstschule mit Erfolg absolviert und die Gene seitens der Großeltern haben sich bis über den Vater sozusagen vererbt, wenn es darum ging, die Natur zu erhalten, den Wildbestand kontinuierlich zu beobachten, mit Herz und Verstand zu betreuen.

Ja, es lag eine Verantwortung diesbezüglich in der Forstwirtschaft, Flora und Fauna in einer Zeit zu erhalten, wo immer mehr Ackerland forstwirtschaftlichen Interessen weichen musste, wenn es darum ging, Bauland oder Gewerbeflächen zu erwerben.

Für diese Jahreszeit war es mit gut 22 Grad zu warm. Im Fernsehen sprach man immer wieder von der Erderwärmung und den damit verbundenen Gefahren; die Natur war in Aufruhr.

Die Schule besuchten die Kinder in der Nähe von Berghütte, die sie mit dem Fahrrad erreichten. Im Winter half der Vater mit dem Dienstwagen mit Allradantrieb aus.

Fast jeden Tag nahm sich der Sohn die Zeit, durch den Wald zu streifen, mit dem Fernglas vom Vater die Vögel zu beobachten und hier und da, je nach Tageszeit, auch Wildschweine zu beobachten.

Manchmal, das hatte die Mutter verfolgt, nutzte der Sohn die Stille der Natur, um auf einer Bank oder auf dem Hochsitz Schularbeiten vorzubereiten. Er mochte gar nicht daran denken, was sie einmal bei einem längeren Schulausflug im Norden des Landes in der Nähe eines Flughafens erlebten, dass sie die vielen Geräusche von Autos, Zügen und dem Luftverkehr als absolut demotivierend fanden. Hätte man sich unter solchen Umständen auf die Schularbeiten konzentrieren können?

Nein, sie lebten hier, vorerst noch, wie in einem Paradies; weitab, so fühlten sie, von dem, was mit Hektik, Stress und dergleichen verbunden war. Ein großartiges Umfeld, den Charakter zu prägen und sich auf die späteren Anforderungen vorzubereiten.

Seine Ehefrau, Gertraude, nannte Volker liebevoll »mein Sonnenschein des Nordens«! Obwohl sie schon fast 20 Jahre verheiratet waren, gab es viele Abende, wo die Mutter, unterfüttert mit Fotos, von ihrer Heimatstadt Celle berichtete. Mit einem gewissen Stolz erzählte sie, dass man Celle die Stadt der Gerechten nannte.

»Übe immer Treu und Redlichkeit«, dichtete vor gut 200 Jahren Ludwig Hölty, damals Lateinschüler in Celle. Heute amtieren vier Gerichte in der Stadt, und für die vielen Juristen könnte die Gedichtzeile ein sinnfälliger Leitspruch sein.

Dass hier Recht gesprochen wird, geht auf die welfischen Kurfürsten von Hannover zurück. Sie schufen 1711 das Oberappelationsgericht, aus dem das heutige Oberlandgericht hervorgegangen ist.

Auch sonst ist die Heidestadt in ihrer Entwicklung eng mit dem Welfenhaus verknüpft. Die Herrscher errichteten ein Schloss, Paläste und Gärten, um welche die Bürger der Stadt bauten. Hunderte bunter Fachwerkhäuser vermitteln den Eindruck einer Stadt, deren heutige Bausubstanz bis ins 16. Jahrhundert zurückreicht. Ihre Bürger allerdings haben längst den Anschluss an die Gegenwart gefunden. Mit einer gewissen Genugtuung registrierte seine Frau immer wieder, dass auch im Südschwarzwald die Baukultur fast so hervorragend sei wie in ihrer Heimatstadt. Dann hieß der Sonnenschein des Nordens wieder Gertraude.

Die Gertraude, das vermochte die Oma mit nun 83 Jahren immer wieder zu betonen, war eine gute Schülerin und auch der Herr Pastor war immer mit ihr zufrieden. Voller Stolz holte Gertraude dann einen Bericht hervor, den sie einmal über Martin Luther gelesen und aufgehoben hatte.

Sie lehnte sich an den Ausführungen von Heinrich Lutz an.

Martin Luther wurde am 10. November 1483 in Eisleben geboren. Die Familie war bäuerlichen Ursprungs. Der Vater hatte, da nicht erbberechtigt, den Hof verlassen und war im Mansfelder Kupferbergbau in harter Arbeit zum Kleinunternehmer aufgestiegen. Es war eine Aufsteigerfamilie, würde man heute sagen.

Aus ähnlichen Verhältnissen stammten, wie jüngst Bernd Moeller erwähnt hat, sehr viele führende Theologen der Reformation. Melanchthon, Zwingli, Bucer, Calvin. Der Vater wünschte für den Sohn, der schon 1488 auf die Lateinschule in Mansfeld geschickt wurde, ein Jus-Studium als Garantie des weiteren Aufstiegs.

Von 1502 an studierte Martin Luther in Erfurt an der Artisten-Fakultät und schloss diesen vorgeschriebenen vorbereitenden Studiengang, der in die scholastische Philosophie einführte, 1505 mit dem Magister Artium ab.

In Erfurt herrschte damals die nominalistische Richtung der »Via moderna«. Dementsprechend sagte Luther später halb scherzhaft von sich, er gehöre der Partei Wilhelm von Ockham zu.

Luther scheint im Kreise seiner Freunde vor der Wendung zum Mönchtum als ein munterer, zu Gesang und Lautenspiel begabter Student beliebt gewesen zu sein.

Im Kloster folgte, wie üblich, auf das Ordensgelübde 1506 schon 1507 die Priesterweihe, darauf die weitere theologische Ausbildung in Erfurt.

Es handelte sich um eine Art Ordenshochschule, die mit der Universität Verbindung hatte und gleichfalls unter dem Einfluss des Ockhamismus stand.

1512 wurde ihm als »Doctor theologie« der Wittenberger Lehrstuhl für Altes und Neues Testament übertragen, den er bis zu seinem Tod 1546 innehatte. Die Seelsorgepraxis in Predigt und Beichtstuhl machte ihn mit den pastoralen Problemen der Zeit vertraut, verschärfte seinen Blick für praktische Missstände, z.B. im Ablasswesen, und vertiefte sein Interesse an der ganz unpolemischen, stark von der spätmittelalterlichen Mystik beeinflussten Erbauungsliteratur in deutscher Sprache, wobei er bald selbst als Autor und Herausgeber auftrat; gerade dieser Publikation sollte er später ein breites, frommes Lesepublikum zu verdanken haben.

Bei alledem bewirkte seine persönliche Gebundenheit an die strengen Normen eines Bettelordens, dass er Kirchenpraxis, Zeitkritik, theologisches Forschen und Lehren nicht in der »freischwebenden« Situation so vieler damaliger humanistischer Intellektueller erfuhr. In der institutionellen spätmittelalterlichen Kirche bedeutete die Existenz in seinem Bettelorden objektiv den obersten Grad der Forderung nach Vollkommenheit.

Wenn Luther diese Forderungen subjektiv zu erfüllen versuchte und dabei in sich keine Gewissheit fand, damit den Willen Gottes erfüllt zu haben, so war hier von dem innersten Kern dieses ethisch institutionellen

Systems aus die radikale Sprengung allen Vertrauens zu den »äußeren« Werken, die nur von Menschen vorgeschrieben waren, angelegt.

Glaube als Gemeinschaft mit Christus, in dem wir die bleibenden Sünden allmählich überwinden, ein Prozess, der erst mit dem Tode vollendet sein wird. So hat ein katholischer Theologe unserer Tage, Erwin Iserloh, die Grundgedanken von Luthers exegetischen Vorlesungen in den Jahren 1513 bis 1518 zusammengefasst.

Was Gertraude an diesem Bericht vor allem berührte, war die Geradlinigkeit von Luther, weniger seine Theologie, die ja weitgehend auf dem katholischen Glauben aufbaute.

Die Eltern, evangelisch-lutherisch erzogen, erwarteten, dass ihre Kinder diesen Weg beibehielten und sich gemäß den erzieherischen Grundlagen des Elternhauses ein Leben aufbauten, auf dass sie als Eltern und die Kinder selbst zufrieden sein konnten, sie sich selbst erkennen konnten.

Die Familie Holtusen war weniger auf die Lehren Luthers fixiert als auf das, was ihre Lebensgestaltung betraf.

Wie er von ROM angegriffen wurde, sich verteidigen musste und letztlich Rückgrat bewies. Das erwartete er auch von seinen Kindern, wenn sie dereinst sich auf das Berufsleben vorbereiteten.

Berufsvorbereitung, ein wichtiges Thema, denn die dritte Generation ist nun Förster. Daniel, er stand kurz vor dem Abitur, zeichnete sich durch die Liebe und Begeisterung für das Geigenspiel aus; wollte gerne Geigenbauer werden.

Nun hatte er schon vernommen, dass dieser Beruf sich in vielerlei Hinsicht von anderen Berufen bezüglich der Voraussetzung und der Abwicklung dieses Berufes von anderen deutlich unterschied. Was er dort las, erfüllte ihn einerseits mit Genugtuung, andererseits auch mit Nachdenklichkeit, als er las:

Antonio Stradivari wusste, wie es geht. Seine Geigen sind heute ein Vermögen wert. Die Aussichten für den Nachwuchs der Geigenbauer sind aber alles andere als verlockend. Ausbildungsplätze sind rar, die Bezahlung ist schlecht. Trotzdem sind viele von dem Handwerk fasziniert.

200 Arbeitsstunden dauert es, bis aus einem flachen Holzscheit eine Geige wird. »Schon jetzt klingt es«, sagte Florian Friedrich Lehmann und klopfte mit dem Fingerknochen auf das Holz. Was für Außenstehende einfach nur dumpf klingt, ist für Lehmann eine Wissenschaft. Als Geigenbauer kann er Hölzer allein an ihrem Klang erkennen.

Der Berliner kam aber nicht über die Musik, sondern über den Geruch zu seinem Beruf. Als Kind führte sein Schulweg jeden Tag an der Werkstatt der Firma Geigenbau Jung im Stadtteil Pankow vorbei. Der Geruch von Holz, Leim und Lack zog ihn magisch an.

»Mit sieben Jahren wusste ich, dass ich Geigenbauer werden möchte«, sagte Lehmann. Später lernte er dann tatsächlich von Klaus-Dieter Jung das Handwerk.

Auch heute noch ist die Ausbildung im Betrieb eines Geigenbaumeisters der klassische Weg in den Beruf. Drei Jahre dauert die Lehre, sie endet mit einer Gesellenprüfung vor der Handelskammer.

Doch Ausbildungsstellen sind rar. Anfang des Jahres zählte z.B. die Handelskammer Reutlingen 5.500 neu unterzeichnete Ausbildungsverträge im Handwerk – lediglich ein Geigenbauerlehrling war darunter. Bundesweit fingen nur drei Azubis bei Geigenbauern an.

»Viele renommierte Betriebe bilden nicht aus, sondern stellen nur Gesellen ein«, sagte Frederik Habel, Geigenbaumeister und Leiter der staatlichen Berufsfachschule für Musikinstrumentenbau Mittenwald. Sie bietet eine Alternative zur betrieblichen Ausbildung. Dreieinhalb Jahre dauert die Lehre dort, ein halbes Jahr länger, bedingt durch die langen Schulferien.

»Was nun«, fragte sich Daniel, »wie soll ich vorgehen?«

Nach langwieriger Bewerbung einigte man sich dahingehend, dass Daniel eine Probezeit absolvieren solle. Eine gewisse Begeisterung trug ihn nach Mittenwald. Wer einmal in dieser Gegend war, kommt von der Einzigartigkeit der Landschaft, der Menschen und des gesamten Umfeldes nicht mehr los.

Das Praktikum beim Geigenbauer war für Daniel, sein Persönlichkeit zeigte erstmals Empfindlichkeiten, von denen er bis dato keine Vorstellung hatte, eine Ernüchterung. Er brach das Praktikum ab.

Nach gut einem Jahr konnte er eine Tischlerlehre antreten. Seine Strebsamkeit, die anerzogene und wohl auch vererbte Begabung für das Handwerkliche befähigten ihn später sogar die Meisterschule zu besuchen und den Abschluss als Tischlermeister und Techniker abzuschließen.

Seine beiden Schwestern zeichneten sich später dadurch aus, dass sie dem Bruder charakterlich nachfolgten und einen modernen Beruf erlernten. Einmal Physiotherapeutin und Altenpflegerin mit Examen.

Die redlichen Eltern taten alles, um den inzwischen erwachsenen Kindern mental und mit guten Ratschlägen beizustehen. Der Vater betonte einmal, in Anlehnung an Pascal:

Die Vergangenheit und die Gegenwart sind unsere Mittel. Die Zukunft allein ist unser Zweck.

Der Titel dieses Abschnitts heißt: »Zeichen erkennen!«

Es sollte sich ergeben, dass die älteste Tochter, Lisa, die Volkshochschule zur Weiterbildung aufsuchte. Erfreulich, sie konnte Kontakt zu einer fast gleichaltrigen Mitschülerin aufbauen.

Diese hatte naturwissenschaftliche Ambitionen und machte sich viele Gedanken über das, was diesbezüglich in der Welt so passiert. Sie wusste, dass es vielen ähnlich erging. Oftmals tauchte die Frage auf: Wohin soll das noch führen?

Hat es in der Vergangenheit ähnliche Wahrnehmungen in der Natur und im Verhalten der Menschen zueinander gegeben?

Ist es richtig, dass die Verhaltensweisen der Menschen weitgehend vom Bösen getrieben wurden?

Stimmt es, dass Kriege damals wie heute den Globus überspannen, und wohin soll das noch führen?

Die Kameradin, wir nennen sie einmal Ingeborg, gab ihr eine Übersicht über inspirierte Feststellungen aus den Jahren 1830 bis 1840 außerhalb Europas.

Darin heißt es in der Überschrift: »Zeichen erkennen!«.

(1)
Die Entwicklung und Verwendung der Buchdruckerkunst.

Kaum eine andere Entdeckung ist für die Wiederbelebung der Gelehrsamkeit, für die religiöse Erneuerung und für die Befreiung von Völkern und Nationen aus religiöser Knechtschaft so wirksam gewesen wie die Buchdruckerkunst. Ohne die Entdeckung von beweglichen, gegossenen Lettern um 1440 hätte die Mauer der schrecklichen Finsternis (Stillstand in der Wissenschaft), die die abtrünnige Welt umschloss, kaum durchbrochen werden können.

Die 1456 gedruckte Gutenberg-Bibel war eines der ersten veröffentlichten Bücher.

Kaum eine andere wichtige Entdeckung in der Weltgeschichte wurde so heftig und bitter bekämpft wie die Buchdruckerei. Weltliche und kirchliche Tyrannen fürchteten den Verlust ihrer ungerecht ausgeübten Macht, wenn dem Volk Wissen und Wahrheit vermittelt würden. Der Vikar von Croydon predigte von seiner Kanzel:

Wir müssen den Buchdruck ausrotten, oder der Buchdruck wird uns ausrotten.

(2)
Die protestantische Reformation und das Zeitalter der Renaissance.

Mit der Wiederbelebung der Gelehrsamkeit und der Wiedergeburt des Wunsches nach Wahrheit unter den Menschen waren die Tage des finsteren Mittelalters gezählt. Vom 14. Jahrhundert an begann Gott die gesellschaftlichen, erzieherischen, religiösen, wirtschaftlichen und politischen Verhältnisse so vorzubereiten, dass er zum letzten Mal das Evangelium unter den Menschen wiederherstellen konnte.

Der Geist der Inspiration ruhte auf Hus, Luther, Zwingli, Calvin, Knox und anderen und ließ sie die religiösen Übel der Zeit bekämpfen und die Bibel und andere Wahrheiten allen zugänglich machen, die sie empfangen wollten. Das Zeitalter der Renaissance und die Reformation gehören zum Plan des Herrn, das gewaltige Werk der letzten Tage später einzuleiten.

(3)
Die Bibelübersetzung und der Bibeldruck.

Wenn die Menschen von den Wahrheiten, die die Bibel enthält, keine Kenntnis hätten, hätte der Herr seine Absichten in den letzten Tagen nicht verwirklichen können. Weil die Menschen keine Kenntnis von der Wahrheit hatten, konnten die Landes- und Kirchenfürsten ihnen leicht ihre Freiheit vorenthalten. Daher waren die Bibelübersetzung und der Bibeldruck eine gewaltige Macht, die das Tor zum Fortschritt auf jedem Gebiet öffnete.

(4)
Der Geist des Elija und genealogische Forschung.

Eine gewaltige Änderung hat sich in dieser Evangelium-Zeit in Bezug auf die genealogische Forschung (Ahnenforschung) vollzogen.

Seit dem Kommen des Elija haben sich die Herzen der Menschen überall, innerhalb und außerhalb der Kirche, ihren Vorfahren zugewandt. Die meisten genealogischen Gesellschaften wurden zuerst gerade etwa um die Zeit gegründet, als Elija erschien, und das ist ein ausreichender Beweis dafür, dass Elija gekommen ist.

(5)
Das weltliche Wissen wird zunehmen.

Nie in der ganzen Weltgeschichte hat es etwas gegeben, was auch nur im Geringsten vergleichbar ist mit der gewaltigen Flut weltlichen Wissens, die unsere Erde in dieser Neuzeit überschwemmt hat.

Der Mensch hat wunderbare Fortschritte auf wissenschaftlichem, geschichtlichem, sozialem, künstlerischem, medizinischem, politischem und wirtschaftlichem Gebiet gemacht sowie in der Kernphysik, im Gerichtswesen und bei Erfindungen.

(6)
Krankheiten, Plagen und Seuchen werden sich über die ganze Erde ausbreiten.

Trotz des Fortschritts in der Medizin werden die Menschen in den letzten Tagen in ungeahntem Ausmaß an Krankheiten, Plagen und Seuchen leiden, und sie werden vor Angst vergehen. Immer neue Krankheiten, die bisher unbekannt waren, werden die Menschen plagen.

(7)
Die Elemente in Aufruhr.

Im Laufe ihrer Existenz hat die Erde verschiedene physische Veränderungen erfahren und wird auch künftig noch weitere Veränderungen durchmachen. Es werden Hungersnöte und Seuchen sein und Erdbeben an verschiedenen Orten.

Gefahren, Katastrophen, Unheil, täglicher Aufruhr und immer mehr Unglücksfälle und lebensgefährliche Ereignisse sind Symptome der Zeit.

(8)
Streiks, Anarchie, Gewalttaten werden zunehmen.

Die Naturgewalten sind unvorhersehbar. Sie bewirken immer zahlreichere Katastrophen und bringen immer neue Gefahren, was Ungewissheit stiftet. Aber auch unter den Menschen verbreitet sich ein Geist der Unruhe und Angst.

Wilde Streiks und Arbeiterunruhen sind Zeichen dieses Aufruhrs. Weitere Begleiterscheinungen dieser Unruhen sind eine zerrüttete Wirtschaftswelt, Gewalt, Zwang und die Zerstörung von Eigentum, Verschwörungen gegen Freiheit und freie Institutionen, Anarchie, Aufruhr und Verbrechen, die von einflussreichen politischen Bewegungen ausgehen, die danach trachten, die Entscheidungsfreiheit der Menschen auszuschalten und die Regierungen der Welt mit Gewalt abzusetzen.

(9)
Der Friede wird von der Erde genommen.

Machen wir uns nichts vor, da der Friede von der Erde genommen wird und die Macht des Bösen die Erde beherrscht. Schon heute stellt man fest, der Friede ist von der Erde genommen und das Resultat sind Zorn und Empörung unter den Menschen. Ihnen liegt nichts am Herzen als miteinander zu streiten und einander zu vernichten.

(10)
Kriege und Kriegsgerücht.

Die Schlechten werden die Schlechten töten, und Furcht wird über jeden Menschen kommen. Wenn an einem Ort ein unsicherer Friede geschlossen wird, beginnt das Blut schon wieder an einem anderen zu fließen, und dieser Zustand wird andauern und seinen Höhepunkt in einem gewaltigen Krieg erreichen, in dem alle Nationen im Tal der Entscheidung sich sammeln und schlagen werden.

(11)
Hungersnot, Depressionen und Wirtschaftschaos.

Weil in den Herzen der Menschen Schlechtigkeit und Habgier vorherrschen, werden wirtschaftliche Depressionen, Hungersnot und die verzweifelte Suche nach zeitlicher Sicherheit an der Tagesordnung sein. Wir werden Aufruhr, Blutvergießen, Hunger, Chaos und Panik erleben. Das alles sind *Zeichen der Zeit*.

Wer ehrlich zu sich selbst ist, wird feststellen, dass fast ohne Ausnahme die Menschen über das, was in der Natur, in der Politik, Wirtschaft und im Sozialsystem beanstandungswert ist, in der letzten Zeit zugenommen hat.

Gewalt auf den Straßen, Überfälle, gefährlicher Raub, Brandstiftung, Flugzeug- und Schiffskatastrophen nehmen zu. Killerbanden streifen umher; wie sicher ist die Stadt noch bei Dunkelheit?

Vergewaltigung, Mord in den Familien, Totschlag und so weiter. Das ist Gegenwart und wird in der Zukunft an Dimension zunehmen.

Wie vermag sich der Mensch davor zu schützen?

Im Kern gar nicht, weil Dritte die Täter sind.

Ja, wenn ein jeder seine Persönlichkeit, seine Ansichten und seine Verhaltensweisen kontrolliert, sich beherrscht und sich einen inneren Schutzschild gegenüber dem Bösen anlegt. Das geht, das kann der Verfasser bestätigen.

Diese Voraussagen sind aus inspiriertem Mund, wie schon gesagt, zwischen 1830 und 1840 gemacht worden.

Die Wissenschaft hat diese Erkenntnis viele Jahre später selbst gemacht und die Voraussagen bestätigt. Der Erste Weltkrieg wurde ca. 20 Jahre vorher offenbart.

Freiheit ist nicht etwas, was in den äußeren Verhältnissen liegt. Sie liegt in den Menschen. Wer frei sein will, der ist frei.
(Paul Ernst, Erdachte Gespräche)

Sich selbst meistern. Erkenne dich selbst!

Ich möchte gern darüber sprechen, wie man sich selbst meistern kann. Dabei erinnere ich mich an einen Vater, der eines seiner Kinder berät. Bevor du dich selbst meistern kannst, mein liebes Kind, musst du erst wissen, wer du bist. Du bestehst aus zwei Teilen – aus deinem Körper und aus deinem Geist, der in dem Körper wohnt. Sich selbst meistern bedeutet, dass der Geist dem Körper überlegen ist. Als du ein Baby warst, war dein kleiner Körper der Meister. Du kanntest nur eine Lebensweisheit, und ich nenne sie: »Ich will, was ich will, und zwar dann, wenn ich es will.« Keinerlei Zureden konnte deine ungeduldigen Forderungen hinausschieben, wenn du gefüttert werden wolltest, und zwar jetzt!

Wie alle Eltern haben wir gespannt auf dein erstes Lächeln gewartet, dann auf ein Wort, auf irgendetwas, was uns die Möglichkeit des Geistes in deinem winzigen Körper erkennen ließe. Gibt es denn eine Mutter, die nicht ihr Baby gewiegt hat, wie deine liebe Mutter es getan hat, und sich dabei sinnend gefragt hat, was wohl das Schicksal ihres lieben Kleinen sein wird?

In diesem Jahr kümmern wir uns sehr um die körperlichen Bedürfnisse unserer Kinder – Essen, Kleidung, Obdach. Wenn du aber älter wirst, verlegt sich unsere Fürsorge mehr auf dein geistiges Wachstum, damit du einmal deine ganzen, dir innewohnenden Möglichkeiten verwirklichen kannst.

Dazu ist es erforderlich, dass man sich selbst meistert. Vergiss nicht: »Der Geist und der Körper zusammen sind die Seele des Menschen.« Beide sind von großer Bedeutung. Dein Körper ist eine wunderbare Schöpfung Gottes und ist sein Tempel ebenso wie deiner. Du musst ihn in Ehren halten. Die Schrift sagt:

> Wisst ihr nicht, dass ihr Gottes Tempel seid? ...Wer den Tempel Gottes verdirbt, den wird Gott verderben.

Sei dir bewusst: Der Geist hat bei der Geburt einen Körper erlangt und ist mit ihm zur Seele geworden, sodass sie auf der Erde die Prüfungszeit durchmachen kann. Zu jeder Prüfung gehört auch, dass festgestellt wird, ob dein Körper von dem Geist, der darin wohnt, gemeistert werden kann. Obwohl deinem Geist bei der Geburt auf Erden ein Schleier des Vergessens übergeworfen wurde, hat er doch die Fähigkeit, sich an alles zu erinnern, was geschieht, und er verzeichnet jedes Ereignis im Leben ganz genau.

Da der Gedanke der Tat vorausgeht, musst du zuerst lernen, deine Gedanken zu beherrschen, denn es heißt:

Wie der Mensch denkt, so ist er!

Mit den Jahren gewinnst du – durch deinen Geist – persönliche Macht über die körperlichen Triebe, Hunger und Durst. Vor einiger Zeit haben deine Mutter und ich ein Land der Dritten Welt besucht, wo die sanitären Zustände viel, viel schlechter sind als bei uns. Man warnte uns vor den Gefahren. Um die Berührung mit eventuell verseuchtem Wasser zu vermeiden, wurde uns sogar geraten, die Zähne mit einem alkoholischen Getränk zu putzen. Diesem Rat sind wir nicht gefolgt, sondern haben das getan, was wir einmal monatlich tun – wir haben an jenem ersten Tag gefastet.

Wir wollten danach allmählich mit ein paar einfachen Speisen und Getränken anfangen.

Später waren wir die einzigen in der Gruppe, die ohne entkräftende Krankheit blieben.

Aus der Jugendzeit wissen wir, das Fasten stärkt die Fähigkeit, das Verlangen zu zügeln, und hilft, sich später von heftigen Begierden und nagenden Gewohnheiten frei zu halten. Einen ganz wichtigen Verhaltenskodex möchten wir dir ans Herz legen: Ja, wenn du den Mut aufbringst, zu Alkohol, Tabak und anderen Reizmitteln nein zu sagen, erlangst du zusätzliche Kraft. Dann kannst du die böswilligen

Menschen zurückweisen – diese eifrigen Werber für schädliche Stoffe und Schmutz. Du kannst ihre üblen Verlockungen, die deinen Körper betreffen, abweisen.

Wenn du dich irgendeiner Sache überlässt, die süchtig machen kann, unterliegt dein Geist dem Körper.

Das Fleisch macht sich den Geist zum Sklaven. Das aber widerspricht dem Zweck des Erdenlebens. Außerdem würdest du infolge einer solchen Sucht eine kürzere Lebenszeit haben und die Zeit zur Umkehr vermindern, durch die dein Geist die Herrschaft über den Körper erlangen könnte.

Ferner wird dein Körper während der Zeit, in der du dir einen Partner fürs Leben suchst, stark angesprochen werden. Solange du noch jung bist, wirst du dich vielleicht durch die Beschränkungen herausgefordert fühlen, die dir die Eltern in der Hoffnung auferlegen, dich durch eine wunderbare Zeit in deinem Leben führen zu können.

Weil der Widersacher genau weiß, welche Macht von der körperlichen Versuchung ausgeht, hat ein weiser Vater seinen Sohn und uns alle angewiesen:

Wenn du heiratest, werdet du und dein ewiger Gefährte die Fortpflanzungskraft anwenden, damit ihr Freude habt und euch über eure Nachkommen freuen könnt. Auch die Keuschheit solltest du schätzen lernen. All die Jahre lang sollst du daran denken: Keuschheit ist der mächtige Beschützer der Männlichkeit und die Krönung herrlichen Frauentums. Halte daran fest, auch wenn der Zeitgeist der Welt dir etwas anderes vorleben sollte.

In der Zeit des Werbens und in der Ehe scheint zuerst die Tugend gefährdet zu sein. Die Schwäche, die auf die Lust folgt, zieht eine Gemütsunruhe nach sich, die schuldlose Angehörige schon viele Tränen gekostet hat. Und ohne Umkehr hört die Unruhe im Innern auch nicht auf. Shakespeare beschreibt diesen inneren Konflikt in den folgenden Zeilen:

> Was würde, find ich, was ich suche, mein?
> Ein Traum, ein Hauch, ein flüchtiger Lustgewinn.
> Wer kauft Minutenlust um Wochenpein?
> Wer gibt den Weinstock um die Traube hin?
> Ein Tand für ewige Schmach hat keinen Sinn.
> (Lucretia, in: Shakespeare,
> Sämtliche Werke, vierter Band, Heidelberg, 1978, Seite 317)

Du darfst mich aber nicht missverstehen. Ich möchte nicht, dass du deinen Körper vernachlässigst. Er braucht tägliche Pflege. Körperliche Ertüchtigung durch regelmäßige Übungen erfordern auch, dass man sich meistert. Wenn du dich dem Alter näherst, wirst du bei der Selbstmeisterung neue Aufgaben bewältigen müssen. Das Altern des Körpers kann schmerzhaft sein, raubt dir vielleicht die Gesundheit.

Beim Tod von lieben Menschen trifft dich schmerzhafte Trauer. Für manchen Menschen kommt es schon früh im Leben zu diesen Prüfungen. Wenn aber dir die deinen auferlegt werden, denk an eine Weisheit, die mein Vater ausgesprochen hat – ein paar Jahre, nachdem meine Mutter gestorben war. Deine Großeltern waren 64 Jahre verheiratet gewesen. Als man ihn fragte, wie es ihm ginge, sagte er einfach: »Ich bin allein, aber nicht einsam.« Weißt du, was er damit gemeint hat?

Obwohl ihm seine Liebste fehlte, war er so sehr damit beschäftigt, der Familie und den Freunden zu helfen, dass er den Kummer durch Dienen und das Selbstmitleid durch selbstlose Liebe ersetzt hatte. Er hatte Freude darin gefunden, dem zeitlosen Vorbild des Meisters zu folgen. Wenn harte Prüfungen auf dich zukommen, dann denke an die herrliche Verheißung des Erretters:

Wer siegt, der darf mit mir auf meinem Thron sitzen, so wie auch ich gesiegt habe und mich mit meinem Vater auf seinen Thron gesetzt habe.

Der Versuchung widerstehen

Es war Ende der 50er Jahre. Eine Gruppe junger Männer hatte es sich zum Ziel gesetzt, in den Sommermonaten die kleinen Städte aufzusuchen, um bei den Schützenfesten dabei sein zu können. Das war in der damaligen Zeit das Vergnügen schlechthin. Es gab jede Menge Zeltmusik, Tanz, die Theke und so weiter. Man konnte, das stand im Vordergrund, auch junge Damen kennenlernen.

Dass dieser oder jener Bursche sich betrank und es auch zur Schlägerei kam, nun denn, das war eben so. Aber unsere Gruppe zeigte sich solide und, zumindest der Autofahrer, blieb absolut nüchtern. Wer sollte auch sonst mit ihm zurückfahren?

Bei den Schützenfesten, Hochburg der Schützen, waren aus benachbarten Städten andere Schützengruppen gekommen, um im Wettbewerb zu bestehen. Am Sonntag wurden dann die Schützenumzüge durchgeführt, wo ein großer Teil der Bewohner vom Straßenrand das Treiben verfolgte. Tolle Uniformen, Blasmusik, Flötengruppen, Sportgruppen, ein buntes Treiben; ähnlich dem Karneval. Das Tango-Mariechen ging dem Zug vorweg und es gehörte mit zum guten Ton, dass sie sich auch selber so präsentierte, dass man später darüber erzählen konnte, und dieses oder jenes Foto landete im Fotoalbum. Die Tanzkapellen, alles Hobbymusiker, waren wohl in der ganzen Saison ausgebucht; nicht immer zur Freude der Ehefrau, denn sie mussten einmal auf ihren Mann verzichten, andererseits hatten die Trinkgewohnheiten in diesem Kreis ihren bekannten Ruf.

Was hinter den Kulissen zwischen den Geschlechtern so getrieben wurde, sei hier nur angedeutet. Auf alle Fälle war eine edle Umgangskultur hier fremd. Hin und wieder wurden Kontakte geknüpft, Ehedramen unvermeidlich zelebriert; ja, die Moral hatte in dieser Zeit keine Hochburg. Es scheint so zu sein, dass einige Menschengruppen vorwiegend in diesem Umfeld ihren Ausgleich gegenüber dem tristen Alltag suchten und wohl auch fanden.

Es wurde erzählt, dass immer dieselben Männer mit ihren Fäusten ihre Position verteidigten, es Blessuren und auch Knochenbrüche gab. Wie muss das die Familie empfunden haben, falls diese Rowdys in so einem Zustand wieder irgendwann dort auftauchten.

Es war an einem ganz normalen Samstag. Man fuhr zu viert mit dem Auto los, um einfach dieses oder jenes zu erkunden, was den Männerinteressen nahelag. Der Fahrer sprach davon, dass es in dem Ort eine »Schönheit« gab, die sich allgemeinem Zuspruch erfreute.

Nun ging es fair unter den Männern zu, wenn es darum ging, einem jeden eine Chance zu geben, sich zu amüsieren. Man war sich einig, dass Hartmut der Erste sein sollte, der sich der »Dame« annahm.

Nun war es so weit, sie stand dort und wartete förmlich darauf, rumgereicht zu werden. Als Hartmut genannt wurde, stockte die ganze Angelegenheit, denn er weigerte sich. Warum weigerte er sich? Einmal war ihm diese Form der Kommunikation absolut fremd, auf der anderen Seite entsprach das gar nicht seinen Moralvorstellungen, denn er hatte in seiner Erziehung noch immer den Satz des Vaters im Ohr: »Lass den (D) da raus!«

Sein Gewissen drängte ihn zum Nein. Verständlich, dass Ersatz gegeben war. Wohl einige Wochen später traf Hartmut den einen Mitfahrer wieder und staunte nicht schlecht, als dieser ihn ins Vertrauen zog und ihm in einem Busch die ganze Bescherung des damaligen Tages präsentierte. Er hatte sich eine Geschlechtskrankheit zugezogen, welche der Arzt mit einer großen Spritze zu bekämpfen suchte. Alles war nicht nur unangenehm, sondern auch gefährlich, denn man wusste aus der Kulturgeschichte, dass dieser oder jener Künstler der Musik oder Literatur daran verrückt geworden ist. Welchen Schluss darf man daraus ziehen? In Anlehnung an das vorherige

Thema, wo die Kindererziehung, Moral und dergleichen im Fokus der Eltern wie des Kindes standen?

Sei standhaft und widerstehe der Versuchung!

Die Wahrnehmung während des Medizinstudiums

Ein Medizinstudent (Russell) erinnert sich. Während meines Medizinstudiums, berichtet er, lernte ich, man dürfe das Herz des Menschen niemals berühren, denn wenn man es tue, würde es aufhören zu schlagen. So weit reichte damals unsere Kenntnis von der Wahrheit. Ich erinnere mich noch an unsere ersten Tierversuche. Ganz behutsam wagten wir es, die Brust aufzuschneiden und das Perikard (den Herzbeutel) zu öffnen, doch erst nachdem wir das Herz mit Novocain betäubt hatten, damit es »nicht wissen konnte«, dass wir kamen.

Es funktionierte. Später fanden wir heraus, dass das Herz auch dann nicht stehen blieb, wenn wir es nicht betäubten. Es schlug fröhlich weiter, selbst wenn wir es berührten, festhielten oder hineinstachen.

Diese frühen sowie weitere ausführliche Versuche und die Arbeit vieler anderer, die alle im Sinn hatten, mehr Wahrheit herauszufinden, hatten zur Folge, dass Herzoperationen heute in fast allen Ländern der Erde zur Routine geworden sind. Anhand dieser Ausführungen, die aus meiner eigenen Erfahrung stammen, können wir »relative« von »absoluter« Wahrheit unterscheiden. Zu Beginn meiner Ausbildung sagte einmal ein Dozent, dass alles, was in der medizinischen Fakultät gelehrt werde, mit der Aufschrift versehen werden sollte:

Dies ist unsere derzeitige Erkenntnis der Wahrheit – bis sich später herausstellte, dass sie falsch ist. Natürlich ist die Wahrheit selbst nicht relativ. Nur unsere Erkenntnis der Wahrheit ist relativ. Wer in der Forschung tätig ist, weiß, dass man nur einen geringen Teil der gesamten absoluten Wahrheit kennt.

Das ist gerade das Verlockende an der Forschung. Kaum etwas ist so aufregend wie das Entdecken von Wahrheit infolge sorgfältig durchgeführter Forschung. Man kann das im theologischen Sinn so definieren:

»Wahrheit ist die Kenntnis von etwas, wie es ist und wie es war und es künftig sein wird.« Wahrheit befreit uns buchstäblich aus der Gefangenschaft, die Unwissenheit mit sich bringt. Viele großartige Menschen sind von einer Leidenschaft für die Wahrheit durchdrungen worden.

Einer davon war John Jaques, der am 7. Januar 1827 in England geboren wurde. Seine Eltern waren Methodisten. Der Vater muss sehr streng gewesen sein, denn in Johns Kindheitserinnerungen wird erwähnt, dass seine Mutter ihn barmherzig in den Falten ihrer Schürze versteckte, wenn sein Vater ihn peitschen wollte.

Als Junge sammelte John auf der Straße Pferdedung, den er den Bauern als Dünger verkaufte. Eine gute Wagenladung voll brachte vier Schilling ein. Er berichtet, dass er in seiner Jugend ernsthaft nach der wahren Religion suchte, weil er die Strenge des Vaters als wenig verständnisvoll oder gar liebevoll empfand, wie es die Bergpredigt den Menschen nahelegt.

Der John wurde nach gründlichem Studium der heiligen Schriften zu der Erkenntnis gebracht, dass er sich taufen lassen sollte, was er auch tat. Johns aufgebrachter Vater schrieb, als er die Nachricht vernommen hatte: »Ich wollte, dass Du ...die Methodistenkirche besuchst. Sie, die dich getauft haben, lehren Dich nicht, ...Deine Eltern zu ehren und ihnen zu gehorchen. Ich ...hoffe, dass Du den Gedanken aufgibst, zu einer solchen Religion gehören zu wollen ...es ist alles frei erfunden.«

Johns Antwort, die er am 14. März 1847 im Alter von gerade 20 Jahren schrieb, enthielt die folgenden Worte : »Lieber Vater, ich bete darum, ...dass ich in alle Wahrheit geführt werde und alles, was zum Reich Gottes gehört, begreife und dass ich Dir meine Gedanken übermitteln kann ...und es mir möglich ist, die Wahrheit zu begreifen ... Ehe ich den Brief beende, will ich ...demütig Zeugnis geben, dass dieses Werk, das der Herr begonnen hat, wahr ist ...Seit ich mich der Kirche angeschlossen habe, sind mir die Augen aufgegangen, und ich konnte die Wahrheit verstehen. Ich kann Zeugnis ablegen, dass ...

diese Lehren wahr sind.« Dann verglich John die Wahrheit des Evangeliums mit einem Diamanten, während er »die geringe Erkenntnis der …religiösen Schwärmer« mit »einem gewöhnlichen Kieselstein aus dem Bach« gleichsetzte. Mit 23 Jahren schrieb John Jaques folgende Zeilen:

> Was ist Wahrheit? – Das strahlende Juwel,
> das je hervorgebracht werden kann.
>
> Der Wert der Wahrheit bleibt immer bestehen,
> selbst wenn des Monarchen kostbares Diadem
> für wertlos erachtet wird irgendwann.
>
> Ja, was ist Wahrheit? Der höchste Preis,
> der zu geringen sich wirklich lohnt.
>
> Drum erforscht auf der Suche nach Wahrheit
> alle Höhen und Tiefen, jede Einzelheit,
> wenn dir dieser Wunsch innewohnt.
>
> Der grausame Tyrann verliert sein Zepter,
> wenn er sich der Gerechtigkeit stellt.
> Doch mögen auch heftige Stürme wehen;
> die Wahrheit bleibt unerschütterlich stehen,
> wenn alles andere zerfällt.
>
> Was ist Wahrheit? – Anfang und Ende,
> denn sie überschreitet die Grenzen der Zeit.
> Mögen Himmel und Erde wanken und vergehen:
> die edle Wahrheit wird alles überstehen,
> unwandelbar in aller Ewigkeit.
>
> (Hyms, Nr. 272)

Sicher erinnern wir uns an Shakespeares Vorliebe für Wahrheit. In einem seiner Werke ließ er Polonius sagen:

> Dies über alles, sei dir selber treu,
> Und daraus folgt, so wie die Nacht dem Tage,
> Du kannst nicht falsch sein gegen irgendwen.
> (Hamlet, Erster Aufzug, Dritte Szene)

Die Suche nach der Wahrheit ist nicht nur Sache irgendwelcher Institutionen, sondern auch Sache des Einzelnen. Vor 30 Jahren, als wir uns zu Beginn der Entwicklung der Herzchirurgie noch auf unbekanntem Gelände befanden, plante ich nur eine solche Operation im Monat. Jede Operation war ein Gefecht voller Angst, das uns gewöhnlich mit dem Tod konfrontierte, mit dem Unbekannten und mit den Grenzen, die uns durch unsere eigene Unwissenheit auferlegt waren. Dadurch waren wir gezwungen, immer wieder ins Labor zurückzukehren, um die Unzulänglichkeiten, auf die wir jeweils gestoßen waren, zu überwinden.

Wenn wir dann gestärkt und vorbereitet waren, weil wir ein bestimmtes Problem gelöst hatten, wagten wir uns wieder in den Strudel einer weiteren Erfahrung, wobei wir nach und nach etwas von der Wahrheit erfuhren, auf der die Grundsätze einer sichereren Herzchirurgie eines Tages beruhen konnten. Die Wahrheit war die ganze Zeit über da. Sie war absolut – Teil des unbestreitbaren himmlischen Gesetzes, das wir kennenlernen mussten, wenn wir Erfolg haben wollten. Als wir uns auf dieses Licht zubewegten, stellten wir fest, dass die Wahrheit Wiederholbarkeit und Sicherheit brachte, wo zuvor in der Finsternis die Schreckgespenster Angst, Zufall und Unglück gelauert hatten.

Ich erlebte, welche Macht der Wahrheit innewohnt. Sie ist ein mächtiges Schwert – ein Instrument, das wie ein Skalpell gehandhabt werden kann.

Man kann klug mit ihr umgehen – zum Segen anderer. Aber man kann auch brutal mit ihr umgehen – um zu verletzen, zu schwächen, zu schaden oder gar zu zerstören.

An dieser Stelle berichtet der Chirurg darüber, auf welch unterschiedliche Weise er mit einem Patienten umgehen kann. Stellen wir uns einen Chirurgen vor, der gerade einen Patienten operiert und dabei festgestellt hat, dass lebenswichtige Organe von Krebs befallen sind. Die Krankheit ist bereits so weit fortgeschritten, dass sie nicht mehr heilbar ist. Wer möchtest du sein?

Mit diesem Wissen geht der Chirurg zu dem Patienten und dessen Familie und verkündet kühl, dass der Patient Krebs im fortgeschrittenen Stadium hat, dass keine Hoffnung mehr besteht und er sterben muss.

Der Chirurg hat zwar die Wahrheit gesagt, um sich seiner Pflicht zu entledigen, doch dem Aufruf, den die Wahrheit verursacht hat, hat er sich rücksichtslos entzogen.

Ein anderer Chirurg, der dieselbe Information und auch Mitgefühl besitzt, wendet sich nicht nur mit der Wahrheit an die Familie, sondern tut noch mehr.

Er sagt die Wahrheit und weist dann gütig darauf hin, dass der Patient und seine Familie nicht alleingelassen werden, auch wenn der vor ihnen liegende Weg eine schwierige Herausforderung darstellt. Er wird sie mit allen Mitteln, die ihm als behandelnden Arzt zur Verfügung stehen, unterstützen.

Eine andere Situation, die mir sehr vertraut ist, zeigt dies vielleicht noch deutlicher. Ein Arzt teilt seinem Patienten mit einer unheilbaren Herzkrankheit mit, dass das Herz des Patienten abgenutzt und nicht mehr reparabel ist. Es besteht keine Hoffnung auf bedeutende medizinische oder chirurgische Hilfe und man kann nichts mehr tun.

Dann entlässt der Arzt den Patienten aus seiner Obhut. Er hat die Wahrheit gesagt, doch nicht mehr.

Ein anderer Arzt, der nicht nur die Wahrheit, sondern noch mehr mitteilt, verspricht, die Last zu erleichtern, so gut es ihm möglich ist.

Diese beiden Beispiele veranschaulichen, dass wir, so wichtig die Wahrheit auch ist, oft die Wahrheit *und noch mehr brauchen*. Stellen wir uns vier prüfende Fragen bezüglich der Wahrheit vor.

(1) Ist es die Wahrheit?
(2) Ist es allen Betreffenden gegenüber fair?
(3) Fördert es Wohlwollen und bessere Freundschaften?
(4) Ist es für alle von Vorteil?

Es kann sogar sein, dass Schweigen der barmherzigere Gefährte der Wahrheit ist. Manche Wahrheiten bleiben am besten unausgesprochen. Eine Frau mit Herz hat diesbezüglich einmal zu ihrem Sohn gesagt:

»Erst wenn du über jemanden nichts Nettes sagen kannst, dann sag es gar nicht.«

Wir leben in einer Zeit, in der Politiker gelegentlich »Wahrheit« ausgraben, die ihren politischen Gegner herabsetzt.

Wir leben in einer Zeit, in der sich manche Journalisten nicht damit zufriedengeben, Neuigkeiten zu *berichten,* sondern bemüht sind, mit den entsprechenden Methoden Neuigkeiten zu *erfinden,* und zwar mit der Absicht, die wertvolle Arbeit eines anderen herabzuwürdigen. Wir leben heute in einer Zeit, in der manche Historiker, die nur an ihren eigenen Ruhm denken, nach »Wahrheit« wühlen, die die Toten und Wehrlosen verleumdet. Manche sind vielleicht versucht, etwas zu untergraben, was anderen heilig ist, oder die Achtung vor ehrwürdigen Namen zu schmälern oder die Bemühungen von geachteten Persönlichkeiten herabzuwürdigen.

Sie scheinen zu vergessen, dass die Größe eben der Persönlichkeit, deren Lehren sie erforschen, ihnen, nämlich den Historikern, überhaupt erst die Grundlage dafür geschaffen hat, dass ihre Arbeit überhaupt von Interesse ist.

Solche Versuchungen sind jedoch nicht neu. Wenn eine Persönlichkeit, die in die Geschichte eingegangen ist, über Jahre hinweg von ihren Landsleuten und Mitmenschen hoch geachtet wurde und ihre Zuneigung gewonnen hatte, so scheint es für manche Forscher und Gelehrte ein angenehmer Zeitvertreib geworden zu sein, in der Vergangenheit des Betreffenden herumzustöbern, um, wenn möglich, einige seiner Schwächen zu entdecken und dann ein Buch zu schreiben, worin bis dahin unveröffentlichte, angeblich erwiesene Entdeckungen preisgegeben werden, die allesamt darauf aus sind, der idealistischen Verehrung und Achtung, die dem Betreffenden durch die Jahre hindurch entgegengebracht wurden, die geschichtliche Grundlage zu entziehen.

Wenn eine geschichtliche Persönlichkeit dem Land und der Gesellschaft einen großen Dienst erwiesen hat, und wenn der Name und die Taten des Betreffenden über Generationen hinweg dazu gebraucht wurden, hohe Ideale in Bezug auf Charakter und Dienen zu fördern, was für einen Nutzen soll es dann haben, wenn man die Vergangenheit ausgräbt und Schwächen zur Schau stellt, die eine großzügige Öffentlichkeit zur damaligen Zeit vielleicht vergab?

Vielleicht wäre es angemessen, sich einmal anzusehen, …was ihr Ziel ist, wenn sie diesen Idealismus in Bezug auf unsere Helden und großen historischen Persönlichkeiten zerstören.

Vielleicht …stellen sie deshalb Nachforschungen an und schreiben Bücher, weil sie zeigen wollen, dass jemand menschliche Schwächen haben und doch eine große Persönlichkeit sein kann. Doch wenn sie behaupten wollten, dass dies ihre Absicht sei, dann müsste ich das bezweifeln. Vielmehr neige ich zu der Ansicht, dass ihre Veröffentlichungen aus dem Wunsch entstanden sind, aus sensationellen und geschmacklosen Enthüllungen Geld zu machen.

Wenn jemand damit droht, Wahrheit zu enthüllen, wird das Erpressung genannt. Sind gemeine Enthüllungen, die dem Zweck dienen, dem Verfasser Anerkennung oder finanziellen Nutzen zu verschaffen, nicht etwas Ähnliches?

Wahrheit muss im rechten Maß zugeteilt werden, das heißt mit Verstand und indem man darauf achtet, dass man nichts und niemanden verletzt oder zerstört. Daher kommt auch in vielen Schriftstellen zum Ausdruck, dass Wahrheit immer mit Rechtschaffenheit verbunden sein muss.

Wer darf Gast sein in deinem Zelt, wer darf weilen auf deinem heiligen Berg? Der makellos lebt und das Recht tut; der von Herzen die Wahrheit sagt und mit seiner Zunge nicht verleumdet; der seinem Freund nichts Böses antut und seinen Nächsten nicht schmäht.

Um nicht falsch verstanden zu werden. Ich spreche mich nicht grundsätzlich gegen die Veröffentlichung von negativen Informationen aus. Ein Kläger, der eine Unterschlagung aufdeckt, verbindet Wahrheit mit Gerechtigkeit.

Ein Journalist, der wahrheitsgemäß berichtet, dass jemand seine Vertrauensstellung missbraucht hat, verbindet Wahrheit mit Rechtschaffenheit. Doch jeder, der versucht, die Geschichtsbücher zu durchstöbern, um Wahrheit mit *Ungerechtigkeit* zu verbinden oder mit der Absicht, zu verleumden oder zu zerstören, sollte dieser Warnung Beachtung schenken.

Wenn Lehrer und Autoren die erhabenen moralischen Grundsätze ihres geachteten Berufes hinter sich lassen und, anstatt korrekt Bericht zu erstatten, sich an sensationellen und sinnlosen Enthüllungen laben, an denen einige wenige vorübergehend Gefallen finden, dann gleicht ihre Arbeit eher dem Klatsch. Passt doch, oder:

Dem Historiker ist vergönnt, was selbst den Göttern verwehrt ist, das einmal Geschehene zu ändern!

Ein Vater erinnert sich – die Kräfte im Leben.
Ein Gespräch zwischen Vater und Tochter

Es war einer dieser besonderen Augenblicke, in denen eine Tochter mit einer aufrichtigen Frage, die eine wohlüberlegte Antwort verdient, zu ihrem Vater kommt.

Die Frage dieses reizenden Mädchens lautete:

»Wie weit kann ich in meiner Beziehung zu Jungen gehen, aber dennoch solche Grundsätze aufrechterhalten, die du und der Vater im Himmel akzeptierten?« Hier ergibt sich eine Ähnlichkeit mit dem schon Gesagten eines Vaters zu seinem Sohn: »Lass den …da raus!«

Der Vater, der erkannte, dass er hier etwas sehr Wichtiges lehren konnte, antwortete nachdenklich: »Es gibt zwei wichtige Kräfte im Leben, der Zentrifugalkraft und die Zentripetalkraft. Der Begriff *Zentrifugalkraft* kommt aus dem Lateinischen und bedeutet vom Mittelpunkt weg fliehend. *Zentripetalkraft* ist eine Kraft, die auf den Mittelpunkt zuführt.«

»Ich stelle hier eine einfache Frage, und du gibst mir eine komplizierte Antwort«, rief das Mädchen entsetzt. »Kannst du mir nicht einfach eine verständliche Antwort geben? Die Frage war, wie weit ich gehen und doch das Richtige tun kann.«

»Nun, es hängt davon ab, wohin du gehen möchtest«, antwortete der Vater, fasste sie sanft am Arm und führte sie hinüber an den Tisch, wo die Mutter, die an einer Steppdecke arbeitete, ihre Arbeit liegen hatte.

»Nehmen wir doch einen kleinen Wattebausch mit in dein Zimmer und legen wir ihn auf den Plattenteller des Plattenspielers.« Während sie in ihr Zimmer und zum Plattenspieler gingen, formte er aus dem Wattebausch einen kleinen Ball. Dann legte er den Watteball auf den Rand des Plattentellers und sagte: »Schalte jetzt den Plattenspieler ein.«

Sie tat es, und nach drei, vier Umdrehungen flog der kleine Watteball in den Raum hinein. »Stell den Plattenspieler ab, und leg den Watteball in die Mitte des Plattenspielers. Schalt dann den Plattenspieler wieder ein.« Sie tat, wie ihr gesagt worden war, und der Plattenspieler drehte und drehte sich. Aber diesmal rührte sich der Ball nicht von der Stelle.

»Das meine ich mit zentrifugaler und zentripetaler Kraft«, sagte der Vater. »Eine Kraft bringt einen Gegenstand vom Mittelpunkt weg, und die andere bringt einen Gegenstand zum Mittelpunkt hin.« Er lächelte, als er seine Tochter an ihr früheres Lieblingskarussell im Vergnügungspark erinnerte. »Weißt du noch, wie gut dir die große Drehscheibe gefallen hat? Du und die anderen Kinder, ihr seid mühevoll auf den Mittelpunkt zugekrabbelt und habt versucht, euch an eurem Platz zu halten, während die riesige Scheibe sich drehte.«

»Oh ja«, antwortete die Tochter. »Sobald die Drehscheibe sich einmal zu drehen begann, glitten die Kinder, die näher am Rand saßen, ab wie dieser Watteball, und diejenigen, denen es gelang, nahe am Mittelpunkt zu bleiben, blieben sitzen.«

Ihre Augen leuchteten, als sie sich daran erinnerte, wie sie auf der großen Drehscheibe herumrutschte. »Ich habe mich immer so angestrengt, in die Mitte zu kommen, aber es war ein harter Kampf. Ich musste krabbeln und versuchen, mich mit den Händen festzukrallen. Und als ob das noch nicht genug gewesen wäre, musste ich auch noch auf die anderen Kinder achtgeben, die es nicht zur Mitte schafften, denn sie hielten sich immer an jemandem fest und versuchten ihn mit hinauszuziehen.«

»In gewisser Hinsicht ist das Leben auch so«, erklärte der Vater. »Es gibt Kämpfe, und jemand, der abgleitet, neigt manchmal dazu, diejenigen, die sich in seiner Nähe befinden, mit sich zu ziehen. Andererseits versuchen wir gegen diese Kräfte, die uns hinabziehen, emporzuklettern. Nun zurück zu deiner Frage. Wie weit du im Umgang mit deinem Freund gehen kannst, hängt davon ab, wohin du gehen möchtest. Wenn du empor- und aufwärtsstrebst, gehst du auf ähnliche Weise vor. Wenn du hinab- und aussteigen willst, verhältst du dich anders.«

»Ich möchte empor und aufwärts, Vati«, antwortete sie, ohne zu zögern. »Ich möchte meine Ziele erreichen.«

Da seine Tochter kurz zuvor einen Vortrag von einem Bergsteiger gehört hatte, der mit einigen anderen versucht hatte, den Mount Everest zu bezwingen, konnte der Vater einem weiteren Vergleich nicht widerstehen. »Wenn das die Richtung ist, die du einschlagen möchtest, dann lernen wir doch von den Bergsteigern, die du vor kurzem getroffen hast. An welche ihrer Erfahrungen erinnerst du dich am besten?«

»Oh, ich habe eine Menge gelernt, aber das Wichtigste war, dass sie im Voraus geplant hatten. Sie waren auf alles, was ihnen begegnen würde, gefasst, weil sie sich lange im Voraus entschieden und vorbereitet hatten. Auch ihre Zusammenarbeit hat mich wirklich beeindruckt. Da sie gewaltige Schwierigkeiten überwinden und Höhen erklimmen mussten, bildeten sie eine Seilschaft.«

»Du bist durch unsichtbare Seile der Liebe mit Menschen verbunden, die täglich für dich beten und dich mitziehen. Deine Seilschaft geht sogar über die Grenzen des Lebens hinaus. Deine Vorfahren sind um dich besorgt und stehen dir zur Seite, sowohl die Lebenden als auch die, die nun auf der anderen Seite des Schleiers stehen. Deine Verwandten, deine Lehrer in der Schule und deine guten Freunde, versuchen immer, dich emporzuheben. Wenn du jemals Leute kennst, die dich mit sich nach unten ziehen wollen, dann sollst du wissen, dass sie keineswegs deine wahren Freunde sind. Gute Freunde ziehen einen nie nach unten, sie heben einen empor. Wenn dann die Gefahren schließlich kommen, blicke immer auf den Mittelpunkt. Denke daran: Dein Plattenspieler würde keine gute Musik wiedergeben, wenn die Schallplatte nicht durch den Dorn in der Mitte des drehenden Plattentellers verankert wäre. Wenn du es zulässt, dass die Welt, in der sich deine Unternehmungen abspielen, dann wird die Musik des Lebens für dich lieblich sein. Halte dich bei dieser oder bei irgendeiner anderen wichtigen Frage immer in der Mitte fest, damit du nicht fällst. Überlege, was diejenigen, die dich lieben, in einer ähnlichen

Situation tun würden. Denk darüber nach, was der Herr dir raten würde. Die wirbelnde Welt und die Stürme der Versuchung werden dich nicht wegfegen, sondern du wirst auf der Suche nach Errettung und Erhöhung zur Mitte hin sicher verankert sein.«

Die Tochter war jetzt fest entschlossen, so weit wie möglich in der Mitte zu bleiben, wo die Erfüllung im Leben zu finden ist.

Sie hatte sich selbst erkannt. (Nach R.M. Nelson)

Der Zweck der Bildung ist, Grundsätze einzuflößen, die uns nachher zur Leitung und Belehrung dienen. Tatsachen sind nur insofern wünschenswert, als sie jene Grundsätze in volles Licht setzen.

(Eduard Bulwer)

Dem Übel entgegentreten; dem Guten zusagen

Wir alle erleben immer wieder die unbefriedigende, ja lästige Situation, mit jemandem ein Gespräch führen zu müssen, obwohl kein Gesprächsstoff von beiderseitigem Interesse vorhanden ist. Man tauscht Worte aus, aber ohne Bedeutung. Man tut so, als würde man zuhören, man hört aber nicht zu. Mit der Zeit fällt das natürlich auf. Kommt man mit jemandem zu einem wirklichen Gespräch, sei das Thema, um das es geht, noch so unbedeutend, wie befriedigend ist doch solch ein Gedankenaustausch, wenn beide ehrliches Interesse zeigen.

Wer im Außendienst Kunden besucht, als Handwerker den Service zu leisten hat, dann fokussiert sich der Gedankenaustausch vorwiegend auf die wechselseitigen Interessen.

Die Wichtigkeit des Themas spielt eine untergeordnete Rolle, die Tiefe des gegenseitigen Interesses ist entscheidend. Welchen Vorteil geriere ich aus meinem Tun? Die Frage der gegenseitigen Zufriedenheit, ein wirklicher Ausgleich der Interessen findet oft nicht statt. Wirkliche Kommunikation setzt gegenseitiges Verstehen voraus; Sozialkompetenz im Umgang mit Mitarbeitern, um sie zu verstehen und führen zu können.

In der Hektik der Zeit kommt das zu kurz, was man genügend Zeit zu eingehender Diskussion nennt. Im privaten Bereich, in der Familie müssen wir dahin kommen, Empfindungen und Gedanken offen und ehrlich zum Ausdruck zu bringen; und ebenso offen und ehrlich muss unser Bemühen werden, uns selbst zu verstehen.

Für gegenseitige Mitteilungsfähigkeit und gegenseitiges Verstehen ist es von wesentlicher Bedeutung, dass man sich darum bemüht, die Lauterkeit des anderen zu erkennen und zu ergründen. Wenn wir nicht offen und ehrlich zu uns selbst sind, dann werden wir auch nicht in der Lage sein, zu unterscheiden, ob die Stimme des Zweifels, der Frucht, der Hoffnung, der Schuld oder wessen auch immer aus uns selbst kommt oder aus undurchsichtiger Quelle. Wir werden dann auch nicht fähig sein, den Willen des anderen zu verstehen, es wird kein beiderseitiges Verstehen geben, keine Kommunikation.

Wir sollten uns allerdings bewusst sein, dass echte Kommunikation eine gegenseitige Einflussnahme bewirkt. Wenn Menschen einander wirklich verstehen, dann lassen sie sich auch voneinander beeinflussen; solange sie sich jedoch unverstanden fühlen, lassen sie auch keine Einflussnahme zu; denn sie werden das Gefühl nicht los, dass ihre Situation so einzigartig ist, dass, was immer man ihnen sagt, damit nichts zu haben kann. Soll so lauten

Ein Beispiel: Nehmen wir an, Ihr Kind ist krank und Sie rufen verzweifelt den Arzt an; aber bevor Sie glauben, ihn exakt über die Symptome informiert zu haben, stellt er Ihnen bereits ein Rezept aus und erteilt Ihnen Ratschläge, was zu tun ist.

Es wird sich nicht verhindern lassen, dass Sie kein allzu starkes Vertrauen in diese Vorschläge haben werden. Ihnen fehlt die Basis, nämlich die Gewissheit, richtig verstanden worden zu sein.

Von entscheidender Bedeutung ist die Beziehung.

Ein weiterer äußerst bedeutungsvoller Gesichtspunkt, der die Kommunikation mit dem Ehepartner, den Kindern, Freunden und dergleichen stärkt oder schwächt. Wir alle haben schon Situationen erlebt, in welchen Beziehungen stark angekratzt waren und in denen wir deshalb unsere Worte sehr sorgfältig wählen mussten, aus Angst, verletzend zu wirken, eine Szene heraufzubeschwören oder missverstanden zu werden.

Wenn die Psyche angeschlagen, das Vertrauen verletzt ist, man argwöhnisch wird, dann sind Worte, die unter anderen Umständen positiv wahrgenommen wurden, hier mit einem Minuszeichen versehen. Dadurch wird oftmals der andere zum »Missetäter« um eines Wortes willen, anstatt zu versuchen, zusammenzukommen, um die Worte des anderen wirklich zu verstehen.

Wir alle erinnern uns an Situationen, in welchen sich die Beziehungen so einträchtig und harmonisch erwiesen, dass man sich gleichsam ohne Worte verstand. Das gegenseitige Verständnis und das Gefühl füreinander war so gut, dass wir auf unsere Kommunikationstechniken überhaupt nicht zu achten brauchten.

Manchmal brauchen Leute nur einen unverständlichen Laut auszustoßen oder sich zuzunicken, und schon verstehen sie sich.

Ich durfte Situationen erleben, in denen meine Beziehungen so ideal gestaltet waren, dass ein Wort oder auch nur ein Lächeln ausreichte, um bedeutendste Informationen auszutauschen. Ich habe auch schon andere Situationen durchgemacht, in denen die Beziehungen so schwach ausgeprägt waren, dass eine ganze Flut von Worten nicht ausreichte, um das, worum es ging, verständlich zu machen.

Leute, die sich mit der Bedeutung von Worten beschäftigen, nennt man Semantiker. Für deren Arbeit gibt es eine Grundregel, die besagt, dass der Sinn eines Wortes nicht im Wort zu finden ist, sondern in den Menschen.

Anders ausgedrückt, man mag zwar zeigen, sie seien an den Angelegenheiten interessiert, mit ihrem Herzen aber sind sie bei anderen Dingen. Die Beziehung ist belastet. Sie stehen sich wie Fremde gegenüber. Das fängt schon beim Kleinkind an: Der Schlüssel zu einer Beziehung ist das Vertrauen. Vertrauen erwächst aus den Erfahrungen, die man miteinander gemacht hat, aus Erlebnissen, die Vertrauenswürdigkeit und Ehrenhaftigkeit im Privaten wie im Geschäftlichen unter Beweis gestellt haben. Wenn ich jemandem Versprechungen mache und nicht halte, dann werden nicht die besten Gefühle füreinander aufkommen.

Wie oft werden Kunden später gewahr, dass sie getäuscht und missbraucht worden sind. Ich werde, aber das ist keine Lösung in diesem Fall, um ihm nicht zu begegnen, die andere Straßenseite benutzen. Ist es Ihnen nicht schon hin und wieder so gegangen, wenn Sie jemanden treffen, können Sie ihm nicht in die Augen schauen?

Wie sind diejenigen einzuschätzen, die, nicht aus medizinischen Gründen, eine dunkle Brille tragen?

Es herrscht ein gespanntes Verhältnis, und es bildet sich im wahrsten Sinne des Wortes eine unsichtbare Barriere zwischen uns. Wenn ich mich zur Besserung durchringe und zu ihm gehe, um Vergebung und Versöhnung zu erwirken, dann kann ich diese Barriere beiseiteschieben. Wenn ich aber in der Form nach Erklärungen suche, dass ich z.B. zu mir selbst sage, er wäre da und dort unredlich zu mir gewesen, dann ist es gleichgültig, ob ich dieses spezielle Versprechen einhalte oder nicht, dann werde ich auf jeden Fall eine Barriere zwischen uns errichten, eine Barriere in meinem Innern.

Gib nicht zu schnell Dein Wort, so brauchst Du's nicht zu brechen!
Viel besser ist es, mehr zu halten als versprechen.
(Rückert, Weisheit der Brahmanen VI)

Mit seinen Kindern die Wurzeln der Kommunikation pflegen

Kürzlich hörte ich in einem Interview eine bestürzte Mutter tränenüberflutet ausrufen: »Was kann ich bloß tun? Was soll ich machen? Meine Töchter verlassen mich.« Was war passiert? »Meine Töchter wollen nicht mehr bei uns wohnen. Sie besuchen die Universität und sind auf dem besten Wege, bei allem, was dort so vor sich geht, mitmachen zu wollen. Sie fangen an, von dem, was wir ihnen in ihrer Jugend vermittelt haben, abzuschweifen. Es gelingt uns schon lange nicht mehr, miteinander zu reden. Auch mein Mann kommt mit mir nicht mehr ins Gespräch. Das ist ein richtiger Bruch zwischen uns. Jetzt wollen sie auch noch ausziehen, sich eine eigene Wohnung nehmen und zur Universität gehen.

Ich weiß nicht, was ich tun soll. Ich habe um Rat gebeten. Ich bin außer mir vor Kummer. Viele von uns Teenagereltern machen über die Jahre immer öfter die bittere Erfahrung, immer mehr an Einfluss auf die Kinder zu verlieren. Halbwüchsige neigen dazu, eher auf die Gruppe, der sie angehören, ihren Freundeskreis, zu hören, denn ihre Freunde scheinen sie zu verstehen; sie scheinen mit ihnen mitzufühlen.«

Und wir Eltern müssen deshalb ganz allmählich die Erfahrung machen, dass unser Einfluss auf unsere Kinder umso mehr schwindet, je unabhängiger und freier sie werden. Wenn wir dann festzustellen beginnen, dass sie einen Weg einschlagen, der nicht unseren Vorstellungen entspricht, überkommt uns natürlich große Angst.

Wir wollen wissen, was wir tun können. In unserer Ungeduld, unbedingt etwas tun zu müssen, stürzen wir oft überhastet los und ergreifen Notmaßnahmen. Ja, wir treffen sogar extreme Maßnahmen, zwingen ihnen unsere Ratschläge auf und vergessen dabei bestimmte Verhaltensregeln.

Wenn wir aber so handeln, wenn unsere Kinder immer etwas weiter von uns wegrücken, und sie werden unseren Ratschlägen nicht näher kommen, sondern sich von ihnen entfernen.

Sie werden sogar dazu übergehen, gerade die Dinge, die wir ihnen vermittelt haben, als Waffe gegen uns einzusetzen. Mir scheint, als könne man diese Situation und all diese Probleme auf einen Hauptnenner bringen. Ich wurde auf diesen Hauptnenner während eines Aufenthalts in Irland aufmerksam, wo ich die Gelegenheit hatte, das Leben mehrerer hundert Jugendlicher zu beobachten. Aufgrund dieser Erfahrungen und Kontakte wurde mir mehr und mehr klar, dass solch ein Hauptnenner tiefer angesiedelt sein müsse als die üblichen Einstellungen und Verhaltensweisen, die fast jeder an den Tag legt.

Mangels eines besseren Ausdrucks nenne ich diesen Hauptnenner Unsicherheit oder Selbstzweifel. Mit dieser Art von Gefühlen zweifeln Menschen an ihren eigenen Fähigkeiten, ihrem eigenen Grundwert und der Rechtschaffenheit ihrer Eigenschaften.

Wie gehen die Menschen mit diesen Selbstzweifeln um? Auf unterschiedliche Weise. Manche sagen schlichtweg, dass sie davon nichts mehr hören wollen. Sie hatten genug Erfahrung gemacht, um sich bewusst zu werden, dass da etwas war, was einen Wandel in ihnen erforderte; und deshalb wichen sie entweder aus oder kämpften dagegen an.

Oftmals stieß ich auf Personen, die eindeutig nicht nach den guten und klaren Grundsätzen leben wollten; sie offenbarten ihre Gründe dafür in verschleierter Form. Ich kann diesen oder jenen mit seinen übernatürlichen Klarheiten nicht akzeptieren. Aber immer wieder, wenn wir jene, die wir sonntags trafen, um in ihre Herzen zu schauen, nach den wahren Gründen für ihr sonntägliches Dasein fragten, um herauszubekommen, warum sie vielleicht eine Zeit lang gezögert hatten, enthielt ihre Antwort das Eingeständnis, dass sie sich früher selbst misstraut hätten.

Die Menschen misstrauen nicht dem lebenswerten Umfeld, sondern sich selbst. Es war eine lebenswichtige Erfahrung, die wir da machten, und wir hörten damit auf, Menschen allein durch Überzeugung, durch Logik zu gewinnen; denn dieser Weg entfachte die Selbstzweifel in ihnen. Stattdessen sprachen wir den Suchenden Mut zu, Mut zum Wandel, zur Änderung zum Guten.

Dieser Weg, soweit er eingehalten wurde, verringerte die Selbstzweifel. Wir lernten einen jungen Mann kennen, der in seinem Leben zu viele blaue Flecken davongetragen hatte, wenn er einer war, der zu viele Abweisungen und schlechte Behandlung über sich hatte ergehen lassen müssen, dann neigte er dazu, sich aus Gründen des Selbstschutzes defensiv zu verhalten. Der rascheste Weg, sich aus der Verantwortung der Kontaktaufnahme und des Lehrers zu entziehen, bestand darin, einfach zu sagen: »Dort gehe ich nicht mehr hin; aber dort fühle ich mich angenommen!«

Ich führe jetzt einige Arten des Umgangs mit Unsicherheit an: Vermeiden Sie Situationen oder Verantwortlichkeiten, die Ihre Selbstzweifel oder Unsicherheiten offenbar werden lassen; machen Sie sich aus dem Staub oder reagieren Sie mit Kampf; werden Sie zum Kritiker; suchen Sie die Schuld bei anderen und vermeiden Sie so die Konfrontation mit den wirklichen Problemen im Innern? Es bedeutet eine gewaltige Verantwortungslast für uns, uns wirksam mitzuteilen; und gerade durch diese Verantwortungslast kommen erst Selbstzweifel und Unsicherheit in uns auf; und sie steigen an die Oberfläche, bis einer der zwei Wege eingeschlagen wird:

Sich davonmachen oder Kampf, Kritik, Schuldzuweisung. Finden Sie den Splitter (die Schwäche) im Auge Ihres Ehepartners und konzentrieren Sie sich so lange auf diesen, bis der Blick auf den Splitter den Blick auf den Balken (die Schwäche) im eigenen Auge verdunkelt? Das macht es natürlich unmöglich, klar zu sehen oder wirksam Hilfe zu leisten.

Oder Rückzug: Man sagt: »Ich will keine Kommunikation.« Das ist Flucht! Oder ein anderer Weg:

Vielleicht kompensieren Sie Ihre eigene Unsicherheit durch die Konzentration auf Sicherheit von außen, Kleidung, Mode, Mitgliedschaft in exklusiven Klubs, und sagen sich in Ihrem Inneren: »Diese Dinge ersetzen mein Unsicherheitsempfinden und geben mir ein angemessen sicheres Gefühl.« Man kann zu bedenken geben, dass keine dieser Verhaltensweisen, geht man auf die Wurzel zurück, funktioniert.

Keine von ihnen ist wirksam, wenn es darum geht, bei den Gründen für Streit oder Harmonie anzusetzen. Ich glaube, die Welt hat keine vollständige Vorstellung davon, was diese Wurzeln wirklich sind, diese tiefgründigen geistigen Wurzeln, welche, wenn sie gehegt und gepflegt werden, zu einem großen inneren Sicherheits- und Friedensgefühl führen, und was dieses innere Gefühl der Sicherheit und des Friedens wieder erbringt, die innere Kraft und Verankerung, aus der die Fähigkeit erwächst, zum Friedensstifter in unseren Beziehungen mit anderen zu werden, insbesondere wenn Stürme über uns einfallen.

Das heutige Denken über den Bereich Kommunikation basiert meiner Meinung nach zu stark auf eine Art Sonnenscheinphilosophie. Wenn die Sonne scheint und alles bestens läuft, ist es nicht schwer für die Menschen, in natürlicher Weise und recht effektiv miteinander zu verkehren; sobald aber die Stürme losbrechen (und sie kommen fast jeden Tag auf, im Leben eines jeden von uns, auf die eine oder andere Weise, zumindest kleinere Stürme wie konfliktgeladene Vorhaben, wirtschaftliche Schwierigkeiten, Stress, Zank und so weiter), verlieren wir unsere Fassung, brüllen wir los, haben wir unser vorgefasstes Urteil parat, tun wir Dinge, an die wir bei Sonnenschein nicht einmal denken würden.

Früher oder später, wenn die Stürme uns heimsuchen, kommen dann unsere Selbstzweifel an die Oberfläche, beginnen die Beziehungsprobleme, bricht die Kommunikation zusammen.

Henry David Thoreau, der große Naturphilosoph, stellte voller Weisheit fest: »Auf tausend, die an den Zweigen eines Problems herumschneiden, kommt einer, der das Übel an der Wurzel packt.« Was sind diese Wurzeln, und wie können wir sie uns zur Wirkung bringen?

Dazu möchte ich eine Begebenheit aufzeigen und zusehen, ob Sie herausfinden können, was diese Wurzeln sind:

Eines Abends kniete eine junge Familie beim Gebet, als der achtjährige Sohn sagte: »Liebt mich der himmlische Vater wirklich?«

Sein Vater versicherte ihm: »Ja, das tut er, bete zu ihm aus vollem Herzen.« Den Kindern hatte er durch gutes Beispiel vermittelt, sowohl für sich allein als auch in der Familie zu beten.

»Liebt er mich wirklich?«

»Ja!«

»Ganz gleich, was ich tue?«

»Ja, er liebt dich zu jeder Zeit. Er liebt dich auch, wenn du unfolgsam bist; aber er will, dass du dich änderst und gute Dinge tust.«

Als die Eltern aufstanden, um das Kinderzimmer zu verlassen, fing der Junge zu weinen an und sagte: »Mama, ich möchte mit dir reden, willst du?«

»Ja, mein Sohn.«

Und sie gingen in das andere Zimmer und saßen dort etwa eineinhalb Stunden zusammen. Und der Junge begann, sein Inneres aufzutun, und erzählte seiner Mutter, was in seinem Leben vor sich ging.

Vor dieser kleinen Aussprache hatte der kleine Junge etwa drei, vier Tage lang so ziemlich alle Probleme, die zu Hause auf einen zukommen können. Er entlud seine Aggressionen auf dem Rücken seiner kleinen Brüder und Schwestern, er brüllte herum, er wachte bereits morgens zornig auf, sehr verstimmt, und sorgte gleich für Verstimmung in der ganzen Familie.

Zank und Hader herrschten in der Familie, und er war die Ursache dafür.

Seine Eltern konnten all das nicht verstehen. Aber während dieses Gesprächs sagte er: »Mama, ich tue etwas sehr Ungezogenes in der Schule. Versprichst du mir, Papa nichts davon zu erzählen?«

»Ja, ich verspreche es dir, mein Sohn. Aber vielleicht möchtest du es ihm selbst erzählen.«

»Oh nein!«

»Was ist es?«

»Also, wir begannen mit diesem neuen Lernstoff.« Dann erzählte er ihr von einem Unterrichtsthema, mit dem er sich in der Klasse zu beschäftigen hatte. Er fuhr fort:

»Und als wir anfingen, uns mit dem Stoff genauer zu befassen, waren die anderen Schüler echt gut, nur ich nicht. Ich wusste nicht viel darüber. Die anderen hatten sich schon früher mit dem Thema beschäftigt, aber ich nicht. Jedes Mal, wenn wir uns mit dem Thema befassten, wollte ich die Lehrerin um Hilfe bitten; aber alle anderen kannten sich aus, nur ich nicht; und deshalb kam ich mir so schrecklich dumm vor. Ich traute mich nicht, die Lehrerin zu fragen. Einmal fragte ich sie, und da war sie gemein zu mir, und deshalb fragte ich sie nie wieder. Deshalb …« Er brach regelrecht zusammen: »Mama, kann ich dir das alles erzählen?«

Er wollte sich rückversichern, dass das, was er sagen wollte, ihm nicht die Missbilligung der Mutter einbringen würde. Als er sich genügend sicher war, sagte er: »Ich mogle, Mama, ich bin ein Schwindler. Und jetzt habe ich dermaßen gemogelt, dass die Lehrerin der Meinung ist, ich sei einer der besten Schüler in der Klasse. Ich muss jetzt so weitermachen, sonst merkt sie, dass ich mogle.«

Er vertraute seiner Mutter die verschiedenen Mogelarten an: den Blick in ein Buch, den Blick in ein Heft des Nachbarn und sogar die Vortäuschung, irgendwo im Klassenzimmer eine Kreide oder sonst etwas holen zu wollen, dabei aber unterwegs nach Antworten zu schauen. All das musste er einkalkulieren.

Er sagte: »Ich weiß, ich bin getauft. Das ist der Grund, warum ich in letzter Zeit nicht in meine Sonntagsklasse gehen wollte. Ich fühlte mich nicht gut in meinem Inneren. Und, Mama, deshalb habe ich auch nicht aus vollem Herzen gebetet, denn ich wusste, dass ich Falsches tat. Ich weiß nicht mehr, was ich tun soll.« Bald darauf hatte er auch genug Mut, dies alles auch seinem Vater zu erzählen, und etwas später ging er sogar zu seiner Lehrerin und gestand ihr, was er getan hatte. Nach dieser Umkehr stellte sich ein auffälliger Wandel in ihm ein.

Er wachte voller Frieden in sich auf. Er war nicht mehr länger der große Streitverursacher zwischen seinen Geschwistern. Wenn Sie nun jemandem sagen würden, der Grund für die häuslichen Schwierigkeiten des kleinen Jungen lägen darin, dass er gesündigt habe, würde man Ihnen wahrscheinlich zur Antwort geben: »Lassen Sie das. Zu behaupten, dieser achtjährige Junge habe gesündigt (und das war der Kern des echten Problems), ist schlichtweg dümmlich. Sie müssen sich mehr mit ihm befassen und ihm mehr Liebe schenken, denn er fühlt sich unsicher. Geben Sie ihm mehr Sicherheit, zeigen Sie ihm mehr Zuwendung, bringen Sie ihm mehr Verständnis entgegen. Das ist nur eine Phase.«

Dieser Rat ist gut, ich gebe es zu. Aber dennoch, die Wurzel des Problems lag in seiner eigenen Übertretung. Solange dieser innere Hader bestand, trug ihn der Achtjährige in das Leben anderer hinein. Als er dann dieses innere Problem löste, fand er wieder Frieden in sich selbst, und er trug Frieden in das Leben anderer. Der Apostel Jakobus fragt: »Woher kommen Streitigkeiten und Kämpfe unter euch? Woher anders als aus euren Begierden, die in euren Gliedern im Streite liegen?«

Er führte an, dass widerstreitende Loyalität und Leidenschaften in unserem Inneren die Ursache für den Hader unter den Menschen sind. In anderen Worten, die wahre Wurzel von Frieden und wirksamer Kommunikation in den Stürmen des Lebens ist der Gehorsam gegenüber dem göttlichen Gesetz. Das ist keine einfache Antwort, in der Tat, es ist die schwerste und doch wahrste aller Antworten; denn sie besiegt die Selbstzweifel. Erkenne dich selbst!

Je öfter du unterwegs fragst, wie weit du noch zu gehen hast, umso länger wird dir der Weg erscheinen.

(Aus Australien)

Für eine starke Jugend. Sie alle haben Chancen

Entscheidungsfreiheit und Rechenschaftspflicht
*Darum sind die Menschen …frei, um Freiheit und ewiges Leben durch den großen Mittler für alle Menschen oder um Gefangenschaft und Tod zu wählen …*Für eure Entscheidungen (wie jeder Erwachsene auch) seid ihr verantwortlich. Habt, entgegen dem allgemeinen weltlichen Trend, den Mut standhaft gegenüber den Absichten Gottes zu sein, selbst wenn ihr alleine dasteht. Ihr könnt zwar eure Entscheidungen selbst treffen, doch die Konsequenzen eurer Taten und Unterlassungen könnt ihr nicht wählen. Konsequenzen sind eine natürliche Folge eurer Entscheidungen – seien sie nun positiv oder negativ. Manch sündhaftes Verhalten bringt vielleicht vorübergehend weltliches Vergnügen mit sich, doch solche Entscheidungen verlangsamen den eigenen Fortschritt und führen oftmals zu Kummer und Leid. Rechtschaffene Entscheidungen machen auf Dauer glücklich und führen zum ewigen Leben.

Es liegt an jedem einzelnen, die Fähigkeiten und Talente zu entfalten, die der Vater im Himmel euch gegeben hat.

Ihr müsst ihm irgendwann Rechenschaft darüber ablegen, was ihr mit euren Talenten angefangen und wie ihr eure Zeit verbracht habt. Nehmt euch vor, viel Gutes aus freien Stücken zu tun.

Miteinander ausgehen
Tugend liebt Tugend; Licht hält fest an Licht! Wenn ein Junge und ein Mädchen ausgehen, heißt das, sie verabreden sich, um einander besser kennenzulernen. In unserem Kulturkreis, wo es üblich ist, dass junge Menschen miteinander ausgehen, könnt ihr dabei zwischenmenschliche Fertigkeiten erwerben und entfalten. Freundschaften schließen, Spaß haben und letztlich erkennen, mit wem gehe ich aus.

Welche sittlichen Grundsätze vertritt er/sie? Zur Jugendzeit des

Verfassers waren diese Grundlagen schon im Elternhaus vermittelt worden. Schon damals und auch heute spielen die Kleidung (keine Preisfrage) und die äußere Erscheinung eine große Rolle. Daran kann man erkennen, wie kostbar einem der eigene Körper ist; kein Spiegelbild für jedermann.

Wer sich unanständig – das vermittelt einem das Selbstwertgefühl – kleidet, zieht das Negative, das Herausfordernde der anderen Seite an, ohne zu wissen, welches Risiko damit verbunden sein kann. Wer die Haustür nicht abschließt, provoziert den Einbrecher!

Eine besorgte Mutter sagte einmal dem Verfasser: »Wenn ich die Nachbarstöchter sehe, denen nicht bewusst ist, welche Kleidung unanständig aussieht, zu eng anliegende, durchsichtige und sonstige freizügige Kleidungsstücke. Mädchen sollen weder sehr kurze Hosen oder Miniröcke tragen noch bauchfreie Oberteile, schulterfreie oder rückenlose Kleidung oder Kleidung mit tiefem Ausschnitt.« Mit dieser Besorgnis steht diese Mutter oftmals allein da – wird lächerlich gemacht –, es ist eben heute alles anders als damals.

Auch wenn es um Tätowierungen oder Piercings geht. Wertet das wirklich den Körper auf? Richtig ist, dass der Schick einer jungen Dame in Anmut getragen sich schon von dem tristen Schwarz der Vergangenheit abhebt.

(Ich erwähnte in diesem Buch den Ausflug einer Schulklasse, wo sechs Mädchen schwanger wieder zurückkehrten.)

Bildung

Jeglicher Grundsatz der Intelligenz, den wir uns in diesem Leben zu eigen machen, wird mit uns in der Auferstehung hervorkommen. Der Bildung kommt in Verbindung mit der Schöpfung des Menschen eine große Bedeutung zu. Sie soll euch helfen, ihm ähnlicher zu werden. Bildung bereitet euch darauf vor, in der Welt einen größeren Beitrag zu leisten. Ihr könnt so auch besser für euren Lebensunterhalt aufkommen und für eure Familie und für die Bedürftigen sorgen. Ihr könnt dadurch auch einem künftigen Ehepartner besser zur Seite stehen und ihm guten Rat geben und auch die Kinder, die ihr haben werdet, an eurem Wissensschatz teilhaben zu lassen.

Nicht selten hört man, eventuell aus ehrlicher Besorgnis der Frau heraus: *In dieser Zeit vermag man keine Kinder mehr zu wollen, weil* ...und dabei wird alles Erdenkliche aufgeführt: Naturkatastrophen, Kriege, Betrug, Verbrechen in vielerlei Form und so weiter und so weiter.

Nun frage ich den verehrten Leser: *Wann hat es jemals eine Zeit unbedenklicher Gegebenheiten für Kinderwunsch gegeben?* Aus seinem persönlichen Umfeld möchte der Verfasser einige Fakten aufzählen:

Mein Großvater ist 1915 im Krieg gefallen; sein Sohn wuchs ohne Vater auf. Der Sohn, ebenfalls Soldat, zeugte vier Kinder mit seiner Frau und erzog sie in den Grundsätzen der Ordnung, der Disziplin und Verantwortung. (Wer hört heute noch gerne den Begriff »Disziplin«?

Eine Verwandte verlor ihren Sohn im Krieg, ihr schwerverwundeter Vater kam aus der Gefangenschaft im Osten zurück. Seien wir ehrlich: Auch wir wären nicht auf der Welt, wenn unsere Eltern den Maßstab des Zweifels angelegt hätten. Damals und unvermindert heute sind Bildung und Wissen ein Faktor, der den Menschen in seinen Talenten und Fähigkeiten fordert, und wer fleißig arbeitet, sich, auch unter Zeitopfern, Bildung aneignet, stärkt nicht nur sein Selbstbewusstsein – ohne Stolz und Überheblichkeit –, sondern ist befähigt, berufliche Ziele mit gutem Auskommen zu erreichen. Bedenken wir aber, dass Bildung und Charakter eine Harmonie bilden sollten, damit das Privat- und Arbeitsumfeld von einem anderen Geist geprägt wird, der seitens des Arbeitgebers und Arbeitnehmers angestrebt werden sollte.

Liebe Jugend, die Unterhaltung in den Medien fordert eine Aussage heraus:

Wenn es etwas Tugendhaftes oder Liebenswertes gibt, wenn etwas guten Klang hat oder lobenswert ist, so trachtet danach!

Wir alle sind aufgerufen, in der vielfältigen Auswahl und Unterhaltung das herauszusuchen, was eine angenehme und von einen gutem Gewissen getragene Resonanz findet. Besonders das jugendliche Auge, welches den Weg der Entscheidung erst finden muss, wird oftmals in eine Richtung und zu einer Einstellung gedrängt, deren Konsequenz er noch nicht zu verarbeiten vermag.

Prostitution, Gewalt, Verbrechen jeglicher Form sind aus der Kindheit und Jugend gezogen; Vergewaltigungen gehen oftmals einher mit aufreizender Kleidung, mangelndem Respekt vor dem anderen Geschlecht und falsch verstandenem Selbstbewusstsein. Es mag hier und dort auch auf der seit Jahrhunderten falsch vermittelten Lehre fußen:

Die Frau ist dem Manne ergeben zu sein …Richtig ist jedoch: Die Frau hört auf ihren Mann, wie er die edlen Grundsätze des Miteinanders pflegt!

Eine damals fast 90-jährige Frau sagte einmal zu dem Verfasser:

»Und wer alles mit Dankbarkeit empfängt, der wird herrlich gemacht werden!«

Das heißt: Wer sich an guten Grundsätzen orientiert, wird reich an Dankbarkeit werden. Hinzu kommt der Grundsatz der Ehrlichkeit und Redlichkeit. Erwarten wir das nicht ständig; nicht nur im Geschäftsleben. Wenn das so sein soll, müssen wir mit gutem Beispiel vorangehen; auch wenn es auf den ersten Blick nicht immer so scheint, als hätte sich das gelohnt.

Ehrlichkeit und Redlichkeit
Du sollst nicht stehlen. Du sollst nicht falsch …aussagen! Seid euch selbst, eurem Mitmenschen gegenüber stets ehrlich.

Ehrlich sein bedeutet, dass man nicht lügt, nicht stiehlt, nicht betrügt oder auf andere Weise täuscht. Wer ehrlich ist, entwickelt eine Charakterstärke, wodurch ihr eurem Nächsten viel Gutes tun könnt. Ihr werdet mit innerem Frieden und Selbstachtung gesegnet. Unehrlichkeit schadet euch selbst und auch anderen Menschen. Wenn ihr lügt, in Geschäften oder anderswo stiehlt oder jemanden betrügt, schadet ihr eurem Geist und eure Beziehung zu anderen. Seid in der Schule ehrlich; mogelt auf keinerlei Weise. Seid ehrlich am Arbeitsplatz und erbringt für euren Lohn eine volle Leistung. Selbst wenn andere meinen, es sei ja nicht so schlimm: Redet euch nicht ein, Unehrlichkeit sei in Ordnung.

Ehrlichkeit hängt auch sehr eng mit Redlichkeit zusammen. Redlich zu sein bedeutet, dass man jederzeit und ungeachtet der Folgen das denkt und tut, was recht ist.

Bin ich ehrlich in allem, was ich sage und tue?

Ausdrucksweise
Über eure Lippen kommt kein böses Wort, sondern nur ein gutes. Wie ihr mit anderen kommuniziert, sollte widerspiegeln, wer ihr seid; ein Sohn oder eine Tochter.

Eine saubere und intelligente Ausdrucksweise zeugt von einem gesunden und wachen Verstand.

Wenn ihr gute Worte verwendet, erbaut, erlebt und erfreut das andere, und der Geist kann bei euch sein. Unsere Worte sollen – wie unserer Taten – voller Glauben, Hoffnung und Nächstenliebe sein.

Sucht euch Freunde, die sich anständig ausdrücken. Seid ein Vorbild und helft dadurch anderen sich eine bessere Ausdrucksweise anzueignen. Wenn jemand anfängt, schlechte Worte zu verwenden: Seid bereit wegzugehen oder wechselt höflich das Thema. Sprecht freundlich und gut über andere. Beleidigt niemanden, würdigt niemanden herab, auch nicht im Scherz. Meidet allen Tratsch und Klatsch und redet nicht im Zorn.

Wenn euch eine schroffe, kränkelnde Bemerkung auf der Zunge liegt: Sprecht sie nicht aus. Flucht nicht, verwendet keine vulgären oder derben Ausdrücke oder Gesten und erzählt keine Witze oder Geschichten über unsittliches Verhalten. Denkt daran, dass diese Grundsätze zur Ausdrucksweise für jegliche Kommunikation gelten – auch für das Schreiben von SMS oder Mitteilungen über das Internet. Wenn ihr euch eine Ausdrucksweise angewöhnt habt, die nicht diesen Grundsätzen entspricht – etwa Fluchen, Spott, Tratsch oder Wutbekundungen –, könnt ihr euch das auch wieder abgewöhnen.

Was sagen die Worte aus meinem Mund über mich aus?

Körperliche und seelische Gesundheit
Und alle Heiligen, die sich dieser Worte erinnern und sie befolgen und tun …werden Gesundheit empfangen in ihrem Nabel und Mark für ihre Knochen und werden Weisheit und große Schätze der Erkenntnis finden. Achtet gut auf euren Körper, indem ihr euch gesund ernährt, regelmäßig Sport treibt und genug schlaft. Bemüht euch bei allem, was eure körperliche Verfassung betrifft, um Ausgewogenheit und Maß. Meidet auch bei der Ernährung Extreme, die zu Essstörungen führen könnten. Fügt eurem Körper nicht absichtlich Schaden zu. Meidet gefährliche Unternehmungen mit hoher Verletzungsgefahr.

Konsumiert niemals Tabakwaren oder jegliche Form von Alkohol. Ebenfalls die Energiedrinks. Sie täuschen etwas vor, was bei längerer Nutzung ins Gegenteil verkehrt wird: Es führt bis zum Koma.
Diese Substanzen sind suchterregend und schaden Körper und Geist. Unter Alkoholeinfluss sind euer Urteilsvermögen und eure Selbstbeherrschung geschwächt. Alkoholkonsum kann sehr schnell zur Abhängigkeit führen. Dadurch werden einzelne Menschen und ganze Familien zugrunde gerichtet.
Vermeidet alle Getränke, Drogen, Chemikalien oder gefährlichen Verhaltensweisen, durch die ein Hochgefühl erzeugt wird, sowie alle sonstigen künstlich herbeigeführten Wirkungen, die Körper oder Geist schaden könnten. Dazu gehören: Marihuana, harte Drogen, Missbrauch von verschreibungspflichtigen oder apothekenpflichtigen Medikamenten, aber auch Reinigungsmittel, Klebstoff, Sprays und so

weiter. Der angebliche Genuss führt oftmals zu einer unerwünschten Abhängigkeit, was das ganze Leben beeinflusst.

Der Gebrauch dieser Substanzen kann süchtig machen und eure Persönlichkeit umfassend beeinflussen. Bemüht euch in allen Lebensbereichen um ungefährliche Problemlösungen. Tut alles, was euch möglich ist, um eure körperliche und seelische Gesundheit zu schützen, damit ihr euer Potenzial als Sohn oder Tochter verwirklichen könnt.

Was tue ich jeden Tag, um gut auf meinen Körper achtzugeben? Fazit: Wer möchtest du sein?

> Wer immer ein Werk vorhat, das seine ganze Seele beschäftigt, der ist nie unglücklich!
>
> (Felix Dräseke)

Auffassungen von Liebe und Akzeptanz

Schreiben wir uns folgende Aussage ins Herz:
In einer Atmosphäre von Liebe und Akzeptanz stirbt die Angst und wächst das Vertrauen.

Menschliche Beziehungen und Erfahrungen sind die Voraussetzung für himmlische Beziehungen und Erfahrungen. Die Auffassung der Menschen von Gott und seinen Eigenschaften ist, sowohl im Guten wie im Schlechten, weitgehend die Projektion ihrer eigenen Lebenserfahrungen mit Autoritätspersonen. Im Gegensatz zu dem, was sie intellektuell für richtig halten, ja, was sie sogar wörtlich lehren, haben viele Menschen das Gefühl, man könne nicht auf Gott vertrauen, er wäre weder der verzeihende noch der liebende, er wäre einzig der zu fürchtende Gott.

Aus diesem Grund haben sie oftmals Angst davor, ehrlich und aufrichtig zu ihm zu beten, ihm gegenüber ihre Gefühle offen zum Ausdruck zu bringen. Sie entwickeln die Scheu davor, auf die Antwort zu warten und ihrer dann gerecht zu werden? Aus Erzählungsberichten von Flüchtlingen in den 1940er Jahren lässt sich erkennen, dass vorwiegend die Mütter sich des Herrn erinnerten und er ihnen die Kraft und den Mut gab, trotz aller Kummernisse den Weg bis ans Ziel fortzusetzen.

Eine Mutter berichtete, dass sie zwei ihrer Kinder auf diesem Weg verloren hat.

Als Mutter wurde sie vom Geist des Herrn geführt. Nun vertraute sie auf diese Zukunft für den weiteren Lebensweg. Wie sich nach Jahren herausstellte, hat sie nie die Hoffnung aufgegeben, dass sie ihren Mann und den ältesten Sohn wiedersehen wird. Erst in den 50er Jahren kam ihr Mann aus der Gefangenschaft zurück; der älteste Sohn wurde durch das Rote Kreuz gefunden.

Der Verfasser erinnert sich: Die Schulkinder gingen am Volkstrauertag, damals nannte man es Heldengedenktag, zum Denkmal, um den Pfarrer zu hören, den Bürgermeister und viele Anwesende waren Zeitzeugen der Vertreibung.

Ihre Tränen waren Ausdruck ihrer Trauer, aber auch ihrer Zuversicht. Das wiederholte sich Jahr für Jahr, bis die Politik das untersagte.

> Das Verhalten der Menschen hängt mehr von ihren Empfindungen ab als von ihrem Denken.

Motivation entspringt hauptsächlich dem Herzen, weniger dem Verstand. Vielen Menschen ist intellektuell völlig klar, dass die ewige Wahrheit recht hat; aber sie leben nicht danach, solange ihr Gefühl dafür nicht stark genug ist, oder besser, solange ihr Gefühl dafür nicht stärker ist als für andere Dinge. Wer mit Kindern und Jugendlichen arbeitet, sollte alles daran setzen, dass sie sich gefühlsmäßig gut finden und dass sie sich selbst bei der Einhaltung des Programms angenommen fühlen.

Die jungen Leute müssen sich nicht nur gut fühlen, sie müssen sich in diesem Programm mit einem stärkeren und einem besseren Gefühl wiederfinden als in jeder anderen Quelle, wo Loyalität, Einfluss und Begeisterung nicht immer für edle Absichten vermittelt werden. Für das Führungspersonal und die Lehrer ist es außerordentlich wichtig, dass sie dies begreifen.

Andernfalls werden sie sich in den Reihen derer finden, deren Handeln von der Annahme ausgeht, sie bräuchten den Menschen nur zu sagen, was zu tun sei und wie man tätig werden müsse, und schon wäre das richtige Verhalten veranlasst. Eine ehemalige Kindergärtnerin, die mit Herz und Seele für ihre Anvertrauten im Einsatz war, gestand einmal, dass in ihrem Herzen alle ihre Kinder waren, sie demgemäß beachtete und belehrte. Dass sich bei ihnen keine Ranglisten bildeten, keine Sonderlinge emporkamen, weil alle danach strebten, ein gemeinsames Ziel des herzlichen Miteinanders zu erreichen. Bedauerlich war aber festzustellen, dass der Einfluss nach dem Kindergarten die Gefahr in sich barg, das Aufgebaute wieder zu zertreten.

Sobald sie das Vertrauen verlieren, und vielleicht durch Wahrnehmungen darin gestärkt werden, ist es für die Kindergärtnerin und später auch für den Lehrer im Schulamt schwer, erarbeitete Werte zu stabilisieren.

In den Jahren der Pubertät ist die Kommunikationskluft der Jugend (sich nicht verstanden, geschätzt und angenommen fühlen) besonders ausgeprägt. Die Logik »Du sollst« kann die Kluft zwischen Lehrer und Schüler arg belasten. Es wird ihnen leichter fallen, Gefühle zu verstehen und zu akzeptieren, wenn sie den Ausdruck negativer Empfindungen nicht als persönliche Beleidigung gegenüber ihrer eigenen Position, Kompetenz und Autorität betrachten.

Obsorge, Verständnis, Aufbau offener, von Akzeptanz getragener Beziehungen, das ist es, womit sie der Jugend den Mut, die Kraft und den Rückhalt geben, damit diese mehr auf der Basis eines langzeitorientierten »Du sollst« des logischen Bereiches des Lernens handeln als auf der Basis ihrer auf kürzeste Zeit ausgerichteten Emotionen, den Empfindungen des Lebens, die gewöhnlich vom Bedürfnis, zur Gruppe Gleichaltriger zu gehören, gesteuert werden.

Bei den Erwachsenen – sogenannten – ist die Empfindung oftmals Weisheit. Männer sind meist mehr als Frauen der Meinung, Logik sei wertvoller als Gefühl.

Diese Annahme erweist sich oft als unrichtig. Das Herz ist häufig weiser als der Verstand. Man muss ebenso lernen, auf sein Herz zu hören, Rat bei seinem Gewissen, seinen Empfindungen und seiner Intuition einzuholen, wie man lernen muss, seinen Verstand zu gebrauchen. Zuweilen wird der Logik oder dem Praktikablen oder dem »Maskulinen« eine höhere Bedeutung zugemessen als den Gefühlen oder dem, was man als emotional oder »feminin« bezeichnet. Solch eine Ansicht, konsequent verfolgt, würde die meiste Kreativität und viele spontane Freuden im Leben ersticken, und sie würde nicht zu mehr Weisheit führen, sondern vielmehr zu einer Art von Unausgewogenheit und Verzerrung des Lebens.

Einer der traurigsten Fehler, der immer wieder begangen wird, ist es, auf jene herabzusehen, die »mit ihrem Herzen denken«, weil sie sich nicht klar, logisch oder mit intellektueller Tiefe auszudrücken vermögen.

Ihre Logik ist oftmals eine höherrangige Logik, denn sie fühlen mit ihrem Herzen; und in vielen Situationen, vor allem in solchen, in denen das menschliche Element sehr stark zum Vorschein kommt, können diese Gefühle viel zuverlässiger und vertrauenswürdiger sein als die kalte und klare Logik einer »praktischen« Person.

Man hat einmal gesagt, man müsse vor der Heirat mit dem Verstand denken – die Augen weit offen – und nach der Heirat mit dem Herzen – die Augen halb geschlossen. Diese Ansicht dürfte auch in anderen Lebenslagen richtig sein, einschließlich der Arbeit und im Privatleben.

Auf dem Gipfel menschlicher Reife jedoch gibt es keine Abweichung mehr zwischen Logik und Empfinden.

Wer von Selbstzweifeln, Ängsten und Ungewissheiten geplagt, sich mit dem Erwarten nicht zu identifizieren vermag, dem bleibt vorübergehend nur eines: sich neu zu erkennen. Alle Zweifler: »Nehmt die Vorbilder und guten Beispiele an, setzt euch Grenzen, klare Regeln und gleichbleibend angewandte Disziplin.

Wir alle brauchen eindeutige Unterweisungen, Ordnung, systematisches Vorgehen, Rechenschaft, aber auch Spaß und gute Laune.«

Ein Familienvater sprach über das emotionale Klima in der Familie und hält fest; das vielsagende Charakterbild einer am Evangelium ausgerichteten Wahrheit orientierten Familie sich wie folgt stabilisiert. Er ruft alle Freunde und die der Kinder auf.

»Ich möchte euch einladen, über die bewährten Verfahrensweisen nachzudenken, die vorbildliche Familien über die Jahre hinweg angewandt haben, um Liebe, Einigkeit und Zusammenhalt untereinander zu erreichen und die Prinzipien der Bergpredigt zu verstehen. In glücklichen Familien lieben und achten die einzelnen Mitglieder einander.«

Die Familienangehörigen wissen, dass sie geliebt und geschätzt werden; ein jeder wird angenommen.

Deshalb sind sie stark und selbstsicher. Ein wichtiges Merkmal starker Familien ist die Pflege wirksamer Kommunikation. Man bespricht die Probleme miteinander, macht zusammen Pläne und verfolgt in enger Zusammenarbeit die gemeinsamen Ziele.

In starken Familien sind Vater und Mutter ihren Kindern eng verbunden. Sie sprechen miteinander. Das kann zwanglos erfolgen, um sich jedem zu widmen. Dadurch kann man Lösungen finden und nicht in Kritik und Streit seine Zuflucht suchen. Sie stehen füreinander ein. Der bei weitem wichtigste Faktor zur Schaffung und Aufrechterhaltung dieser Gefühlsatmosphäre ist der Grad der Tiefe von Harmonie und Einigkeit zwischen den Eltern und den Kindern.

Ein Heim strahlt das aus, was wir sind, und diese Ausstrahlung entspringt aus dem, was wir zu Hause sagen und wie wir zu Hause handeln. Jeder kann durch seinen Charakter zu einem idealen Zuhause beitragen, dazu müssen Sie Ihre Leidenschaften und Launen unter Kontrolle haben und auf Ihre Äußerungen genau achten, denn gerade diese Dinge machen Ihr Heim zu dem, was es ist und was es ausstrahlt.

Erfreulich, dass immer mehr Jugendliche sich der Tugenden erinnern, die ihr Leben wertvoller und angenehmer werden lassen.

Anbetracht der Unruhe in der Welt, der Leichtigkeit zur Gewalt, der eigennützigen Vorteilsnahme, des Mangels an Zuverlässigkeit sind diese oben angeführten Empfehlungen wie ein fester Anker für jede Generation.

Erkenne dich selbst!
Werde dir und dem Mitmenschen gerecht!

Steht Armut der erfüllten Liebe entgegen?

Wie oft ist schon Schillers Leben mit dem von Goethe verglichen worden, um immer wieder festzustellen, dass Goethes Leben in jeder Beziehung um so vieles glücklicher als das seine verlief. Darüber schreibt Hugo Hertwig mit so liebenswerter Emotion, dass es ansteckend sein kann, darüber mehr zu erfahren. Gerade wenn wir das Leben dieser beiden großen Menschen vergleichen, wird uns erschütternd deutlich, dass es im Leben ein Schicksal gibt, gegen das wir machtlos zu sein scheinen.

Goethe stammte aus einer reichen, angesehenen Familie, wuchs in einer kultivierten Umgebung auf, verkehrte früh bei reichen Leuten. Kein rebellisches Drama wie die »Räuber«, sondern eine von Gefühlen überfließende Liebesgeschichte.

»Die Leiden des jungen Werther« machten ihn schon als jungen Menschen berühmt und führte ihm die Herzen junger Mädchen und Männer zu.

Schon kurz darauf fand er seinen Mäzen, der nicht nur ein wirklicher Regent, sondern auch ein Geistesaristokrat war. Früh lernte Goethe die Wirklichkeit des Lebens kennen und begriff, dass man Kompromisse machen muss, wenn man praktisch weiterkommen will. Das erinnert mich an Napoleon, wo die Frage stets akut war, liebte und verstand Napoleon die Frauen? In einer Selbstkritik hat er auf St. Helena deutlich festgestellt:

> Ich bin allein mein größter Feind gewesen, der Urheber meines Schicksals.

Er, Goethe, dachte schon bald nicht mehr daran, mit dem Kopf durch die Wand zu gehen. Überlegt schrieb er sein Leben in zwei Existenzen: in die äußere und innere. Nach draußen wurde er der Weltmann und hohe Beamte, nach drinnen der Dichter, Philosoph und Naturforscher.

Mit jener äußeren Existenz schützte er die innere und baute so langsam ein Leben auf, das uns noch heute in seinen Bann zieht, weil ein europäischer Mensch es fertigbrachte, ähnlich wie es das alte China lehrt, das Gleichgewicht zwischen der äußeren Existenz durchzuführen. Wie viel unglücklicher war demgegenüber Schiller. Er stammte aus einer armen Familie, sein Vater war Militärwundarzt und später Offizier. Ein Pfarrer gab ihm den ersten Unterricht, dann eine Lateinschule in Ludwigsburg. Aber schon mit 14 Jahren kam er in die Hohe Karlsschule, eine Militärakademie, die sein Herzog Karl Eugen zu einer Art Universität erhoben hatte.

Gern hätte er Theologie oder wenigstens Rechtswissenschaft studiert, aber es war der Wunsch des Vaters und des Herzogs, dass er Soldat werden sollte, da Nachwuchs von Soldaten und Beamten gebraucht wurde. Als die Akademie nach Stuttgart verlegt wurde, begann er dort Medizin zu studieren, um später Regiment-Medicus zu werden.

Im Vergleich zu Goethe stand Schiller unter einem Zwang, unter dem Schiller schon zu Hause und später auf der Akademie litt. Es will für einen jungen Menschen viel bedeuten, wenn er in jungen Jahren in Verhältnissen aufwächst, die ihn äußerlich und innerlich quälen und unfrei machen.

Aus einem Buch, welches der Verfasser 1963 von seinem Vater zum Geburtstag erhielt, schreibt er an seinen Sohn:

Der Hauch der großen Dichter möge Dir Odem sein für innere Taten. Schiller schreibt unter »Würde des Menschen«:

Nichts mehr davon, ich bitt euch. Zu essen gebt ihm, zu wohnen; habt ihr die Blöße entdeckt, gibt sich die Würde von selbst.

Durch solche Verhältnisse werden bei schwächeren Naturen Minderwertigkeitsgefühle erzeugt. Stärkere Charaktere werden sich unwillig auflehnen. Ganz besonders dann, wenn der ausgleichende Einfluss überlegener Frauen fehlt. Die Sturm-und-Drang-Zeit, die damals über Deutschland ging, erreichte auch Schiller.

Er las Rousseau, Shakespeare, Goethe, Plutarch, die seine ersten

Gedichte beeinflussten, und begann mit den »Räubern«. Seine erste Liebesgeschichte, die »Oden an Laura«, sind, da er noch keine Frauen kennt, reine Wunsch- und Phantasiegebilde.

Äußerlich dazu angeregt hat ihn, wie wir von seiner späteren Schwägerin, Karoline von Lengefeld, erfahren, die Hauptmannswitwe Luise Discher, zu der er 1781 ins Quartier kam.

Schiller war damals 22 Jahre alt, und Luise Discher acht Jahre älter. Frau Discher war für die jungen Männer, die bei ihr verkehrten, ein sexueller Anziehungspunkt. Schiller machte es in seinen Gedichten, die ihr galten, wie so viele schwärmende junge Menschen, die noch keine Unterschiede zu machen verstehen, er übertrug alle seine idealen Vorstellungen von der Liebe auf sie. In seinen Gedichten schwärmt er von jener mystischen Liebe, die alle Wesen miteinander und zugleich mit Gott verbindet.

Seine Kameraden, die Frau Discher besser und vor allem realer kannten, werden über Schillers Liebe und Unwissenheit gelacht haben. Das wird in den jungen Jahren oft so sein, und es macht gar nichts, wenn sich in diesem Alter ein junger Mann, der die Begeisterungsfähigkeit und die Qualitäten Schillers in sich trägt, in dem Wesen einer älteren Frau gründlich versteht, ihr die wunderbarsten Eigenschaften andichtet und damit doch nur, bei allem vorläufigen Unverstand, die große Liebesfähigkeit seines Herzens beweist, die in ihrer Sehnsucht nach Gott und seinen Sternen greift. Auszug aus: Das Glück!

Selig, welche die Götter, die gnädigen, vor der Geburt schon liebten, welchen als Kind Venus im Arme gewiegt, welchem Phöbus die Augen, die Lippen Hermes erlöset. Und das Siegel der Macht Zeus auf die Stirne gedrückt.

Ein erhabenes Lose, ein göttliches, ist ihm gefallen. Schon vor des Kampfes Beginn sind ihm die Schläfen bekränzt, eh er die Mühe bestand, hat er die Charis erlangt.

Während der Weiterbildung des Verfassers vermag er festzuhalten: Ich bin selbst auf der Schule manchen Kameraden begegnet, deren reales, kompaktes Sinnenleben von keinem höheren Gefühl beeinflusst war, die sich deshalb selbst in älteren Partnerinnen nicht irrten und in ihrem Liebesleben keine Enttäuschung erlitten. Aber als ich später die Frauen kennenlernte, die sie geheiratet hatten, und ihr Eheleben beobachtete, wurde mir deutlich bewiesen, dass sich auf der Befriedigung der primitiven Bedürfnisse allein keine entwicklungsfähige Ehe aufbauen lässt.

Frau Discher, eine kleine liebenswürdige Frau, die sich Schiller auch noch in den nächsten Jahren freundschaftlich verbunden fühlte, wusste gut, dass sie gar nicht zu diesem genialen Menschen passte; sie fand einen jungen Mann, in den sie sich ihrerseits leidenschaftlich verliebte.

Die erste Frau, die einen großen und guten Einfluss auf Schiller besaß, war die Mutter seines Freundes und Mitschülers Wilhelm, Frau Henriette von Wolzogen, die in der Nähe von Meiningen das Gut Bauerbach besaß. Mit ihr und Frau Discher war er 1782 nach Mannheim gereist, um den Aufführungen seiner »Räuber« beizuwohnen.

Die Aufführung der »Räuber« und Schillers Reise missfielen dem Herzog. Es kam zu einem Bruch und der bekannten Flucht Schillers.

Man beachte, schon früher hatte Frau von Wolzogen ihm angeboten, eine Zeit lang bei ihr zu leben, bis er nicht mehr vom Herzog verfolgt würde.

Schiller blieb einige Tage in Bauerbach, bevor er nach Mannheim ging, um seinen »Fiesco« vorzulegen, und kam wieder zurück.

Man könnte diese umfassende Lebens- und Liebesgeschichte noch mit großer Begeisterung weiterverfolgen und Parallelen zur Gegenwart ziehen, wenn junge Menschen sich für das andere Geschlecht erwärmen und stets zwischen der Frage der Moral und den biologischen Bedürfnisse stehen.

Der Verfasser darf aus eigener Erinnerung beteuern, dass die wirkliche Herzensliebe eng mit der Frau in Verbindung steht, die er später geheiratet hat.

Erkenne dich selbst!

Die Entschlossenheit ist im Einzelfall ein Akt des Mutes und, wenn sie zum Charakterzug wird, eine Gewohnheit der Seele. (Clausewitz, Vom Kriege 1, 3)

Bringen wir das Beste in uns hervor! Werde dir und dem Mitmenschen gerecht!

Die beste Zeit, einen Baum zu pflanzen ist jetzt, meinte ein großartiger Charakter in seinen Gedanken und Vorschlägen für uns alle. Im alten Rom war Janos der Gott der Anfänge. Er wurde oft mit zwei Gesichtern dargestellt – das eine blickte zurück in die Vergangenheit, das andere voraus in die Zukunft. In manchen Sprachen ist der Monat Januar nach ihm benannt, weil der Jahresanfang eine Zeit ist, in der man sowohl zurückblickt als auch Pläne für die Zukunft schmiedet.

Auch Jahrtausende später lebt noch in vielen Kulturen auf dieser Welt der Brauch fort, mit guten Vorsätzen in das neue Jahr zu starten. Einen Vorsatz fassen ist natürlich einfach, ihn umzusetzen aber eine ganz andere Sache. So ein Mann, der eine lange Liste mit Neujahrsvorsätzen aufgestellt hatte, einmal recht gute Dinge, was seinen Fortschritt betraf.

»Bis jetzt habe ich mich daran gehalten, weniger zu essen«, dachte er bei sich.

»Ich bin nicht aus der Haut gefahren, habe mein Konto nicht überzogen und mich kein einziges Mal über den Hund des Nachbarn beschwert. Allerdings ist heute erst der nahende Januar, der Wecker hat gerade geklingelt, und ich bin dabei, aufzustehen. Da muss schon ein Wunder geschehen, damit diese Erfolgsserie anhält.«

Von vorn beginnen.

Ein Neubeginn trägt etwas unglaublich Hoffnungsvolles in sich. Vermutlich haben wir alle uns schon das eine oder andere Mal gewünscht, rein und ohne Altlasten von vorn anzufangen. Ich freue mich immer, wenn ich einen neuen Rechner mit einer sauberen Festplatte bekomme. Eine Weile funktioniert das einwandfrei. Doch wenn erst ein paar Tage und Wochen verstrichen sind und immer mehr Programme installiert werden – manche mehr, manche weniger absichtlich –, gerät der Rechner allmählich ins Stocken, und was vormals schnell und gründlich erledigt wurde, zieht sich nun zäh dahin.

Manchmal geht er auch gar nicht mehr. Selbst ihn hochzufahren kann eine Qual werden, weil die Festplatte mit allerlei wirrem Zeug und Datenschrott verstopft ist. Manchmal bleibt als einziges Mittel, den Rechner zu formatieren und neu anzufangen. Genauso kann ein menschliches Wesen verstopfen – mit Angst, Zweifeln und drückender Schuld.

Die Fehler, die wir begangen haben, sei es absichtlich, sei es unabsichtlich, können uns belasten, bis es uns schwerfällt, das zu tun, was gut für uns ist. Falls eine Sünde vorliegt, gibt es ein wunderbares Verfahren, wie wir unsere innere Festplatte formatieren können. Die Umkehr macht es möglich, uns von Schrott zu befreien, der unser Herz bedrückt. Das Evangelium weist uns über das wunderbare, von so viel Barmherzigkeit zeugende Sühnopfer Christi den Weg, wie wir den Makel der Sünde von unserer Seele wischen und wieder neu werden, rein und unschuldig wie ein Kind.

Manchmal aber werden wir von weltlichen Ablenkungen gelähmt und behindert. Sie rufen unwürdige Gedanken und Taten hervor, die es uns erschweren, einen neuen Anfang zu machen. Er betont:

> Bringen wir das Beste in uns hervor.

Sich wertvolle Ziele zu setzen ist etwas Lobenswertes. Wir wissen, dass selbst der Vater im Himmel Ziele hat, denn er hat ja gesagt, dass sein Werk und seine Herrlichkeit darin bestehe, die Unsterblichkeit und das ewige Leben des Menschen zustande zu bringen.

Gute Ziele, die wir uns setzen, können das Beste in uns hervorbringen. Was jedoch all unsere Bemühungen, Vorsätze zu fassen und umzusetzen, scheitern lassen kann, ist das ewige Aufschieben. Bisweilen verzögern wir einen Neubeginn, weil wir zu lange auf den richtigen

Augenblick warten; den ersten Tag eines neuen Jahres, den Sommeranfang, den Tag, an dem die Kinder in die Schule kommen oder an dem wir in Rente gehen.

Man braucht aber keine Einladung oder einen besonderen Anlass, um sich in Richtung eines rechtschaffenen Zieles zu bewegen. Man braucht nicht auf eine Erlaubnis zu warten, um der Mensch zu werden, der man werden sollte. Man braucht nicht auf eine Einladung zu warten, um dem Mitmenschen zu dienen.

Mitunter vergeuden wir Jahre unseres Lebens damit, dass wir darauf warten, erwählt zu werden. Das aber ist eine falsche Vorstellung. Wir sind durch unsere Geburt erwählt worden!

Wir alle haben wohl in unserem Leben manche schlaflose Nacht damit verbracht, uns über irgendwelche Fragen, Ängste und Nöte oder private Sorgen den Kopf zu zerbrechen.

Doch so finster die Nacht auch sein mag, gibt vielen der Gedanke immer wieder neuen Mut, dass am nächsten Morgen die Sonne aufgeht.

Mit jedem neuen Tag erwacht die Erde von Neuem – und nicht nur sie, auch wir. Mit jedem neuen Tag kommt ein Neubeginn einher – die Chance, noch einmal anzufangen. Berechtigt ist die Frage:

> Was aber, wenn wir scheitern?

Manchmal ist es Angst, was uns zurückhält. Wir befürchten womöglich, dass wir keinen Erfolg haben – oder dass wir Erfolg haben, dass wir in Verlegenheit geraten, dass der Erfolg uns ändert oder dass er die Menschen ändert, die wir gern haben. Und so warten wir ab. Oder geben auf.

Es gibt noch etwas, was wir bedenken müssen, wenn es darum geht, Ziele zu erreichen. Wir werden gelegentlich scheitern – zumindest kurzfristig. Doch anstatt uns entmutigen zu lassen, können wir daraus Kraft schöpfen, denn diese Erkenntnis nimmt uns den Druck, auf Anhieb vollkommen sein zu müssen. Wir nehmen von Anfang an in Kauf, dass uns über kurz oder lang etwas nicht gelingen mag.

Wenn man dies von vornherein weiß, verlieren Fehlschläge einen Großteil ihres Schreckens, und sie entmutigen uns nicht. Wenn man so an ein Ziel herangeht, bedeutet ein Fehlschlag nicht mehr das Ende, sondern einen Neuanfang. Wer in der Schule einmal hängen geblieben ist, weiß, dass es einen Neuanfang gibt. Vergessen wir nicht: Selbst wenn wir das ersehnte Ziel nicht umgehend erreichen, haben wir doch auf dem Weg dorthin Fortschritte gemacht. Und darauf kommt es an – das macht sehr viel aus!

Selbst wenn wir die Ziellinie nicht wie gewünscht erreichen, werden der Neubeginn und die Fortsetzung unseres Weges uns zu stärkeren Menschen machen, als wir waren.

Die beste Zeit, damit anzufangen, ist genau jetzt.

Einem alten Sprichwort zufolge ist die beste Zeit, einen Baum zu pflanzen, vor 20 Jahren gewesen.

Und die zweitbeste Zeit ist jetzt. Es steckt etwas Wunderbares in dem Wörtchen jetzt. Wenn wir uns vornehmen, uns jetzt zu entscheiden, können wir augenblicklich damit beginnen und weiter vorankommen.

Diese Tatsache hat etwas Beflügeltes an sich. Jetzt ist der beste Zeitpunkt damit anzufangen, der Mensch zu werden, der wir eines Tages sein werden, der wir eines Tages sein wollen – nicht nur 20 Jahre später, sondern in alle Ewigkeit.

Auf der nächsten Seite zeigt Ihnen der Buchautor ein Foto – er ist markiert –, auf dem er mit Gleichgesinnten zu sehen ist.

Die Schöpfung! Die Natur zum Beruf machen

Der Helge hatte sich 1958 entschieden, einen Beruf zu ergreifen, der schon vor alters dazu beitrug, zur Erzeugung von Lebensmitteln unter Berücksichtigung der Bodenverhältnisse und für den Schutz der Natur einzutreten, den Landwirt. Auch oftmals Bauer genannt. Er wusste aus seiner Kindheit, dass eine sehr vielseitige Produktion, bestehend aus Pflanzen und Nutztieren, zur sicheren Ernährung der Bevölkerung beitrug.

Aus der Geschichte können wir entnehmen, dass seit der Entwicklung des Pflugs und der Benutzung von Pferd und Rind als Zugtiere die Landwirtschaft in der Lage war, mehr als zur Selbstversorgung beizutragen. Nachweisbar ist die bäuerliche Pflugkultur seit der jüngeren Steinzeit; sie ist also etwa fünf Jahrtausende alt.

In ihrer Betriebsweise ist sie dem steigenden Bedarf an Nahrungsmitteln durch fortgesetzte weitere Intensivierung gefolgt. So entwickelte sich aus der Einfelderwirtschaft die Zweifelderwirtschaft, aus dieser wieder die Dreifelderwirtschaft und die verbesserte Dreifelderwirtschaft. Letztere ist neben der Fruchtwechselwirtschaft die heute noch verbreitete Bewirtschaftungsmethode. Kompliziert?

Durchaus nicht, wenn man sich bewusst sein will, dass dieser Beruf den Naturgegebenheiten angepasst ist, Sofortentscheidungen empfiehlt, um am Wachstumsprozess im weiteren Sinne teilhaben zu können.

Er ist also, wie vergleichbare Berufe, am Wachstumsprozess der Natur beteiligt und das in voller Verantwortung für die Folgen seines Tuns oder Unterlassens. Für diesen Beruf hat sich Helge entschieden, obwohl er nicht von einem Hof abstammt.

Die Frage stellte sich natürlich, wo findet er einmal die besten Bodenverhältnisse und auch einen Landwirtschaftsbetrieb, der sich der Ausbildung des Nachwuchses widmet. Bezüglich der Ausbildungsbedingungen war es üblich, das galt auch für Bauernsöhne, dass man die drei Lehrjahre auf zwei Betriebe ausbaut; das heißt im Betrieb A zwei Jahre und im Betrieb B das letzte Jahr.

Jetzt taucht die Frage auf, wo findet sich eine Lehrstelle? Helge strebte die Region Calenberger Land im Raum der Hildesheimer Börde an.

Das Calenberger Land hat eine geschichtliche Bedeutung dahingehend, dass die Welfen aus Hannover, in Schulenburg/Nordstemmen die Marienburg bewohnen. Ein Spross der Dynastie ist der 1954 geborene Ernst August. Es sollte sich zeigen, dass er seinem Adelsstand kein gutes Beispiel war und ist.

Seine Lebensführung – Alkoholabhängigkeit – und sein Charakter haben gar die Presse in Mitleidenschaft gezogen.

Man kann in der Ahnengalerie nachlesen: Ernst August von Hannover, Herzog von Braunschweig und Lüneburg, königlicher Prinz von Großbritannien und Irland. In den Medien heißt es: Gleich mit dem ersten Maß gibt's einen Society-Paukenschlag. Ernst August Prinz von Hannover (60) bringt seine Freundin Simona (26) ins Rampenlicht.

Die Marienburg, sie wird heute von seinen Söhnen verwaltet, liegt am Südwesthang des Marienbergs, rund 20 Kilometer südlich von Hannover und 15 Kilometer (nordwestlich von Hildesheim.

Die authentisch erhaltene Sommerresidenz der Welfen, das älteste Fürstenhaus Europas, zählt zu den bedeutendsten neugotischen Baudenkmälern Deutschlands.

Nur etwa 13 Kilometer von diesem Schloss entfernt liegt das Dorf Gestorf, postalisch Springe/Gestorf.

Hier bei der Familie des Bauern begann Helge im April 1958 die Lehre als Landwirt. Der Sohn, Wilfried, er war in einem anderen Betrieb noch im letzten Lehrjahr, hatte die Möglichkeit, Helge zu begrüßen und mit den örtlichen Gegebenheiten vertraut zu machen. Mit dem Motorrad fuhren sie durch die Feldmark, durchquerten das Dorf mit ca. 24 Landwirten und trafen dann auf dem Hof wieder ein.

Das romantische Schloss bezaubert durch abwechslungsreiche Fassaden, variantenreiche Turm- und Dachformen, sowie eine aufwendige Innenaustattung mit 140 Räumen und Sälen. Erbaut wurde das Schloss von 1858 bis 1867 von König Georg V. dem letzten Monarchen des Königshauses Hannover für seine Frau Königin Marie. Heute lädt das authentische Schloss mit unterschiedlichen Führungen zu einer Reise in die Vergangenheit ein und ist ein kultureller Mittelpunkt in der Region Hannover. In dem Nachbarort Schulenburg betreibt das Fürstenhaus ein großes Gut mit mehreren 100 Hektar Ackerland.

Nun seine Frage an Helge: »Du siehst doch den Misthaufen. Was sagst du dazu?«

Diese Frage hatte einen tieferen Sinn. Helge wusste aus seiner Jugendzeit, dass das äußere Bild eines Betriebes ein Markenzeichen abgibt. Dieser Misthaufen war so angelegt, dass sich nicht alles durcheinander krumm und schief darstellte, sondern saubere Ecken und eine durchdachte Aufschichtung zu erkennen waren. So sollte es sein, was Helge auch dem Wilfried erzählte. Er nickte und freute sich darüber.

Dieses Beispiel passt zu dem Titel »Erkenne dich selbst«.

Der Hof, wie Helge später feststellen konnte, ließ erkennen, dass hier mit Sorgfalt und Pflege vorgegangen wurde; ein Aushängeschild. Der Viehbestand, Kühe, Rinder, Schweine, Pferde und Hühner, der Maschinenpark aktuell dem Jahr 1958 angepasst, war sauber und ordentlich gepflegt über den Winter gekommen. Die Technik entsprach den politischen Umständen und seit 1945, weil die Technik noch nicht verbessert war, dem aktuellen Stand.

Was kam also auf Helge zu?

Am Vormittag beginnt zuerst die Pflege und Fütterung der Tiere, danach das eigene Frühstück, anschließend die Vorbereitung zur Feldarbeit, am späten Nachmittag die Tiere und danach das Abendbrot. Ein rund 12- bis 14-Stunden-Tag.

Helge bezog im Obergeschoss ein Zimmer mit Waschbecken, Heizung und einfacher Ausstattung.

Der Blick auf den Vorderhof ermöglichte es ihm, stets einen Überblick über eventuelle Betriebsbesuche zu erfassen.

Die Vollverpflegung gehörte, inklusive Familienanschluss, dazu. Der Lohn im ersten Lehrjahr betrug 50 DM netto.

Helge durfte sich in der Familie, die aus dem Lehrchef mit Frau, Tochter Ursel und dem Sohn Wilfried bestand, gut aufgehoben fühlen.

In den späteren Wochen wurde Helge in die Bodenverhältnisse der einzelnen Flurstücke eingewiesen, damit er erkennen und berücksichtigen konnte, wie er bei der Vorarbeit, der Saat und der weiteren Pflege der Frucht vorzugehen hat.

Die Frage der Erosion des Bodens war sehr wichtig, dazu sind vorsorglich intensive Maßnahmen angezeigt, damit der kostbare Mutterboden (Hildesheimer Börde) über Jahre den Ertrag erbrachte, den die Wirtschaftlichkeit des Betriebes garantierte.

Die Witterung war ein sehr wichtiges Element der Natur, um kurzfristig oder langfristig Entscheidungen treffen zu können. Wenn Helge am Sonntag im Auftrag des Chefs durch die Feldmark radelte, um den Pflanzenwuchs der anderen zu erfassen, war sehr schnell erkennbar:

Wie der Herr, so's Gescherr!

Das zeigte sich schon beim Maschinenstand, der Tierpflege und der Qualität der Futtermittel, was dann in der Flur für eine Arbeit geleistet wurde.

Es war Ende Februar 1959, als der Chef nach dem Motto »Bringen wir das Beste in uns hervor!« sich bei der milden Witterung entschloss, die Zuckerrübensaat durchzuführen. Es war, davon war er überzeugt, die beste Zeit, damit anzufangen; genau jetzt.

Dieser Mut und die optimistische Perspektive sollten sich auszeichnen. Die anderen Landwirte wagten sich drei Wochen später an die Aussaat. Diesen Vegetationsvorsprung behielt der Hof bis zur Rübenernte bei.

Helge hatte somit schon sehr früh gelernt, dass man sich, ohne Eigenlob, selbst Vorbild sein kann.

Der Februar 1959 war äußerst warm. Der Chef entschied sich, die Rübensaat auszubringen; ein gewisses Risiko, wenn der Frost noch einmal einsetzen würde. Dieser Mut hat sich gelohnt, das Wachstum was stets den Kollegen gegenüber um ca. drei Wochen voraus.

Abschätzbarer Mut hat sich gelohnt!

Die Getreideernte, Weizen, Hafer, Gerste, Roggen und so weiter, unterstand dem Einfluss der Witterung. Rechtzeitig mit dem Binder gemäht (den Mähdrescher gab es noch nicht) wurde das Getreide in Bündeln aufgestellt und konnte nach ca. drei Wochen getrocknet geerntet werden.

Es kam auf den Getreideboden und wurde im Winter gedroschen. Wer kann sich das nach 50 Jahren noch so vorstellen?

Aber es war damals Landwirtschaft pur, mit Romantik und Sachverstand gepaart. Das im Haus begangene Erntedankfest war gleichzeitig ein Dank an den Schöpfer, der den Fleiß und die Sorgfalt belohnt hatte.

Helge musste regelmäßig in die Berufsschule nach Schulenburg. Dafür standen Räume der Grundschule zur Verfügung. Auf der Strecke von gut sechs Kilometern kam der Helge an den Ackerflächen des Gutes Schulenburg vorbei.

Hier herrschte natürlich ein reges Treiben und der Vorarbeiter hatte alle Vorgedanken und Planungen so anzulegen, dass alle Mitarbeiter des Betriebes gemäß den äußeren und inneren Bedingungen nutzbringend eingesetzt wurden. Man erzählte, dass auf dem Gut ein Hausbereich für den Fürsten und seine Familie zur Verfügung standen, wenn die Marienburg im Winter zu kalt war. Hier wohnte auch später Ernst August.

Der gepflegte Hof in Gestorf, der Chef war auch Bürgermeister des Ortes, stand bei den Kollegen stets in einem gewissen Fokus. Der Hof des Barons von Ilten oder von Jeinsen war nicht immer optimal und mit größerer Überzeugung geführt wie unser Hof, wie Helge es aus Überzeugung bestätigen konnte.

Diese zwei Jahre haben Helge nicht nur fachlich geprägt, sondern auch menschlich, denn diese Zeit war er ein Teil der Familie und noch Jahre danach war der Kontakt gepflegt worden. Danke!

Der Sohn Wilfried führte später den Betrieb im Geiste der Ordnung und Gewissenhaftigkeit weiter. Als sein Sohn Björn den Hof übernahm, waren die politischen und wirtschaftlichen Bedingungen so angezeigt, dass er auf den Viehbetrieb verzichtete und sich auf den Getreide- und Nutzpflanzenanbau unterschiedlichster Arten spezialisierte.

Ob die nachfolgende Generation noch eine Zukunft bei einem Familienbetrieb zu erkennen vermag, muss die Zukunft weisen.

Nach zwei Jahren einer wunderbaren Epoche des Lebenssinns wechselte Helge ins dritte Lehrjahr nach Bad Münder Hachmühlen in einen größeren Betrieb.

Die Grundbedingungen der Unterkunft und Verpflegung waren identisch. Der Lohn im dritten Lehrjahr war auf 90 DM pro Monat gestiegen.

Die Familie gehörte wie in Gestorf zu den Landwirten, die den Berufsstand in Ehren hielten und sich gegenüber allen wirtschaftlichen und politischen Herausforderungen mit Optimismus stellten. Als Beobachter vermochte man zu sagen:

Erkenne dich selbst! Nimm die Herausforderungen und die Verantwortung gegenüber der Bevölkerung an!

Später hat dann der Sohn Albert die Führung des Betriebes übernommen und den Betrieb durch Ausweitung der Ländereien in den neuen Bundesländern erheblich erweitert.

Man musste sich bewusst sein, dass die Kornkammer des Ostens für uns ausgefallen war, wo mehr als 45 % der Getreideerträge nach dem Westen verkauft wurden.

Diese Mengenlücke konnte trotz aller Sorgfalt und trotz allen Idealismus nicht ausgeglichen werden.

In diesem Jahr hieß es, sich vorwiegend im Winter auf die bestehende Prüfung vorzubereiten. Das tägliche Tagebuch, es wurde genau festgehalten, auf welchem Schlag welche Vorarbeit, Düngung und Ernte erbracht worden war, gehörte zu den für die Prüfung vorzulegenden Unterlagen.

Die Berufsschule war in Bad Münder und der Weg dorthin wurde mit dem Fahrrad zurückgelegt. Die Prüfung bestand dann aus einer theoretischen und einer praktischen Prüfung, wobei das Milchvieh einer besonderen Aufmerksamkeit unterzogen wurde. Helge betonte immer wieder, dass diese Lehrzeit in einem Ursprungsberuf sein ganzes weiteres Berufsleben außerhalb der Landwirtschaft geprägt und begleitet hat.

    Die beste Zeit, einen Baum zu pflanzen!

Erkenntnis von Licht und Wahrheit erlangen

Ein Flugkapitän erzählt: »Ich bin unzählige Stunden im Dunkel der Nacht über Länder und Meere geflogen. Wenn ich aus dem Fenster meines Cockpits den nächtlichen Himmel betrachtete, vor allem die Milchstraße, erfüllten mich die unermessliche Tiefe und Weite des Alls. Vor kaum einhundert Jahren dachten die meisten Astronomen noch, dass unsere Milchstraße die einzige Galaxie im Universum sei.
(Siehe Marcia Bartusiak, The Day We Found the Universe, 2009, Seite XII)

Es überrascht mich immer wieder, wie man sich seiner Schlussfolgerungen so sicher sein kann. Manchmal sind wir dermaßen von uns überzeugt, dass wir glauben, schon alles zu wissen, was es zu wissen gibt.

Dazu ein Beispiel. Simon Newcomb, ein führender Astronom gegen Ende des 19. Jahrhunderts, merkte 1887 bei der Einweihung einer Sternwarte an, dass wir – jedenfalls soweit es die Astronomie betrifft – wohl bald die Grenzen unserer Erkenntnis erreicht haben würden ...Infolgedessen ist die Arbeit, der man als Astronom wirklich die größte Aufmerksamkeit widmet, weniger die Entdeckung von Neuland als die gründliche Erforschung des bereits Bekannten.

(Bartusiak, Seite XX)

Sie dachten, dass sich hinter unserer Galaxie nichts weiter als ein gewaltiges Nichts verberge, eine grenzenlose Leere – trist, kalt und ohne Sterne, Licht und Leben. Doch als es dann ausreichend entwickelte Teleskope gab – sogar solche, die man ins Weltall schießen konnte –, ging den Astronomen eine atemberaubende, beinahe unfassbare Wahrheit auf:

Das Universum ist ungleich größer, als man je zuvor gedacht hätte, das Himmelszelt ist mit zahllosen und unglaublich weit entfernten

Galaxien angefüllt, *und jede von ihnen umfasst hunderte Milliarden Sterne.* In ganz kurzer Zeit hat sich unser Wissen über das Universum für immer geändert. Heute können wir einige dieser entfernten Galaxien sehen. Wir wissen, dass es sie gibt. Sie sind schon sehr lange dort gewesen. Aber ehe die Menschheit über Instrumente verfügte, die stark genug waren, das Himmelslicht einzufangen und diese Galaxien sichtbar zu machen, haben wir dergleichen nicht für möglich gehalten.

Das gewaltige Ausmaß des Universums hat sich nicht plötzlich geändert, aber unsere Fähigkeit, diese Wahrheit zu erkennen und zu begreifen, hat sich drastisch geändert. Mit diesem größeren Licht eröffneten sich der Menschheit auch herrliche Ausblicke, die wir uns nie zuvor hätten träumen lassen.

Wir sollten uns bewusst sein: Es fällt uns schwer, etwas zu glauben, was wir nicht sehen können!

Nehmen wir einmal an, wir könnten durch die Zeit reisen und uns mit Menschen unterhalten, die vor tausend oder auch nur hundert Jahren gelebt haben.

Stellen wir uns vor, wir wollten ihnen die eine oder andere moderne Technik erläutern, die wir heute für selbstverständlich halten. Was glauben wir wohl, was diese Leute von uns halten würden, wenn wir ihnen von Jumbojets, Mikrowellenherden und tragbaren Geräten mit gewaltigen, digital gespeicherten Archiven erzählen würden, von Videos unserer Enkelkinder, die wir sofort Millionen Menschen auf der Welt zeigen könnten?

Einige würden uns vielleicht glauben. Die meisten aber würden sich lustig machen, uns widersprechen oder uns gar schaden oder zum Schweigen bringen wollen. Manche würden mit Hilfe ihres logischen Verstandes und der ihnen bekannten Fakten beweisen wollen, dass wir uns irren und Unsinn reden oder gar gefährlich sind. Sie würden uns dafür verurteilen, dass wir andere in die Irre führen wollen. Aber selbstverständlich lägen all diese Menschen völlig falsch. Sie hätten sicherlich gute Absichten und wären aufrecht. Sie wären sich ihrer

Meinung wohl auch völlig sicher. Aber sie wären einfach außerstande, klar zu sehen, denn ihnen wäre das umfassende Licht der Wahrheit noch nicht aufgegangen.

Es scheint ein menschlicher Grundsatz zu sein, dass man meint, im Recht zu sein, selbst wenn man sich irrt. Wenn dem so ist – welche Hoffnung kann ein Mensch dann haben? Ist es unser Schicksal, mit dem Floß aus notdürftig zusammengezimmerten Vorurteilen ziellos auf einer Flut widersprüchlicher Informationen umherzutreiben? Ist es überhaupt möglich, die Wahrheit zu finden?

Kann man nicht folgende Botschaft verkünden, dass Gott selbst, der Herr der Heerscharen, der alle Wahrheit kennt, seinen Kindern verheißen hat, dass sie die Wahrheit für sich selbst herausfinden können.

Bedenken wir, wie weitreichend diese Verheißung ist. Streben wir danach zu erkennen, dass der immerwährende und allmächtige Gott, der Schöpfer des unermesslichen Weltalls, zu denen spricht, die sich ihm mit aufrichtigem Herzen mit dem wirklichen Vorsatz nähern.

Er spricht zu uns durch Träume, Visionen, Gedanken und Gefühle.

Er spricht zu uns auf eine Weise, die unmissverständlich ist und doch über den normalen Erfahrungshorizont hinausgeht.

Er gibt uns, wenn wir danach streben, göttliche Führung und Antworten für unser Leben.

Freilich gibt es auch Spötter, die dergleichen für unmöglich halten und meinen, wenn es einen Gott gäbe, hätte er Besseres zu tun, als sich das Gebet eines einzelnen Menschen anzuhören und darauf einzugehen.

Es ist in einer antiken heiligen Schrift zu finden, wie jeder Mann, jede Frau und jedes Kind auf die Probe gestellt werden kann, wenn sie dazu bereit sind.

Erstens müssen wir das Wort Gottes erforschen. Das bedeutet, dass man die heiligen Schriften studiert und sich mit dem auseinandersetzt, was Propheten aus alter Zeit Jesus Christus gesagt haben – nicht um daran zu zweifeln oder es zu kritisieren, sondern aus dem aufrechten Wunsch heraus, die Wahrheit zu entdecken.

Zweitens sollten wir bedenken, darüber nachsinnen, ohne Frucht bestrebt sein, wie barmherzig der Herr war, als er seinen Kindern von den Zeiten Adams an bis in die heutige Zeit, gemäß unserer Aufrichtigkeit, Offenbarungen zukommen lässt.

Drittens sollten wir dem himmlischen Vater im Namen seines Sohnes, Jesus Christus, darum bitten, uns kundzutun, wo wir die Wahrheit seiner Lehren finden können. Seien wir uns bewusst, wie vor alters: *Das, was vom Geist kommt, lässt sich nur durch den Geist verstehen.*

Die Wissenschaft hat Mühe, das Ausmaß des Universums zu erfassen, solange ihre Instrumente noch nicht weit genug entwickelt waren, größeres Licht aufzunehmen, das eine umfassende Erkenntnis der Wahrheit möglich macht. Die in diesem Zusammenhang aufgeführten Beispiele sollen uns zeigen, dass ein jeder für sich ableiten kann.

Seien wir uns bewusst: *Wir sind alle Bettler!* Ob reich oder arm – wir müssen tun, was wir können, wenn andere bedrängt sind, wenn wir verunsichert sind, wenn wir erkennen, wo Hilfe und Unterstützung angezeigt sind; ohne dem gibt es weder geistigen noch materiellen Fortschritt. In dem Sinne – bleib dem Guten treu – sollten wir uns über alle Ausflüchte erheben, die uns davon abhalten, recht zu leben und recht zu gestalten. Wenn wir uns in der Welt umschauen, dann sind es nicht nur die großen wegweisenden Entscheidungen, sondern auch der Arbeitsalltag und die scheinbar einfachen Entscheidungen darüber, womit wir die meiste Zeit verbringen.

Ein sehr gutes Beispiel dafür, wie notwendig Mäßigung, Ausgewogenheit und Weisheit sind, ist die Nutzung des Internets. Es kann dafür verwendet werden, das gute Potenzial zu finden und zu gestalten. Wir wissen jedoch ebenso, dass damit viel Schlechtes übermittelt werden kann. Manche werden im Internet auch schikaniert, oder es wird anonym gelästert. Auch Törichtes wird endlos fortgesetzt.

Man kann sich aber auch in endlosen Nichtigkeiten verheddern, mit denen man Zeit vergeudet und das eigene Potenzial schmälert. Das betrifft nicht nur die Jugend; uns alle. Wir leben in einer Welt, die sich buchstäblich im Aufruhr befindet. Wir sind umgeben von endlosen Darstellungen von »Spiel und Spaß« und von unsittlichem und zerrüttetem Lebenswandel. Dies wird in einem Großteil der Medien als normales Verhalten präsentiert.

Arthur C. Brooks, ein bekannter Vordenker, hat genau das betont. Er hat festgestellt, dass wir dazu neigen, in sozialen Medien die angenehmen Facetten unseres Lebens zu verbreiten, nicht aber die anstrengende Zeit in der Schule oder bei der Arbeit.

Wir porträtieren ein unvollständiges Leben und verherrlichen uns dabei manchmal selbst oder täuschen nur etwas vor.

Wir zeigen dieses Leben und konsumieren dann das fast ausschließlich vorgetäuschte Leben (achte auf die Werbung) unserer Freunde in den sozialen Netzwerken.

Brooks erklärt: Natürlich fühlt man sich schlechter, wenn man einen Teil seiner Zeit darauf verwendet, vorzugeben, glücklicher zu sein, als man ist, und den anderen Teil seiner Zeit damit verbringt, zu sehen, wie viel glücklicher andere zu sein scheinen als man selbst. Manchmal kommt es einem so vor, als würden wir alle in albernen Dummheiten, unsinnigem Lärm und ständigem Wettstreit ertrinken. Wenn wir den Geräuschpegel ein wenig herunterdrehen und untersuchen, was an Substanz da ist, bleibt nur wenig übrig, was uns in unserem ewigen Streben hin zu vernünftigen und rechten Zielen hilft.

Ein Vater reagierte weise auf die vielen Bitten seiner Kinder, auch an diesen Zerstreuungen teilhaben zu dürfen. Er fragte sie einfach:

»Macht euch das zu einem besseren Menschen?«

Sinnvolles Lernen und erste Arbeitserfahrungen gehörten immer zu den obersten Prioritäten, die mein Vater, sicherlich auch Ihrer, empfahl. Seiner Ansicht nach konnten die zusätzlichen Angebote an der Schule, wie etwa Debattieren oder die Schülermitverwaltung, direkt auf einige meiner wichtigsten Ziele hinwirken.

Wer kennt folgenden Hinweis noch aus seiner Jugendzeit?

Ich möchte jeden – Jung und Alt – dazu anhalten, seine Ziele zu überdenken und sich anzustrengen, mehr Disziplin an den Tag zu legen. Wie wir uns täglich verhalten und entscheiden, soll mit unseren Zielen übereinstimmen.

Wir müssen uns über Ausflüchte und Ablenkungen erheben. Besonders wichtig ist es, Entscheidungen zu treffen, die mit unseren Grundsätzen vereinbar sind.

Dies ist die Zeit, sich selbst zu erkennen!

Bin ich der, der ich sein wollte?

Rückblickend auf das, was mit dem Thema »Wer möchtest du sein« verbunden ist, möchte der Verfasser von einer Familie berichten, die vielleicht kein typisches Beispiel darstellt, aber Ähnlichkeiten bezüglich ihrer Entwicklung häufiger anzutreffen sind. Es war Anfang der 70er Jahre in einer Großstadt, 30 Kilometer südlich von Hannover, in Hildesheim. Diese Stadt ist umschrieben: Hildesheim – Solange die Rose blüht! Eine vielsagende Präsentation, wie sich noch herausstellen wird. Für denjenigen, der unspektakulär in Niedersachsen ein informationsreiches Wochenende verbringen möchte, ist diese Stadt mit etwas über 100.000 Einwohnern eine Empfehlung.

Rathaus, Dom, Kirchen und Bürgerhäuser der alten Bischofstadt an der Innerste kündigen jahrhundertelang vom Reichtum der Bürger, von ihrer Frömmigkeit und ihrem Stolz.

Vieles davon versank bei einem schweren Bombenangriff für immer. Aber die Hildesheimer lassen sich nicht unterkriegen, heißt es im großen ADAC-Städteführer. So wie ihr tausendjähriger Rosenstock aus Schutt und Asche wieder erblühte, wurde auch die schwer zerstörte Stadt wieder aufgebaut.

Die Hildesheimer Rose von jeher ein Symbol des Werdens und Fortbestehens. Denn der Sage nach geht die Stadt nicht unter, solange die Hildesheimer Rose blüht und gedeiht.

Der tausendjährige Rosenstock, an der Apsis des Domes, 1945 verbrannt, trieb bereits im Mai desselben Jahres wieder Blüten. Sehenswert auch der Kreuzgang mit mächtigen Rundbögen.

Diese Stadt, ca. 30 Kilometer von der Landeshauptstadt Hannover entfernt, sollte über Jahre zu einem Mittelpunkt der Familie werden.

Genau in diese Stadt zog die junge Familie mit zwei heranwachsenden Töchtern. Das Haus, um die Jahrhundertwende erbaut, zeitigte noch Räume von deutlich über 2,50 Meter Höhe, was Vorteile vermittelt und Erinnerungen an Erzählungen aus der Zeit weckt, wo die Herrschaftshäuser ähnlich hohe Räume hatten.

Die stark befahrene Straße, die Bushaltestelle vor dem Hauseingang, wo es beim Halten der Busse immer ein bisschen im Mauerwerk zitterte, störte gar nicht, es gehörte einfach dazu.

Die beiden Töchter, nennen wir sie Astrid und Birgit, waren entsprechend ihrem Geburtsjahr gut zwei Jahre auseinander, in ihrer Wahrnehmung untereinander aber wie Zwillinge. Sie kümmerten sich umeinander, nahmen sich an die Hand, vertrauten einander. Ja, sie waren den Eltern ein Leuchtturm des Glücks und der Zufriedenheit.

Ob die Eltern stets in Verantwortung ihnen gegenüber handelten?

An einem Beispiel möchten wir erkennen, dass auch Eltern nicht vollkommen sind, Fehler machen, die gegenüber den kleinen Kindern schwerwiegende Folgen haben können. In diesem Beispiel ging aber alles gut.

Wer kennt es nicht. Im Bekanntenkreis gibt es immer wieder Gelegenheiten sich zu treffen, zu plaudern, zu feiern und, das sei nicht verschwiegen, auch der Alkohol gehörte dazu.

Warum eigentlich, könnte man sich fragen? Aber so war es nun einmal.

Bei so einem Treffen kam der Gastgeber gegen Mitternacht auf die Idee: »Lasst uns doch alle einmal nach Hamburg fahren, ihr wisst schon, der Fischmarkt und so weiter.« Zustimmung erfuhr er, sodass sie diese Tour auf sich nahmen. Dabei sei nicht verschwiegen, dass eine absolute Nüchternheit des Fahrers, nennen wir ihn Alfred, nicht mehr gegeben war. Da alle Mitfahrer seine Zufriedenheit ähnlich empfanden, stand der Fahrt nichts im Wege.

In Hamburg stand um fünf Uhr in der Früh der Fischmarkt im Mittelpunkt, wie anfangs erwähnt. Zugegeben, so der Eindruck aller Beteiligten, den sollte man schon einmal erlebt haben.

Gegen neun Uhr am Sonntag traf die Feiergesellschaft wieder in Hildesheim ein. Als die Eltern von Astrid und Birgit die Wohnung betraten, erblickten sie die beiden ganz ruhig und gelassen in der Küche sitzend; sie wollten sich gerade das Frühstück bereiten; denn die Eltern waren ja nicht da. Ein Augenblick des Schreckens und der Dankbarkeit, dass durch den Leichtsinn der Eltern alles so endete. »Was haben wir bloß gemacht?«, ging es ihnen durch den Kopf. Wären die Kinder nicht so vernünftig, so ruhig und gelassen geblieben, als sie aufwachten und die Eltern nicht anwesend waren; wie hätten sie reagieren können? Ist diese Wahrnehmung der Eltern mit dem schlechten Gewissen allein zu beurteilen? Eine Warnung für die Zukunft:

Das darf niemals mehr vorkommen!

Eine Erkenntnis, die durch die Gelassenheit der Kinder nicht gemildert wurde. Sie zeigten sogar Verständnis, als die Mutter sie darauf aufmerksam machte, dass die Eltern doch müde seien und sich hinlegen möchten. Gegen Mittag versuchten die Eltern, federführend die Mutter, der Astrid und Birgit das alles zu erklären. Doch welche Worte benutzt man gemäß dem Verständnis von fünf- und dreijährigen Kindern? Man kann es eindeutig so umschreiben:

In dem Bewusstsein *sich selbst zu erkennen* fand sie die richtigen Worte und noch Jahre später, dann aber mit einem gewissen Lächeln auf allen Seiten, wurde daran erinnert.

Beide Elternteile waren beruflich fest eingebunden und die Mutter engagierte sich durch Halbtagsarbeit im Einzelhandel. Da auch sie einen PKW nutzen konnte, war die Beweglichkeit gegeben und auch die zunehmenden Interessen – die Schulzeit setzte neue Zeichen – war der Familienalltag gesichert, zur Freude aller.

Wer, sehr geehrter Leser, hat es nicht selbst erfahren, in wohl jedem Kind wird das Bedürfnis, ein Haustier zu haben, einmal erkannt und der Willen, es auch umzusetzen, so groß, dass weder Mutter noch Vater ernsten Widerspruch leisteten. Es wurde ein Hund angeschafft, eine Promenadenmischung.

Nun wollten Astrid und Birgit so oft wie möglich mit dem Familiennachwuchs besonderer Art ausgehen.

Störend war nur, dass die Disziplin des Hundes, woher sollte sie auch kommen, so gering ausgeprägt war, dass das Bellen und Zerren an der Leine die beiden Geschwister arg nervten und die Neigung, weiterhin täglich den Hund auszuführen, dadurch getrübt wurde, weil den Erwachsenen auf der Straße das Bellen und Zerren missfielen.

Weil es sich so ergab, unternahm die Familie mit Hundeanhang einen kleinen Tagesausflug in ein Dorf in näherer Umgebung. Entgegen dem Rat des Vaters wurde der Hund von der Leine gelassen.

Sehr geehrter Leser, Sie verstehen den Vergleich, wenn der Autor sagt: Wenn sie einmal losgelassen …!

Einige Wochen später gab es dann Nachwuchs in der Wohnung. Die Unterbringung musste dann, trotz gewisser Einschränkungen, gewährleistet sein.

Die beiden ersten Kinder waren schon erwachsen geworden, fanden einen Berufsweg und standen »ihren Mann«, wie man zu sagen pflegt. Sie gingen schon ihren eigenen Weg. Zwei Kinder wurden der Familie noch geboren. Sie zogen dann in eine andere Stadt, um das Wohnhaus zu beziehen, was sie sich erbaut hatten.

Ohne die umfassende Unterstützung der beiden Eltern und anderer Personen wäre das nicht möglich gewesen.

Die Liebe der Eltern zueinander war getragen von Wechselfällen der Gefühle, von Missverständnissen und gewissen Gleichgültigkeiten, sodass die Familie bald zerbrach. Ihre Liebe der Eltern zueinander war in ihrem Herzen noch vorhanden, aber die Fähigkeit damit weitsichtig umzugehen, war verloren gegangen. Viele Jahre später konnte der Vater Folgendes lesen: Die Familie. Eine Proklamation! Da heißt es unter anderem:

Alle Menschen – Mann und Frau – sind als Abbild Gottes erschaffen. Das Geschlecht ist ein wesentliches Merkmal der individuellen irdischen und ewigen Identität und Lebensbestimmung. Das erste

Gebot, das Gott Adam und Eva gab, bezog sich darauf, dass sie als Ehemann und Ehefrau Eltern werden konnten.

Gott hat geboten, dass die heilige Fortpflanzungskraft nur zwischen einem Mann und seiner Frau im Ehestand angewandt werden darf.

Mann und Frau tragen eine ehrenvolle Verantwortung, einander und ihren Kindern gegenüber, sie zu lieben und zu umsorgen. Kinder sind eine Gabe Gottes. Die Eltern haben die heilige Pflicht, ihre Kinder in Liebe und Rechtschaffenheit zu erziehen, für ihre physischen und geistigen Bedürfnisse zu sorgen, sie zu lehren, dass sie einander lieben und einander dienen. Die Familie ist von Gott eingerichtet. Die Ehe zwischen Mann und Frau ist wesentlich für seinen ewigen Plan.

Erfolgreiche Ehen und Familien gründen und sichern ihren Bestand auf den Prinzipien Glaube, Gebet, Umkehr, Vergebungsbereitschaft, gegenseitige Achtung, Liebe, Mitgefühl, Arbeit und sinnvolle Freizeitgestaltung. Der Vater hat die Pflicht, dafür zu sorgen, dass die Familie alles zum Leben und zu ihrem Schutz hat!

Wer das liest, darüber nachdenkt, zu welchem Schluss könnte er kommen? Ist das alles Träumerei, Schwärmerei, sind das Gedanken aus einer alten Zeit, unrealistisch, der Gegenwart nicht mehr zugetan?

Der Verfasser überlässt es dem Leser, darüber nachzusinnen und sich ein Urteil zu bilden.

Der Vater jedenfalls hat diesen Text als eine massive Selbstkritik verstanden. Heute unabänderlich! Es ist geschehen. Bittere Selbsterkenntnis an dem Scheitern der Ehe jenseits jeglicher Schuldzuweisung gegenüber den Familienmitgliedern.

Es gelang ihm, sich selbst und anderen zu vergeben.

Seine finanzielle Verantwortung gegenüber den minderjähren Kindern wurde nie vernachlässigt. Sein Mitgefühl für alle ist nach wie vor lebendig und von der Dankbarkeit geprägt, dass es dereinst auch aufbauende und wertvolle Zuwendung innerhalb der Familie gab. Sie eine Einheit waren.

Erfreulich anzumerken ist, dass die Kinder, auch die später geboren wurden, alle einen Lebensweg eingeschlagen haben, der den Eltern voraus war. Sie haben gelernt und alles daran gesetzt, es besser zu machen.

Sie verstanden es, das Gute in ihrer Erziehung als Maßstab zu nehmen und alle anderen Einflüsse als Lehre in ihr Leben einzubauen. Selbst inzwischen Eltern geworden, ist ihnen bewusst, dass Eltern nicht ohne Fehler sind, sie trotz bester Absichten nicht immer ein gewünschtes Ergebnis erzielen.

Der Leitsatz »Wer möchtest du sein?« hat sie befähigt, besser zu werden; zum Wohl aller Familienangehörigen.

Daraus zog der Vater für die Zukunft folgende Erkenntnis:

Das Vernünftige zu tun – ohne zu zögern zur richtigen Zeit!

Wenn diese Erkenntnis die Herzen der Kinder berührt, dann ist der Schmerz des eigenen Versagens erträglicher. Alles hat seine Zeit!

Richten Sie/wir nach einem Desaster den Blick lieber nach oben.

Gerade dann, wenn wir uns von den Lasten des Lebens erdrückt fühlen.

Wenn es uns nach solchen Niederlagen gelingt, der Lieder zu gedenken, die nicht gesungen werden, wenn wir uns erlauben, Schicksalsschlägen mit Zuversicht zu begegnen, dann bleibt das Leben nicht stehen und vermag neue und gute Früchte zu erbringen.

Die Armut und die Hoffnung sind Mutter und Tochter. Indem man sich mit der Tochter unterhält, vergisst man die andere.

(Jean Paul, Aphorismen)

Das unglückliche und traumhafte Liebesleben des Märchenerzählers Hans Christian Andersen

Der große Menschenfreund und Menschenversteher Hugo Hertwig hatte es sich zur Aufgabe gemacht, das Leben, das Schicksal und die Folgen daraus von berühmten Menschen zu ergründen. Dem Werdegang von Hans Christian Andersen hat er sich wohl mit Leib und Seele zugewandt.

70 Jahre hat das Leben Andersens gedauert, vom April 1805 bis zum August 1875. Auf der grünen Insel Fünen in Odinsee (Odense) kam er zur Welt, und die Sehnsucht der Zugvögel nach dem Süden erwachte früh in seinem Herzen.

Man darf erkennen, dass es allerhand Gegensätze in den zwischenmenschlichen Beziehungen gab, aber die Seele der Liebe immer neue Nahrung zum Gestalten, zum Vergeben und zur Selbsterkenntnis ermöglichte.

Andersens Eltern liebten sich zärtlich. Sein Vater war zwar nur ein Schuster, aber einer, der sich nach geistigen Dingen sehnte und dem Sohn schon früh Märchen aus »Tausendundeiner Nacht« vorlas.

Auch in die Natur hinaus wanderten beide Eltern mit dem Knaben und weckten in ihm den Sinn für die Welt der Pflanzen und Tiere.

Durch seine Großmutter lernte der kleine Andersen als Kind das Hospital mit harmlosen Irren kennen, unter denen besonders eine geistesgestörte Frau tiefen Eindruck auf ihn machte, der sich nicht wieder verlor.

Auch sein geistesschwacher Großvater, der so seltsame Menschengestalten mit Tierköpfen und Flügeln aus Holz schnitzte, beeindruckte den Knaben, dessen Phantasie früh durch die Unwirklichkeiten seiner Umgebung und die Märchen, welche man ihm erzählte, angeregt wurde. Andersen war das einzige Kind seiner Eltern und hielt sich später auf der Schule ganz für sich allein. Gern nähte er Puppenkleider, spielte im Garten und träumte.

Als Einzelgänger wurde er von seinen Kameraden verfolgt, die ihn verhöhnten, weil sie wussten, dass er Theaterstücke las und auch mit einem Puppentheater spielte, das ihm sein Vater gebaut hatte.

Aber er war ein so sanftes, gutes und unschuldiges Kind, dass ihm Erwachsene nie böse sein konnten. Als sein Vater gestorben war und er mit der Mutter allein lebte, geschah es einmal, dass sie beim Ährenlesen von einem groben Verwalter mit der Peitsche verfolgt wurden.

Der Verwalter holte den kleinen Andersen, der seine Holzschuhe verlor, ein und wollte ihn mit der Peitsche schlagen. Da sah ihm das Kind in die Augen und rief:

»Wie darfst du mich schlagen, da Gott es sehen kann?«

Wenn eine Mutter betont, wie ein kleines Kind zu werden und ausführt, wenn wir ein lernwilliges Herz haben und bereit sind, dem Beispiel der Kinder zu folgen, können ihre göttlichen Eigenschaften der Schlüssel zu unserem geistigen Wachstum sein. Als Andersen ein langer, aufgeschlossener Junge mit hellem gelbem Haar geworden war und seine Mutter wieder geheiratet hatte, wurde er konfirmiert und sollte in die Schneiderlehre kommen, da er so hübsche Puppenkleider für sein Theater zurechtzuschneiden verstand.

Man erkennt, diese Kinder geben uns Beispiele für einige der kindlichen Eigenschaften, die wir entwickelten oder in uns selbst wiederentdecken müssen, damit wir ins Himmelreich gelangen können. Ob Andersen einen so strahlenden Geist besaß, der von der Welt unbefleckt ist, belehrbar und voller Glauben, das könnte zutreffen, wenn man die Bemerkung verfolgt, die er dem Verwalter fest und deutlich ins Gesicht sagte?

Die Arbeit in der Schneiderwerkstatt dauerte aber nicht lange. Er setzte sich durch, dass er nach Kopenhagen reisen durfte, »um berühmt zu werden«.

Man hat erst gewaltig viel Widerwärtiges durchzumachen, und dann wird man berühmt. So begann der Ehrgeiz früh in seinem Leben eine große Rolle zu spielen.

Dazu trug die Prophezeiung einer klugen Frau bei, die vor dieser Reise von der Mutter befragt worden war und erklärte:

»Ihr Sohn wird ein großer Mann werden, und ihm zu Ehren wird Odense noch einmal illuminiert werden!«

Eine Prophezeiung, die sich am 6. Dezember 1807 erfüllte. Eine andere Mutter mit Weitblick setzt den Gedanken fort; wie ein kleines Kind werden. Wenn wir ein lernwilliges Herz haben und bereit sind, dem Beispiel der Kinder zu folgen, deren Herz einen Schlüssel bester Eigenschaften in sich trägt, dann werden wir großes Wachstum im edelsten Sinne erlangen.

Vorläufig war es jedoch noch längst nicht so weit. Im kindlichen Vertrauen wandte sich Andersen in Kopenhagen an die berühmte Tänzerin Madame Schall und andere, um beim Theater anzukommen. Das gelang zwar nicht, aber immerhin fand er Gönner, die ihm Mittel verschafften, um seine mangelhafte Bildung zu vervollständigen. Vor allem war es die Familie Collin, die sich seiner annahm.

In Kopenhagen hatte er gleich begonnen, Trauerspiele zu schreiben, die erfolglos blieben, jetzt aber lernte er erst einmal gründlich, wurde 1827 Student, machte bald sein Examen und errang mit der Veröffentlichung seiner ersten Gedichtsammlung einen Erfolg.

1831 begannen seine Reisen, die ihn zuerst zu Tieck führten, der ihn als Dichter umarmte und küsste, was ihm sehr zu Herzen ging. Auch Chamisso lernte ihn kennen und setzte sich für ihn ein. Nach Kopenhagen zurückgekehrt, lebte er bis 1839 recht ärmlich von seiner schriftstellerischen Produktion, von Operntexten und so weiter, bis es ihm gelegentlich wieder gelang, ein Reisestipendium zu bekommen.

Er ging nach Paris, lernte dort Victor Hugo kennen und kam im September 1833 nach Italien, wohin er sich immer gesehnt hatte.

Es machte ihm Mut, nicht mit der Arbeit nachzulassen.

Das bedeutet doch, dass wir uns den Menschen aufmerksam ansehen und dabei unser Herz öffnen sollen; wir sollen den Menschen als das sehen und schätzen, was er wirklich ist, ein Geschöpf Gottes mit Eigenschaften aus der vorigen und der jetzigen Welt.

Als Andersen nach Dänemark zurückkam, fand er gegen ein kümmerliches Honorar einen Verleger für seinen »Improvator«, dem 1837 »Nur ein Geiger« folgte, die im Ausland größere Erfolge als in seiner Heimat hatten.

Wieder ging er auf Reisen, aber immer war er noch darauf angewiesen, für den kommenden Tag zu schreiben, bis ihm sein König Friedrich VI. eine jährliche Rente bewilligte.

Jetzt begannen seine Mannesjahre, und sein Leben wurde ruhiger und sicherer. Er konnte größere Reisen nach Italien, Griechenland und in die Türkei machen. Die Theatererfolge blieben zwar aus, aber seine Bücher brachten größere Honorare ein und wurden in fremde Sprachen übersetzt.

Auf seinen Reisen lernte Andersen alle damals berühmten Geistesgrößen kennen. Thorvaldsen freute sich, wenn er bei ihm Märchen schrieb, und bat ihn oft, wenn die Dämmerung kam, im Kreise von Freunden:

»Bekommen wir Kleinen heute keine Märchen zu hören?«

In Paris verkehrte er mit Lamartine, Alexander Dumas, Alfred de Vigny, mit Balzac und anderen. Wie hat sich Balzac zum Thema Geschichtsschreibung sinngemäß geäußert?

Es gibt zwei Arten von Geschichtsschreibung. Die eine, welche in der Presse verbreitet wird, das ist meist die verlogene. Die wahre liegt in den Archiven verborgen.

Hat sich an dieser Aussage etwas geändert?

Wenn ihn, Andersen, auch sein »Improvisator« in der literarischen Welt berühmt gemacht hatte, so sollte der damals bekannte Wissenschaftler, der Physiker H.E. Oersted, ein hochkultivierter Mann, mit seinem Urteil doch recht behalten, als er Andersen schrieb:

»Der Improvisator hat Sie berühmt gemacht, Ihre Märchen werden Sie unsterblich machen.« Schon bald nachdem im Jahre 1835 der »Improvisator« erschienen war, kam sein erstes Heft »Märchen« heraus, dem bald andere folgten. Dickens und Rudyard Kipling erzählen, wie tief diese Märchen auf sie wirkten. Die Zeit war auf Märchen vorbereitet, denn schon 1822 waren die grimmschen »Kinder- und Hausmärchen« veröffentlicht worden. 1843 erschien die erste Ausgabe von Andersens Märchensammlung zum Weihnachtsfest. Damit hatte er sich nicht nur in seiner dänischen Heimat, die ihn anfangs stiefmütterlich behandelt hatte, durchgesetzt, sondern in der ganzen Welt.

Anderson erzählt uns in seiner wunderschönen Selbstbiographie, die er das »Märchen seines Lebens« nennt, wie sehr die Märchenwelt seine eigentliche Welt war, der sein ganzes Wesen entsprach. Er schrieb seine Märchen so, wie er sie den Kindern erzählte, immer bestrebt, tiefer in ihre Wesen, das das der Natur selbst war, einzudringen.

Und er schildert uns, dies ist der tiefste Grund, warum ich hier von Andersen und seiner Märchenwelt erzähle, dass es die Liebe war, die ihm so unnachahmlich die Märchen der Welt erschloss.

Andersen lernte die schwedische Sängerin Jenny Lind, den Sopran der Stockholmer Oper, die als eine der bedeutendsten Koloratursängerinnen von 1844 bis 1848 Triumphzüge durch Europa und Amerika machte, als sie 20 Jahre alt war (sie wurde 67 Jahre alt, heiratete 1851 einen jüdischen Pianisten und lebte zuletzt als Gesanglehrerin in London), in Kopenhagen kennen, wo er sie besuchte.

Die erste Begegnung der beiden blieb kühl. 1843 sah er sie wieder, sie hatte inzwischen seine Arbeiten gelesen.

Jetzt war sie sehr herzlich zu ihm. Ihre schwedischen Volkslieder rissen damals ganz Kopenhagen hin.

Andersen war tief berührt von ihrem kindlichen und frommen Gemüt, zugleich auch von ihrem Verstand und ihrer Begeisterungsfähigkeit. Aber ihr rein menschliches Wesen überwältigte ihn mehr als ihre große künstlerische Leistung.

Ihn begeisterte das echte Naturkind mit dem angeborenen Adel in jeder Bewegung. Er erklärte, dass ihr Gemüt durch keine Huldigung verdorben wurde. Sie sang auch für arme Kinder.

Andersen schreibt: *…da leuchtete ihr Antlitz, und die Tränen standen ihr in den Augen.* »Es ist doch schön«, sagte sie, »dass ich so singen kann!« Und Andersen fügte hinzu: Keine Bücher, keine Menschen haben besser und veredelnder auf mich als Dichter eingewirkt als **Jenny Lind**, und darum habe ich hier so lange und so lebhaft von ihr gesprochen.

Ich habe die glückliche Erfahrung gemacht, dass, sowie die Kunst und das Leben mir klarer geworden sind, umso mehr Sonnenschein von außen in meine Seele eingeströmt ist. Welcher Segen ist nicht für mich und den früheren finsteren Tagen aufgegangen! Ruhe und Überzeugung sind in mein Herz gedrungen!

Man muss Andersens Selbstbiographie, das »Märchen seines Lebens«, und es ist wirklich immer eines gewesen, selbst nachlesen, man muss ihm zuhören, wie er durch die Städte, Dörfer so vieler Länder zieht, in die Schlösser sowie in die ärmlichsten Hütten, alle wertvollen Menschen, die bekanntesten und unbekanntesten, kennenlernend, von allen geliebt und von allen gebeten, seine Märchen zu erzählen, um zu begreifen, welche Zauberkraft von dem Leben dieses Menschen ausging, der so wundersam dichten konnte, wie es nur die Natur versteht.

Wenn man Andersens Biographie liest, ist es, als erzähle ein Kind schlicht und gewissenhaft, ängstlich bemüht, nicht das Geringste zu vergessen, alles, was ihm ein gütiges Schicksal geschenkt hat. Unendlich reich ist dieses Kinderherz beschenkt worden.

Und doch wundert man sich, dass unter diesen vielen und herrlichen Geschenken das größte und geheimnisvollste fehlt, die Liebe.

Mit keinem Wort, wie ein sanftes Kind, das zu Weihnachten trotz aller Bitten gerade das nicht geschenkt bekam, was es sich im Innersten des Herzens gewünscht hatte, erwähnt Andersen, dass er das Glück der Liebe nie empfing.

Das erinnert an den amerikanischen Geistlichen Harry Emerson Fosdick, der über die Gesetze des Lebens rund um uns schreibt.

Viele junge Leute haben sich in den Irrtum verstiegen, Gut sein bedeute gleichzeitig auch unterdrückt werden. Während des Heranwachsens stoßen sie immer wieder auf neue Kräfte, neue Leidenschaften, neues Verlangen, und dann bekommen sie gesagt, man müsse diese unterdrücken. Zuerst nehmen sie diese negative Einstellung gelehrig hin. Sie versuchen gut zu sein, indem sie zu dem Leben, das in ihnen aufwogt, Nein sagen.

Eines Tages aber werden sie dieses faden, negativen, repressiven Gutseins so müde, dass sie es nicht länger ertragen können, und sie werfen alles Hemmende ab, weil sie frei sein wollen, frei, um ohne Fesseln das tun zu können, was sie selbst wollen. Leider müssen sie entdecken, dass dieser Weg nicht zur Freiheit führt, sondern zur Sklaverei; von Gewohnheiten werden sie gefangen gehalten, von Krankheiten heimgesucht, und ein Ruf haftet ihnen an, der sie ruiniert. *JESUS* aber hätte zu ihnen etwa das Folgende zu sagen:

Ihr habt einen großen Fehler gemacht. Gut sein ist durchaus nicht dasselbe wie Unterdrückung, sondern es besteht vielmehr darin, dass ihr euer wahres Ich erkennt und diesem dann die Freiheit gebt.

Es bedeutet, dass man in einer bejahenden Weise das erstrebt, wofür zu leben es sich allein lohnt. Nicht unterdrücken, sondern ausdrücken, nämlich das Leben in seinem vollen Umfang ausdrücken und seine reichen Früchte ernten, das ist es. Ich bin gekommen, damit ihr das Leben habt und damit ihr es in Fülle habt.

Wenn man nicht wüsste, dass Andersen aus seinem Herzen die Liebesflammen schlugen, dass er mehrmals um bestimmte Frauen, vor allem um Jenny Lind, warb, dann würden uns doch immer noch seine schönsten Märchen von dem Liebesschicksal seines Herzens erzählen.

Wir wissen, dass alle Frauen, um die Andersen warb, in ihm nur den Bruder und Freund, nie aber den Geliebten und Mann sahen. Die Ursache dazu kann nur gewesen sein, dass er den Frauen weder männlich und anziehend, noch schön und reich genug erschien. Und auch er selbst war innerlich viel zu feminin empfindend, um in der Frau mehr als die Schwesterseele zu lieben.

Man muss schon den »Improvisator« lesen, um das Geheimnis seines Lebens zu erkennen.

Wie oft hat man sich bemüht, den ungeheuren Ehrgeiz, die Eitelkeit und den rastlosen Drang zur Selbstbespiegelung im Wesen Andersens hervorzukehren.

Hätte man sich einmal überlegt, dass er als Kind aus ärmlichen Verhältnissen kann, körperlich krank und schwach, dass es ihm nie gelang, sich in geldlichen Dingen frei zu machen, dass er selbst in seinen besten Zeiten immer nur das hatte, was er gerade brauchte, stets auf die Gunst von Wohltätern, Gönnern und Freunden angewiesen, unter vielen Demütigungen leidend, die nur er empfand, dann würde man Ehrgeiz, Eitelkeit und Selbstbespiegelungsdrang anders und besser verstanden haben.

Mit allen diesen Eigenschaften versuchte er nur seine Minderwertigkeitsgefühle aufzuheben. Er rang darum, nicht nur innerlich, sondern auch äußerlich im Leben frei, unabhängig und männlich zu werden.

Nie hat er die oft so bewunderte männliche Kraft und Brutalität erworben, die in der äußeren Welt viel gilt, weil seine Seele zu fein war. Ein Segen und eine ständige Prüfung, diese feine Seele zu pflegen und seine Persönlichkeit nicht zu verleugnen.

Andersen gehört zu den großen Charakteren, die der Nachwelt ein Vermächtnis der Bescheidenheit und Redlichkeit hinterlassen.

Danke!

Theodor Storm schrieb das Gedicht: Für meine Söhne.
(Ausschnitt)

Hehle nimmer mit der Wahrheit!
Bringt sie Leid, nicht bringt sie Reue;
doch, weil Wahrheit eine Perle,
wirf sie auch nicht vor die Säue.

Blüte edelsten Gemütes
Ist die Rücksicht, doch zuzeiten
sind erfrischend wie Gewitter
goldene Rücksichtslosigkeiten.

Nimmt man sich gedanklich Andersens Wahrnehmungen und Empfindungen an, so vermag der Verfasser aus eigener Erfahrung betonen:

Die Liebe ist die Basis für den Frieden und für die Gerechtigkeit in diesem und für die Errettung im künftigen Leben. Die Liebe ist besonders wichtig in der Familie. Du sollst deine Frau von ganzem Herzen lieben und sollst an ihr festhalten und an keiner anderen.

Seien wir uns stets bewusst:

Weder Tod noch Leben, weder Engel noch Mächte, weder Gegenwärtiges noch Zukünftiges, weder Gewalten der Höhe oder Tiefe noch irgendeine andere Kreatur können uns scheiden von der Liebe Gottes, die in Christus Jesus ist, unserem Herrn!

Gerade Andersens körperliche Schwäche, seine äußere Unansehnlichkeit und innere namenlose Sehnsucht behüteten ihn davor, im üblichen Sinne des Wortes ein Mann zu werden; er blieb in der Unschuld und Reinheit seines Herzens ein Kind, das mit zunehmendem Alter immer einsamer wurde, so wie er selbst einmal sagte:

Ich bin doch nur ein einsamer Vogel!

Wie groß seine Gotteserkenntnis war, vermag, es sei denn, er hätte sich offenbart, niemand mit Bestimmtheit zu sagen. Aber wir Menschen sollten aus unserer Unvollkommenheit versuchen, aus dieser tiefen

Erkenntnis Andersens heraus, nachzuvollziehen, wie sein Liebesleben sein konnte. Es sind immer die von den großen Italienern gemalten Madonnen und Engel gewesen, denen die Sehnsucht seines Herzens galt.

Deshalb verliebte er sich schon als Knabe und später als Mann in die schönsten anziehendsten Sängerinnenerscheinungen seiner Zeit, in die Malibran mit ihrer ungewöhnlichen Stimme und in Jenny Lind.

Er dachte dabei an Beatrice Cenci und an Terpsichore, die tanzende griechische Muse mit der Lyra, die er auf etruskischen Vasen bewunderte.

Immer waren es unsterbliche, weibliche Wesen, die ihm vorschwebten, denen er kaum gewagt hätte, die Hände zu küssen, wenn sie ihm in der Wirklichkeit begegnet wären.

Andersen, eine individuelle Persönlichkeit wie wir alle, voller Begeisterung spannte er sich mit anderen vor den Wagen der Malibran, der nach ihren beispiellosen Erfolgen durch die Straßen gezogen wurde. Für ihn war sie wirklich – wie später Jenny Lind – eine Göttin, die der Schaum des Meeres gebar.

Wenn es uns als Leser gelingt, ein liebevolles Wohlwollen und eine beständige Liebe für ihn und seine Werke entgegenzubringen, lehnen wir uns an das liebevolle Verhältnis zwischen Gott und denen, die seine Gebote erkennen und halten.

Es ist zu verstehen, dass Frauen, denen eine glänzende Männerwelt zu Füßen lag, unter der sie nur zu wählen brauchten, Andersen nur als Bruder, Freund und Kind empfanden.

Für sie hatte er keine männliche Sinnlichkeit. Nie wäre er fähig gewesen, solche Frauen real als Mann zu erobern. Die Unschuld Andersens, sein feministisches Wesen und seine geringe Kenntnis von der Wirklichkeit der äußeren Welt machten solche Frauen ihm gegenüber zwar unbefangen, heiter und freundlich, sie fühlten sich von ihm angezogen, aber sie sahen nie den Mann in ihm.

Diese Frauen haben nie begriffen, wem sie eigentlich in diesem sel-

tenen Menschen begegneten. Wissen und erkennen wir es in unseren beinahe täglichen Begegnungen?
Wenn es heißt:
Erkenne dich selbst! Werde dir und dem Mitmenschen gerecht!

Für ihn selbst war aber wiederum die Schönheit der Seele so selbstverständlich mit der Schönheit der Stimme, der Erscheinung und Bewegung verbunden, dass er in der Wirklichkeit des Lebens nie den weiblichen Wesen begegnete, hinter deren äußerer Unwahrscheinlichkeit sich eine so edle Seele und ein großer Geist verbargen, wie es uns seine Märchen so oft erzählen.

Vergessen wir nicht, dass wir es vielfach mit Müttern und Vätern zu tun haben, denen sich die Größe des anderen Geschlechts je voll erschlossen hat. Vergessen wir nicht, dass Andersen schon als Kind durch sein mädchenhaftes Aussehen seine Spielgefährten reizte, die ihn deshalb hänselten und über ihn herfielen. Es lässt sich nicht leugnen, dass er selbst im Mannesalter nicht genug »Materie« besaß, so sehr er sich auch bemühte, seine Schwächen auf allen nur möglichen Wegen auszugleichen, um glänzende Frauen anzuziehen.

Es ist sehr die Frage, ob sein Leben dadurch wirklich glücklicher geworden wäre.

Sicher aber ist, dass sich durch die Beschaffenheit seiner Liebeskräfte die Isoliertheit seines Lebens, die schon im Knabenalter begann, innerlich zunehmend sich vergrößerte.

Diese große innere Einsamkeit ist oft das Schicksal ungewöhnlicher Menschen gewesen und beruht auf einem großen Spaltungsprozess zwischen männlichen und weiblichen Funktionen.

Fühlt sich jeder biologisch geborene Mann als Mann; jede biologisch geborene Frau als solche?

Die Einsamkeit schafft, wachsend mit der Zeit, in solchen Menschen ein großes Traumleben, das sich bemüht, die Wirklichkeit zu ersetzen. Und wenn sich dieser Prozess in Menschen von großen Qualitäten ereignet, dann verzichten sie zwar auf die äußere Welt der Liebe, aber innerlich wächst diese Liebe in unsagbarer Sehnsucht zunehmend an. Dann können aus dem Versagen des äußeren Liebesverhältnisses Geschichten und Märchen geboren werden, wie sie Andersen der Welt schenkte.

Die Schönheit der übersinnlichen Welt, wer von uns ist noch nicht davon berührt worden, nach der sich Andersen sehnte, lebt in der bezaubernden Zartheit und Unwirklichkeit seiner Märchengestalten weiter, die immer wieder die Herzen aller natürlichen Menschen gewinnen werden.

In diesen Märchen ruht eine ungewöhnliche feine psychologische Erkenntnis, von der Liebende lernen können.

Die Prinzessin auf der Erbse wird vielleicht manche Mutter in Versuchung führen, auszuprobieren, ob ihre Schwiegertochter ein ebenso feines Gefühl wie die Prinzessin in diesem Märchen besitzt.

Die kleine Seejungfrau, die so überirdisch schön tanzt, obwohl jeder Schritt wie ein Messer ihren Leib durchschneidet, die sich – obwohl sie so himmlisch singen kann – doch die Zunge herausschneiden lässt, um den Geliebten zu gewinnen, der trotz aller Opfer die andere heiratet, da er sie nur wie eine Schwester liebt, offenbart die hoffnungslose Liebe Andersens zu Jenny Lind.

Das Gänseblümchen opferte aus Liebe ihr Leben der gefangenen Lerche, ohne nur einen Augenblick an sich zu denken. Unvergesslich bleibt:

Der standhafte Zinnsoldat, zu dem die hübsche Tänzerin ganz wider Willen in die Flammen fliegt. Wie oft geschieht wohl heute so etwas bei den vielen technischen Unglücksfällen, ohne dass wir dabei über die seltsamen Wege unfreiwilliger Liebe nachdächten.

Und die Schwesterliebe in den »Wilden Schwänen«, hinter denen sich wunderschöne mythologische Zusammenhänge verbergen, wird von keinem Kind vergessen werden und früh sein Herz anregen, was alle Andersens Märchen vermögen.

Die Geschichte vom Schweinehirt wird immer wiederkehren. Wie oft bekommt wohl ein Mädchen Dinge geschenkt, die so unnatürlich sind, dass sie sie verachtet, weil sie die natürlichen vorzieht. Wie oft werden noch immer von den Mädchen die wahren Prinzen, Rosen und Nachtigallen verachtet und dafür die Schweinehirten und belanglosen Dinge vorgezogen, bis darüber alles Liebesglück verloren ist.

Und ist der eine Satz in der Geschichte von dem hässlichen jungen Entlein nicht für junge Menschen, die aus der Tiefe nach dem Licht ringen, ewig beseligend und umschließt er nicht alle Rassen- und Vererbungsgesetze:

> Es tut nichts, wenn man in einem Entenhof geboren ist, wenn man nur in einem Schwanenei gelegen hat.

Man sagt, eins aber werden uns die Andersen-Märchen immer wieder lehren, dass die Liebe größer ist als alle menschliche Vernunft und dass sich ihre himmlische Kraft auch dem einsamsten Menschen nicht verschließt, wenn er den Glauben an sich selbst in der bittersten Stunde nicht verliert.

Ehrfurcht gegenüber Gott ist die Quelle aller Weisheit! Weltliche Weisheit bringt dann den meisten Gewinn, wenn sie sich in Demut vor Gottes Weisheit beugt!

Man muss an dieser Stelle nicht verschweigen, dass man Andersen manchmal als Homosexuellen hingestellt hat. Die Quelle ist Albert Hansen, der über Andersen schrieb und außer von ihm auch von Kierkegaard behauptet, dass er homosexuell gewesen wäre. Bei Kierkegaard trifft es noch weniger zu als bei Andersen.

Auch andere haben nicht geleugnet, dass Andersen in der Pubertätszeit mit Puppen spielte und dass gelegentlich Arbeiter sich von seinem mädchenhaften Gebaren gereizt fühlten.

Später warf man ihm seine Freundschaft zu Edvard Collin vor, dessen Familie für Andersen bis zu seinem Tode, er starb bei Collins, sorgte. Es ist müßig, sich darüber zu unterhalten, ob einem Menschen wie Andersen heute hätte geholfen werden können, oder,wer auch immer , ihm helfen wollte, wo doch die Offenlegung dieser Neigung in Politik und Medien zum guten Ton gehörte. Über seine seelische und geistige Leistung die körperliche Schwäche in den Vordergrund zu stellen, wird ihm nicht gerecht.

Andersen sollte uns zeigen, wie vorsichtig wir mit der Beurteilung eines Lebens sein müssen, von dem wir nicht wissen, ob die Vererbungs- oder die Umwelteinflüsse stärker auf sein Schicksal wirkten.

Viele leidvolle Erfahrungen, die so mancher im Leben machen muss, könnten wir umgehen, wenn wir frühzeitig Weisheit lernen.

Streben wir nach weiser Erkenntnis, seien wir ein aufmerksamer Beobachter, denken wir darüber nach, was uns im Leben so widerfährt.

Mit 20 hat jeder das Gesicht, das Gott ihm gegeben hat.

Mit 40 das Gesicht, das ihm das Leben gegeben hat.

Mit 60 das Gesicht, das er verdient.

Albert Schweitzer

Begebenheiten der Vielfalt

Vor einigen Jahren nahm ich an einer Konfirmation teil. Die jungen Leute, so mein Eindruck, zeigten sich aufgeschlossen, solide und weitgehend mit dem Blick nach vorne gerichtet. Eine ältere Dame übergab mir einige Kopien mit dem Titel: »Irgendwie half mir meine neue Erkenntnis dabei, klarer zu sehen!«.

»Ich sehe hässlich aus«, sagte ich und starrte ungläubig in den Spiegel. Aus dem Spiegel blickte mich mein rechtes Auge an wie immer. Doch links hatte ich das schlimmste blaue Auge, das ich je gesehen hatte.

»So schlimm ist es nicht; im Ernst«, sagte meine Freundin wenig überzeugend. Ich verdrehte mein gesundes Auge und legte wieder den Eisbeutel auf. Nur fünf Minuten zuvor hatte mein linkes Auge einen unbeabsichtigten, aber gut platzierten Schlag vom Ellbogen meiner Freundin Janina erhalten. Ich schlug sofort die Hände vor das Gesicht und versuchte, nicht hinzufallen. Janina entschuldigte sich. Ich hörte, dass meine Freundinnen mich umringten, um festzustellen, ob alles in Ordnung war.

Obwohl ich Schmerzen hatte, begriff ich nicht, was tatsächlich passiert war, bis ich meine Hände fortnahm und alle erschraken. »Was ist?«, fragte ich. Niemand antwortete. Ich rannte zum Spiegel. Innerhalb von Sekunden nach dem Zusammenprall war die Haut um mein Auge auf die vierfache Größe angeschwollen. Hellrotes Blut füllte den Bluterguss.

»So kann ich mich doch nicht sehen lassen«, rief ich und nahm Anna den Eisbeutel aus der Hand. Sie biss sich auf die Lippe und entschuldigte sich zum hundertsten Mal. Ich drückte den Eisbeutel fest auf das Auge und hoffte, dass der Bluterguss bis zum nächsten Morgen verschwinden würde. Doch am nächsten Morgen war die Schwellung zwar etwas zurückgegangen und die Rötung verschwunden, aber dafür war der Bluterguss inzwischen tiefrosa. Ich sah hässlich aus und fühlte mich noch hässlicher.

Ich versuchte, das Auge mit Make-up abzudecken, aber dadurch sah der Bluterguss nur lila aus. Und ich konnte nichts gegen die Schwellung tun. Schließlich setzte ich einen Hut auf und trug ihn so, dass ich gerade noch etwas sehen konnte.

In der Schule hatte ich das Gefühl, jeder würde mich anstarren. Ich weigerte mich, jemandem in die Augen zu schauen. Tagelang konnte ich an nichts anderes denken, obwohl meine Freunde versuchten, mich aufzumuntern.

Am Sonntag war ich grantig, weil ich in der Kirche meinen Hut nicht tragen konnte. Aber alles änderte sich während des Sonntags. »Betet darum, dass ihr euch so sehen könnt, wie der Herr euch sieht«, sagte der Geistliche, als er über das Sühnopfer und das Selbstwertgefühl sprach.

Ich berührte den Bluterguss und dachte laut zu mir:

»Er, Gott, sieht mich als ein Mädchen mit einem hässlichen blauen Auge.« Doch dann, als ich aufhörte, mich selbst zu bemitleiden, änderte sich meine Einstellung und ich fragte mich:

»Wie sieht der himmlische Vater mich?« Meine Augen füllten sich mit Tränen, als ich über die Liebe nachdachte, die er nicht nur für andere, sondern auch für mich hat. Ich erkannte, dass er mich als seine Tochter sieht, die das Leben seines Sohnes wert ist.

Ich spürte den Geist, der mir bezeugte, welch großen Wert meine Seele als Tochter Gottes hat. Ich erinnerte mich an eine Schriftstelle, die ich im Studium gelernt hatte. Ich schlug die heiligen Schriften auf und fand sie in 1. Samuel 16: 7:

Sieh nicht auf sein Aussehen und seine stattliche Gestalt ..., Gott sieht nämlich nicht auf das, worauf der Mensch sieht. Der Mensch sieht, was vor den Augen ist, der Herr aber sieht das Herz!

Mein Aussehen war nicht so wichtig, sondern wer ich innerlich war.

Meine Denkweise änderte sich noch einmal, als ich mich im Raum umsah und eine unglaublich große Liebe für die Menschen empfand, die mich umgaben.

Die Wärme der Liebe des himmlischen Vaters erfüllte mich, und einen Moment lang sah ich auch meine Klassenkameraden, zumindest ein wenig so, wie der himmlische Vater sie sieht – als seine Kinder.

Den ganzen Sonntag über empfand ich Frieden und Trost. Jetzt kümmerte es mich nicht mehr, was die anderen dachten. Ich liebte sie und ich sah ihnen in die Augen – mit beiden Augen!

Nachdem ich diese Geschichte gelesen und darüber nachgedacht hatte, wurde mir bewusst, dass auch ich vor einigen Jahren ähnlich empfand, als ich mir den Rücken verletzte. Heute weiß ich, dass solche Erfahrungen nützlich sind.

Wertvoll und, wenn der Glaube seit Kindheit an gelehrt und gelebt wurde,man dadurch nur wachsen kann.

Man muss nicht erst viele Jahre zurückdenken, wenn die ältere Generation vom Ersten und Zweiten Weltkrieg sprach, auch heute ist die Welt nicht friedlicher geworden. Im Gegenteil, es leiden immer mehr Menschen an Krieg, Hunger, Ungerechtigkeit, Gewalt, Tod und Verfolgung als je zuvor. Gott wird nicht direkt eingreifen, aber er sieht jeden Menschen gemäß seinem Denken, seinen Werke und seinem Verhalten allgemein.

Wir allein können dazu beitragen, dass er einen freudigen Blick auf uns werfen kann!

Drei Dinge braucht man zu allem: Kraft, Verstand und Willen.

Eine Welt der Hoffnung

Eine junge Frau aus Uruguay weiß, wie man dorthin gelangt, wo man hinkommen möchte. So beginnt eine Geschichte aus einer Welt, die uns in Europa meist fremd ist. Diese junge Frau spricht viele Menschen aller Altersgruppen an, wenn sie wie folgt beginnt:

Wenn man Talent hat, sagen manche Leute, bringt einen das ganz nach oben. Aber in diesem Fall war es ganz anders. Ihr Talent brachte sie ans untere Ende der Welt – in die Antarktis. Auf ihrem Weg machte sie die Erfahrung, dass es sich lohnt, einen guten Traum zu verfolgen, und dass man dabei Menschen zur Seite hat, die helfen, wenn man sie braucht.

Als sie 14 war, gewann sie einen Zeichenwettbewerb, den der zivile Verband in ihrem Heimatland Uruguay ausschrieb. Der Preis: Mit einer Gruppe weiterer Schüler und Lehrer durfte sie mit ihrer Lehrerin in die Antarktis reisen. Ihr Vater und ihre Kunstlehrerin hatten sie beraten, wie sie die Zeichnung, die sie sich vorstellte, zu Papier bringen konnte.

In drei Etappen reiste sie in die Antarktis. Zuerst brachte ein Militärtransportflugzeug sie von Montevideo nach Punta Arenas in Chile, dann flog sie über das Meer zur chilenischen Basisstation in der Antarktis, und von dort ging es über Land zum uruguayischen Antarktis-Außenposten Artiges, etwa 3.000 Kilometer von Montevideo entfernt. Mehrere Länder betreiben auf den King-George-Inseln vor der Küste der Antarktis Forschungsstationen. Ihre Zeichnung und ihr Reisebericht wurden in der landesweit erscheinenden Zeitung *Uruguay Natural* veröffentlicht.

Die Antarktis entsprach nicht ganz ihren Vorstellungen, meinte sie schmunzelnd. Auf ihrer Zeichnung sind Pinguine und Eis zu sehen. Doch als sie die Antarktis besuchte, war dort Sommer – einzelne Schneeflächen auf kargem Boden und nur wenige Pinguine. Dafür konnte sie aber mehr Sehenswürdigkeiten bestaunen.

Sie wanderte gern an der Küste entlang und sah den Collins-Gletscher, die Drakestraße und den Uruguay-See, aus dem die uruguayische Station das Trinkwasser bezieht.

Außerdem konnte sie andere Forschungsstationen besuchen. Für sie, inzwischen 19 Jahre alt, erfüllte sich mit dieser Reise ein Traum. Seither hat sie noch weitere Träume verwirklicht.

Beispielsweise hat sie das Programm *Mein Fortschritt als Mensch* erfolgreich abgeschlossen und die Auszeichnung für die *Jungen Damen* erhalten. Inzwischen hat sie ihre Schulausbildung abgeschlossen und möchte Architektur studieren.

Bis jetzt hatte sie noch nicht oft die Gelegenheit, in der Schule ihr Herzensgefühl über das, was sie erlebt, geträumt und gestaltet hat, zu geben. Ihre Freunde respektieren ihre Wahrnehmungen, ihre Grundsätze im Umgang mit den Prüfungen und Erfahrungen des Lebens. Sie hat den Optimismus und das liebende Herz, um den Nächsten in den Mittelpunkt zu stellen.

Sie weiß, dass sie nur ein kleines, aber doch bedeutendes Rädchen im Getriebe der Welt darstellt; wie jeder Mensch, wenn er es erkennen will!

Jahre später ist sie den Bund der Ehe mit einem Mann eingegangen, der, erblich bedingt, an einer unheilbaren Krankheit litt. Aber, und das war für sie von Bedeutung, sie trugen beide dieselben Werte, wie beschrieben und er hatte eine wunderbare Begabung; er konnte viele Hindernisse des Lebens durch seine Einstellung überwinden und war ein durchaus positiver Mensch, ein Freund und fabelhafter Ehemann.

Geht auf andere zu!

Wege aus einer Wochenbettdepression

Nachdem Anna (Name geändert) und ihr Mann sich vier Jahre lang darum bemüht hatten, ein weiteres Kind zu bekommen, waren sie dankbar, dass ihre Tochter geboren wurde.

Anna stellte jedoch fest, dass sie sich davon überfordert fühlte, den Bedürfnissen des Neugeborenen gerecht zu werden und sich außerdem um ihre Söhne zu kümmern.

Allmählich versank sie in eine Depression, trotz all ihrer aufrichtigen Bemühungen, alles zu schaffen und ein Gefühl der Normalität aufrechtzuerhalten. Anna litt an einer postpartalen Depression.

Wie alle Mütter weiß Anna, dass es eigentlich eine glücklichere Zeit sein »soll«, wenn man ein Baby bekommt, und jede Mutter eigentlich dankbar sein »muss« für eine so wunderbare Erfahrung.

Doch manche Frauen können wegen Stimmungsstörungen nach der Geburt kaum solche glücklichen Gefühle empfinden. Eine postpartale Depression oder Wochenbettdepression kann sich auf vielerlei Art zeigen und für die Frau, die daran leidet, körperliche und seelische und sogar geistige Folgen haben.

Manche Frauen stellen beispielsweise unrealistische Erwartungen an sich selbst, und das in einer Zeit großer körperlicher Umstellung. Sie meinen, sie müssten in der Lage sein, sofort alles für sich und das Neugeborene zu tun, da sie ja eine »Supermama« und »Superehefrau« sein müssten.

Wichtig ist aber, dass diese Frauen – und ihre Familien – verstehen, was eine Wochenbettdepression ist (und was nicht), Symptome erkennen, wirksame Methoden finden, damit umzugehen, und vor allem wissen, dass es Hoffnung gibt und dass man, obwohl man depressive Gefühle bewältigen muss, ein normales Leben führen kann.

Wenn eine Frau an einer Wochenbettdepression leidet, heißt das nicht, dass sie schwach ist, etwas falsch gemacht hat oder selbst schuld ist an diesen erdrückenden Gefühlen.

In den meisten Fällen ist es ein vorübergehender Zustand. Eine Wochenbettdepression kann uns, wie andere Prüfungen, dem Erlöser näherbringen, wenn wir Wege finden, geistige Kraft zu gewinnen. Eine Frau mit ähnlichen Erfahrungen der Wochenbettdepression fand ihre ganz persönliche Antwort:

Wir wissen viel über den Erlöser, aber oft finden wir ihn in unserer Not erst richtig und lernen ihn kennen und lieben …Ich kann aus eigener Erfahrung bezeugen, dass unsere schwerste Last, unsere schlimmsten Enttäuschungen und unser größter Kummer mit der Zeit dem Frieden Gottes weichen, »der alles Verstehen übersteigt«.

Mehr als eine Verstimmung
Manche Frauen erleben nach der Geburt vorübergehend Anwandlungen von Traurigkeit. Das wird oft als Baby-Blues bezeichnet.

Zu den Symptomen, die gewöhnlich innerhalb der ersten Woche nach der Geburt auftauchen und bis zu zehn Tage andauern können, gehören Weinerlichkeit, Gereiztheit, Müdigkeit, Ängstlichkeit und seelische Empfindsamkeit mit Höhen und Tiefen.

Der Baby-Blues wird meist den körperlichen Veränderungen zugeschrieben, die eine Mutter erlebt, aber diese Symptome können durch Schlafentzug, unzureichende Ernährung, einen anstrengenden Säugling oder mangelnde Unterstützung verschärft werden.

Der Baby-Blues kommt in sämtlichen Kulturkreisen vor und betrifft bis zu 80 % der Frauen, die ein Kind zur Welt gebracht haben.

Dagegen ist die Wochenbettdepression eine Krankheit, die auf biochemischen Vorgängen beruht. Auch wenn niemand die genaue Ursache sicher bestimmen kann, glauben Forscher, dass die Hormonschwankungen während der Schwangerschaft und nach der Geburt zu chemischen Veränderungen im Gehirn beitragen können.

Dies, kombiniert mit der Belastung und der Erschöpfung, die mit der Versorgung eines Neugeborenen einhergehen, kann zu einer Depression führen. Etwa 10 % der Frauen erleben nach der Geburt ihres Kindes eine Wochenbettdepression. Sie tritt gewöhnlich innerhalb von vier Wochen nach der Geburt auf, kann aber auch jederzeit im Laufe des folgenden Jahres ausbrechen.

Viele Frauen, die an einer Wochenbettdepression leiden, haben bereits vorher schon einmal unter einer Depression gelitten; Mütter, die diese Erfahrung gemacht haben, sollten ihre Gefühle aufmerksam beobachten, damit sie sich helfen lassen können, wenn Symptome auftauchen und sich verschlimmern.

Manchen Frauen, die an einer Wochenbettdepression leiden, geht es schon nach wenigen Wochen wieder besser, während andere monatelang nicht »sie selbst« sind. Aber es gibt Hilfe: Der erste Schritt dahin, sich wieder gut zu fühlen, ist, die Symptome zu erkennen.

Symptome
Es kommt oft vor, dass die Mutter eines Neugeborenen meint, depressive Gefühle seien ein Zeichen von Schwäche. Sie befürchten vielleicht sogar, dass andere nicht mehr so gut von ihr denken, wenn sie wissen, wie sie sich fühlt. Aus diesen und anderen Gründen spricht sie vielleicht nicht über ihre Symptome, und die Wochenbettdepression wird weder diagnostiziert noch behandelt.

Joachim sprach darüber, was seine Familie erlebte, als seine Frau an einer Wochenbettdepression litt. »Meine Frau verbarg ihre Symptome vor allen, sogar vor mir. Ich hatte keine Ahnung, wie sehr sie wirklich litt. Sie meinte wohl, als Frau einer bekannten Persönlichkeit könne sie niemanden – weder mir noch ihren Freunden oder ihrer Mutter – sagen, was wirklich los war.«

Dr. Chery Tatano Breck, eine anerkannte Forscherin auf diesem Gebiet, bezeichnet die Wochenbettdepression als eine Diebin, die die Mutterschaft stiehlt.

Aber Angehörige und gute Freunde können dazu beitragen, diesen Diebstahl zu mildern, indem sie auf entsprechende Symptome achten.

Unter anderem stellen sie vielleicht folgende Verhaltensänderungen bei der Mutter fest:
Eine depressive Stimmung, die fast den ganzen Tag über anhält.
Die Mutter lacht nicht oder spielt nicht mit dem Säugling.
Ein niedergeschlagener oder leerer Gesichtsausdruck.
Anhaltende Traurigkeit.
Bemerkungen über Fehler, die sie an sich oder dem Baby entdeckt.
Andeutung von Schuldgefühlen oder dem Gefühl der Unzulänglichkeit.
Unentschlossenheit bei alltäglichen Dingen.
Offensichtliche Gereiztheit, vor allem wenn der Säugling unruhig ist oder weint – innere Anzeichen, die nur die Mutter selbst bemerken kann.

Wenn Angehörige oder gute Freunde meinen, einige dieser Symptome zu erkennen, sich aber nicht sicher sind, können sie behutsam nachfragen, wie etwa »Bist du niedergeschlagen oder depressiv oder mutlos?«, »Seit wann fühlst du dich schon so?« oder »Hast du das Gefühl, dass du keine Lebensfreude mehr hast?«

Sobald die Mutter und vertraute Menschen in ihrer Umgebung die Symptome erkennen, können sie damit beginnen, die Depression in den Griff zu bekommen.

Wege aus der Wochenbettdepression
Die Behandlung der Wochenbettdepression ist nicht nur für das Wohlergehen der Frau wichtig, sondern auch für das Wohlergehen des Babys und der übrigen Familie.

Da die Mutter oft der Mittelpunkt des sozialen Umfeldes des Kindes ist, beeinflusst ihre Stimmung auch das Kind.

Und das Wohlbefinden der Mutter und des Babys wirkt sich auf das Wohlbefinden der ganzen Familie aus. Da diese Krankheit die ganze Familie betrifft, muss die Familie auch an der Behandlung der Wochenbettdepression beteiligt sein. Es ist wichtig, dass die Frau von ihrem Mann, von Familienangehörigen und anderen unterstützt wird.

Unterstützung von der Familie und von Freunden besagt:

Mann und Frau tragen Verantwortung füreinander und ihre Kinder zu lieben und zu umsorgen! Die wichtigste Strategie für den Umgang mit einer Wochenbettdepression ist, die Beziehung des Ehepaares zu stärken und das Feingefühl des Mannes zu schärfen.

Es ist sehr wichtig, dass der Mann seine Frau unterstützt, das sage ich, obwohl es bei vielen Männern in der heutigen Zeit anscheinend nicht so gut ankommt. Man hat es von früher kaum erlebt.

Er übernimmt Aufgaben im Haushalt und kümmert sich um die älteren Kinder.

Er schränkt die Zahl der Besucher ein und sorgt so dafür, dass es ruhiger zugeht. Manchen Frauen hilft es allerdings, Besucher zu haben, und es lindert die Symptome der Depression.

Er unterstützt seine Frau darin, dass sie ausreichend Schlaf bekommt, sich vernünftig ernährt und genügend bewegt.

Er hilft bei der Versorgung des Säuglings.

Er informiert sich über die Krankheit.

Er schenkt ihr seine Anwesenheit in Abstimmung mit seinen beruflichen Aufgaben – er hört zu, sorgt für sie, ist einfach bei ihr.

Er ermutigt seine Frau, bei Bedarf professionelle Hilfe in Anspruch zu nehmen.

Rachel, die nach der Geburt ihres dritten Kindes an einer Wochenbettdepression litt, berichtet:

»Die kleinste Aufgabe schien unüberwindbar, weil mir die seelische und körperliche Energie dazu fehlte. Ich war so dankbar, dass mein Mann verständnisvoll und mitfühlend war und mich darin unterstützte, die Hilfe zu erhalten, die ich so dringend brauchte.«

Einem Mann kann es vielleicht schwerfallen, eine Wochenbettdepression zu verstehen, und es kann sein, dass er verwirrt, frustriert, ärgerlich, besorgt oder verlegen darauf reagiert. Es kann hilfreich sein, wenn er sich beraten lässt oder viel liest, um mehr über die Wochenbettdepression zu erfahren und zu lernen, wie er am besten helfen kann. Das kommt ihm und seiner Frau zugute.

Johanna, die nach der Frühgeburt ihrer Zwillinge an einer Wochenbettdepression litt, betont:

»Es war für meinen Mann und mich zwar eine sehr schwierige Erfahrung, aber unsere Ehe ist dadurch stärker geworden. Wir sind uns näher gekommen, als wir es jemals waren. Wir arbeiteten zusammen, um Probleme zu bewältigen.«

Welche Rolle Prüfungen in unserem Leben spielen, lässt uns erkennen, dass wir aus unseren Prüfungen lernen können. Anna erklärte, welchen Prozess sie durchlief:

»Als ich darum kämpfte, die Wochenbettdepression zu überwinden, wollte ich die Finsternis durchdringen und wieder ins Licht kommen, das Licht des Sohnes Gottes. Ich weinte, als ich las, und verstand, dass der Erlöser ein Mann voller Schmerzen war, mit Krankheit vertraut … Aber er hat unsere Krankheit getragen und unsere *Schmerzen auf sich geladen*. Ich hielt an der Verheißung fest, dass der Erlöser auch mein Erlöser war, dass er gesandt worden war, uns Schmuck anstelle von Schmerz zu bringen.

Freudenöl statt Trauergewand, Jubel statt der Verzweiflung.

Als ich auf den Erlöser blickte, wurde mir deutlicher bewusst, dass er meinen Schmerz kannte, dass er mir einfühlsam beistehen konnte, wenn ich mich an ihn wandte.

Erkenne dich selbst! Werde dir und dem Mitmenschen gerecht!

Nimm es an – es stärkt dich!

Ich empfinde große Liebe für den Mitmenschen. Chieko N. Okazaki erinnert sich. Ich bin das einzige Kind einfacher, ungelernter, japanischer Plantagenarbeiter und stamme von der Hauptinsel Hawaii. Ich habe mir meine Schulbildung mit eigenen Händen erarbeitet, indem ich mir als Hausmädchen Kost und Logis verdiente. Auch mein Studium habe ich selbst finanziert.

Meine Eltern waren Buddhisten. Als ich meinen Mann heiratete, bekamen wir zwei Kinder. Kurz nach Ende des Zweiten Weltkrieges zogen wir nach Amerika um, wo es uns nur mit großer Mühe gelang, ein Haus und ein Grundstück zu erwerben, weil wir Japaner waren.

Ich habe den Großteil meiner Ehejahre außer Haus gearbeitet. Zuerst war ich Grundschullehrerin, später Schuldirektorin.

Ich weiß daher, was es bedeutet, Beruf und Familie unter einen Hut zu bringen.

Dreimal hintereinander erkrankte ich an Krebs und lebe noch immer. Seit mein Mann Ed am 20. März 1992 starb und mich allein zurückließ, kämpfte ich gegen die Einsamkeit an. Nur wenige Wochen danach folgten zwei weitere Schicksalsschläge: Kurz vor der Geburt starb eines meiner Enkelkinder, und bei meinem Bruder wurde ein Gehirntumor festgestellt.

Ich erzähle vielen anderen Frauen meine Erfahrungen. Es gibt viele Frauen, die in Armut aufwachsen; Frauen, die für ihre Ausbildung kämpfen und Opfer bringen mussten.

Frauen, die unter Kinderlosigkeit leiden; Frauen, die gegen Rassenvorurteile ankämpfen müssen; Frauen, die die überlieferte Kultur und Religion ihrer Vorfahren aufgegeben haben.

Frauen, die einer beruflichen Tätigkeit nachgehen, weil sie das möchten oder müssen. Frauen, die mit den seelischen und körperlichen Begleiterscheinungen einer schweren Krankheit fertig werden oder den

Verlust eines geliebten Menschen bewältigen müssen; viele erfuhren das in ihrem Leben.

Jeder Mensch ist anders und muss mit verschiedenen Umständen fertig werden. Vielfalt ist eine Stärke und sollte uns nicht trennen. Ich war in Gesellschaften, wo ich die einzige Ostasiatin bin. Sie können sich vielleicht vorstellen, was für ein Gefühl das ist. Haben Sie sich schon einmal als einzige Ausnahme, als anders gefühlt?

Vielleicht sogar als zu andersartig für das Umfeld? Das dürfte es eigentlich gar nicht geben. Sie sind nicht etwas Sonderbares, sondern etwas Besonderes.

Wenn sich Licht auf eine Wand ergießt, wird die Wand weiß. Wenn Licht hingegen durch ein Prisma geht, erscheint wegen der Lichtbrechung ein Regenbogen auf der Wand. Was ist ein Regenbogen? Ein Regenbogen ist eine besondere Erscheinungsform von Licht.

Es ist Licht in allen Farben – Rot, Orange, Gelb, Blau und Violett.

Unsere Vielfalt ist nötig, denn Vielfalt ist sowohl für uns als Einzelmenschen als auch in der Gemeinschaft wichtig.

Dennoch überkommt uns des Öfteren das Gefühl, dass unsere Unterschiedlichkeit ein Problem darstellt – dass es falsch ist, anders zu sein, dass wir mit dem Mitmenschen, der eine andere Lebensgeschichte hat, nichts gemeinsam haben, und dass der Alltag nur der Gleichmacherei dient. Wir denken, dass unsere Prüfungen und Schwierigkeiten unsere eigene Schuld sind, und deswegen bürden wir uns zusätzlich zu unseren Prüfungen auch noch eine Extraportion Schuldgefühl auf.

Chieko N. Okazi zitiert uns ihr Lieblingssprichwort, das sich in schwierigen Situationen des Lebens als hilfreich erweist. Es ist ein ganz kurzes Sprichwort, das aus dem alten Buch Okazaki stammt: »Nimm es nicht so schwer!«

Sie, sehr geehrter Leser, kennen es doch auch, wenn wir unter gegebenen Umständen das Beste geben, dann reicht das völlig aus. Ich kenne kaum Frauen, die nicht tagtäglich in verschiedenen Bereichen des Lebens ihr Bestes geben, aber viele Frauen merken sich leider nur die Dinge, die sie nicht *perfekt* machen.

Die, die ich kenne, leisten wahre Wunder, aber häufig ignorieren sie ihre Leistungen und konzentrieren sich stattdessen auf das, was sie nicht geschafft haben, oder auf das, was noch erledigt werden muss.

Sprechen Sie nicht öfter auch mit Frauen und Männern, die das Gefühl haben, dass ihnen in mancherlei Hinsicht die Zügel ihres Lebens entglitten sind, der Nächte, die todunglücklich sind, dass es nicht reicht, dass sie alles falsch gemacht haben und dass sie in den Augen anderer nicht angenehm sind.

»Nimm es nicht so schwer!« bedeutet nicht: Du brauchst dich um nichts kümmern! »Nimm es nicht so schwer!« ist eine Botschaft an beide Geschlechter, deren Verantwortungsgefühl bereits so ausgeprägt ist, dass sie sich deswegen belastet und bedrückt fühlen.

Als Realist – auch Optimist – wird es immer Augenblicke der Finsternis geben. Das gilt für jeden. In solchen Zeiten denken Sie hoffentlich daran, Sonnenlicht in Ihr Leben zu lassen. Gehen Sie mit sich selbst nicht so streng ins Gericht und lassen Sie nicht zu, dass andere mit Ihnen so umgehen. Rechnen Sie sich Ihre Leistungen hoch an. Wenn Sie einen Fehler machen, dann loben Sie sich dafür, die Sache wenigstens versucht zu haben.

Lachen Sie oft! Singen Sie, pfeifen Sie oder summen Sie ein Lied bei der Arbeit und wo es Ihnen angebracht erscheint.

Wenn Sie nur die Hälfte dessen schaffen, was Sie sich vorgenommen haben, oder wenn Sie etwas nur halb so gut schaffen, wie Sie es sich eigentlich vorgestellt hatten, dann klopfen Sie sich eben nur auf *eine* Schulter, aber trotzdem: Nehmen Sie es nicht so schwer!

Seien Sie so unbeschwert, dass Sie über die dunklen Wolken hinwegschweben können und alle Regenbogen Ihres Lebens sehen.

Vor einigen Jahren ist mir ein Lied in die Hände gekommen, welches das unterstreicht, was ich als persönliche Wahrnehmung bisher ausführte.

Ich kenne dich und du kennst mich.
Wir zwei sind wie Dunkel und Licht.
Ich kenne dich und du kennst mich –
Ja, so soll es sein.
Ich helfe dir und du hilfst mir,
Probleme lehren uns zu sehen.
Ich helfe dir und du hilfst mir,
Ja, so soll es sein.

Ich liebe dich und du liebst mich.
Gemeinsam sind wir unübertrefflich.
Ich mag dich und du magst mich.
Ja, so soll es sein.

Den Großteil meines Lebens musste ich Brücken zwischen verschiedenen Kulturen schlagen.

Denken wir an die, die aus fremden Ländern aus tiefster Not zu uns kommen, wie ich ohne Not in ein fremdes Land gegangen bin.

Ich erinnere mich noch ganz genau, wie es dazu kam, dass ich mich zum Errichten dieser Brücke entschloss. Am 7. Dezember 1941, dem Tag, an dem die japanische Luftwaffe die in Pearl Harbor stationierte amerikanische Flotte angriff, war ich 15 Jahre alt.

Als wir die Flugzeuge sahen und die Bomben hörten, wussten wir nicht, ob die Japaner auf Hawaii landen wollten, ob die Amerikaner zum Gegenangriff übergehen würden und von welcher Seite uns japanischen Amerikanern dann die größte Gefahr drohte. Meine Mutter und ich fürchteten uns zu Tode. Wir trugen all unsere aus Japan stammenden Habseligkeiten zusammen und stopften sie in den Ofen.

Wir verbrannten Regale, Bücher, Urkunden, Bilder – alles, was auch nur im Geringsten darauf hindeuten könnte, dass hier eine japanische Familie wohnte. Als wir fertig waren, blickte ich in den Spiegel, sah mein Gesicht an und dachte: Ich *bin* eine Japanerin! Ich habe Japan nie betreten, und ich fühle mich nicht als Japanerin! Sollte jemals ein japanisches U-Boot auf unserer Insel landen und sollten japanische Soldaten an Land kommen, dann würde ich vor ihnen davonlaufen.

    Aber vor mir selbst kann ich nicht davonlaufen.

Mein Augen, meine Haut und meine Haare sehen japanisch aus. Ich werde immer eine Japanerin sein.
    Diese Einsicht gebot meiner Verwirrung und Angst Einhalt. Mir wurde bewusst, dass es keine unkomplizierte Lösung für mein Problem gibt. Ich begriff, dass noch vieles geschehen würde, worauf meine Familie und ich keinen Einfluss würden ausüben können, aber gleichgültig, was noch geschehen solle – mit der Wirklichkeit würde ich mich auseinandersetzen müssen, und dazu gehörte, dass ich sowohl Japanerin als auch Amerikanerin bin.
    Ich würde mir die Antwort auf die Frage nach meiner Identität Tag für Tag, so gut ich es eben vermochte, erarbeiten müssen. Entweder konnte ich zwischen den beiden Kulturen eine Brücke schlagen und nach einem Mittel suchen, beide Teile meines Ichs akzeptieren zu können, oder ich würde ewig zwischen den beiden Welten verloren sein. Ed und ich hatten japanische Vorfahren, waren gebürtige Hawaiianer und lebten auf dem amerikanischen Festland. Wie viele Menschen, einer Völkerwanderung gleich, irren von Kontinent zu Kontinent, von einer Kultur in die andere, um einen Hauch von Heimat und Frieden zu finden. Wir nannten also drei Kulturkreise unser Eigen, gehörten aber keinem der drei wirklich an. Wir standen vor der Aufgabe, diese drei Kulturkreise durch Brücken zu verbinden, ansonsten wären wir völlig isoliert gewesen, gestrandet zwischen zwei Welten, denen wir nicht angehörten.
    Der Verfasser erinnert sich an den Anfang der 90er Jahre, wo eine junge Perserin, die durch die politischen Verhältnisse im Land genötigt war, das Land zu verlassen. Ihre Geschwister erreichten Amerika und

sie setzte erstmals ihren Fuß auf deutschen Boden, begleitet von einer vierjährigen Tochter. Ihr Mann, schon vor ihr nach Deutschland gekommen, verließ im Einvernehmen Frau und Kind, sodass die junge Frau auf sich allein gestellt war.

Dank der Tatsache, dass sie Menschen fand, die sich ihrer annahmen, ihr den Weg in ein Berufsleben ebneten, dadurch im näheren Umfeld Kritik und Neid erfahren mussten, an diesem Dienst am Nächsten festhielten und dankbar waren, liebevolle Gefühle annehmen zu dürfen.

Chieko N. Okazaki deckt ihre Erfahrungen auf und sagt: Als größte Brücke zwischen unterschiedlichen Kulturkreisen wirkt die religiöse Verbundenheit mit anderen Menschen. Vielleicht gerade deswegen, weil ich Anteil an drei verschiedenen Kulturkreisen habe, ohne einem wirklich ganz anzugehören, wurde mir bewusst, dass man in jeder Kultur etwas aufgeben muss, um voll und ganz der Kultur des Evangeliums anzugehören.

Um unsere Unterschiede in Vorteile zu verwandeln, anstatt sie zu einem trennenden Faktor zu machen, müssen wir die Qualität und die Häufigkeit unserer Kommunikation miteinander verbessern. Tauschen wir Erfahrungen aus.

Wenn wir etwas hören oder sehen, das wir nicht verstehen, dann sollten wir der Sache nachgehen. Stellen wir einander die Frage: Was meinst du damit?

Sobald wir unsere Unterschiede nicht mehr als Schranken betrachten, fällt es uns leichter, die Hand über sie hinwegzustrecken und dem anderen zu helfen.

Als Kind japanischer Plantagenarbeiter wurde mir sehr deutlich bewusst, welche soziale Kluft zwischen uns und den *Haoles,* den Weißen, existierte, die nur sehr schwer zu überbrücken war.

Gegenseitige Hilfe macht die Sache leichter.

Hauptmann Beck, der Aufseher auf den Plantagen, stand innerhalb unseres Dorfes an der Spitze der Gesellschaft. Er war dafür bekannt, tüchtig und flink arbeiten zu können, also ließ mich sein japanischer Koch ab meinem neunten und zehnten Lebensjahr ab und zu als Servierin bei Partys arbeiten. Der Lohn war nicht überwältigend, in etwa 25 bis 50 Cent, aber ich hätte sogar umsonst gearbeitet, nur um zu sehen, wie die *Haoles* lebten.

Ich beobachtete wirklich einfach alles: Wie die *Haoles* – die Weißen – miteinander sprachen, wie sie ihre Cocktails tranken, wie sie sich hinsetzten und wieder aufstanden; Stühle gehörten nicht zum japanischen Mobiliar; was sie aßen und wie sie mit dem seltsamen Essgerät umgingen, das sie Gabel nannten.

Dann ging ich wieder nach Hause und in meinem Kopf wirbelte es geradezu vor kulturellen Unterschieden. Nie wäre mir der Gedanke gekommen:

Die *Haoles* machen es bestimmt besser, weil Hauptmann Beck wichtiger ist als meine Eltern. Nein, ich dachte mir:

Die *Haoles* machen das und das ganz anders. Und ich merke mir was. Weil ich nichts dagegen einzuwenden hatte, als Bedienerin zu arbeiten und zu helfen, lernte ich Sachen über die Welt, in der ich lebte, die ich sonst jahrelang nicht erfahren hätte, so wie es in Patricia Grahams Lied heißt: Ich helfe dir und du hilfst mir!

Der Irrtum wiederholt sich immerfort in der Tat. Deshalb muss man das Wahre unermüdlich in Worten wiederholen.

(Goethe, Maximen und Reflexionen)

Düsterer Morgen, strahlender Tag

London ist eine Stadt mit viel Geschichte. Wer kennt nicht den Trafalgar Square, den Buckingham Palace, den Big Ben, die Westminster Abbey und die Themse. Nicht ganz so bekannt, dafür aber von unschätzbarem Wert sind die großartigen Kunstgalerien dieser Stadt.

Der Kenner Thomas S.M. setzt seine Gedanken und Gefühle so natürlich ein, dass der Verfasser dieses Buches sich voll und ganz damit identifizieren mag. An einem grauen Winternachmittag besuchte ich die Tate Gallery. Ich bewunderte die Landschaften eines Gainsborough, die Porträts eines Rembrandt, die regenschweren Wolken eines Constable.

In einem Winkel in der dritten Etage fand ich ein Meisterwerk, das nicht nur meine Aufmerksamkeit auf sich zog, sondern auch mein Herz gefangen nahm. Eine schlichte Hütte, die auf das sturmgepeitschte Meer hinausblickt. Neben einer alten Frau kniet gramerfüllt eine Seemannsfrau und beklagt den Verlust ihres Gatten.

Die abgebrannte Kerze im Fenster erzählt von einer fruchtlos durchwachten Nacht. Von dem nächsten Sturm ist nichts geblieben als riesige graue Wolken.

Man konnte ihre Einsamkeit, ihre Verzweiflung spüren. Der Titel, den der Künstler seinem Werk gegeben hatte, schildert eindringlich das Geschehen: A Hopeless Dawn – Der Morgen dämmert ohne Hoffnung.

Hoffnung, so schreibt Hippias, lässt sich wie folgt verstehen:

Die neidischen Menschen sind doppelt schlimm daran: Sie ärgern sich nicht nur über das eigene Unglück, sondern auch über das Glück des anderen.

Wie sehr sich wohl diese junge Witwe nach den tröstenden Worten, ja, der Erkenntnis von Robert Louis Stevensons Requiem sehnt:

Kehrt heim zu der Seemann, heim von der See, und der Jäger vom Berge zurück.

Für sie und unzählige andere, die einen geliebten Menschen verloren haben, dämmert jeder Morgen ohne Hoffnung. So empfindet der, für den der Tod das Ende ist und die Unsterblichkeit nichts weiter als ein Traum.

Die Physikerin Marie Curie kehrte abends nach dem Begräbnis ihres Ehemanns Pierre Curie, der bei einem Verkehrsunfall in Paris ums Leben gekommen war, nach Hause zurück und schrieb in ihr Tagebuch:

Nun ist alles vorbei. Pierre ruht in der Erde – es ist sein letzter Schlaf. Alles vorbei – alles, alles.

Der Atheist Bertrand Russel setzt sein Zeugnis hinzu:

Kein Feuer, kein Heldentum, weder Lauterkeit der Gedanken noch der Gefühle rettet das Leben des Einzelnen über das Grab hinweg.

Noch bitterer Schopenhauer, der Philosoph des Pessimismus:

Der Wunsch nach Unsterblichkeit ist der Wunsch nach dem ewigen Fortbestehen eines schweren Irrtums.

Tatsächlich aber hat sich jeder denkende Mensch schon einmal gefragt: Dauert das Leben des Menschen auch nach dem Tod fort?

Der Tod ereilt alle Menschen – die Betagten, deren Fuß ermattet; an andere ergeht sein Ruf, kaum dass sie den Lebensweg zur Hälfte gegangen sind; selbst Kinderlachen lässt er verstummen.

Der Tod – ein tragisches Faktum, an dem keiner vorüberkommt, das keiner leugnen kann.

Vor vielen Jahrhunderten schilderte Ijob, ein ehrenwerter, untadeliger Mann den Tod mit folgenden Worten:

Die Wasser schwinden aus dem Meer, der Strom vertrocknet und versiegt. So legt der Mensch sich hin, steht nie mehr auf, die Himmel werden vergehen, ehe er erwacht.

Aber wie unzählige seiner Mitmenschen wehrte sich auch Ijob gegen diese Forderung. Er wandte den Blick vom scheinbaren Sieg des Todes, diesem bedrückenden Schauspiel, und rief triumphierend:

Dass doch meine Worte geschrieben würden, in einer Inschrift eingegraben, mit eisernem Griffel und mit Blei, für immer gehauen in den Fels. Doch ich, ich weiß; mein Erlöser lebt, als Letzter erhebt er sich über den Staub. Dann aber werde er Gott schauen.

Oft kommt der Tod als ungebetener Gast, als Feind, der mitten ins Fest des Lebens tritt und Lichter und Lachen mit einem Mal ersterben lässt. Mit schwerer Hand fasst er nach einem, der uns nahesteht, und lässt uns verständnislos und fragend zurück. Und erscheint er auch hin und wieder – in Krankheit und Leid – als Engel der Barmherzigkeit, so empfinden wir ihn doch zumeist als einen, der unser Glück zerbricht.

Die Not der Witwe etwa ist ein wiederkehrendes Thema in vielen inspirierten Schriften. Wir teilen den Schmerz der Witwe von Sarepta. Sie hatte ihren angetrauten Mann verloren. Ihr spärlicher Vorrat ging zur Neige, sie war von Hunger und Tod bedroht.

Da kommt zu ihr der Prophet Gottes mit dem scheinbar herzlosen Gebot, sie solle ihm zu essen geben.

Sie gibt die ergreifende Antwort:

So wahr der Herr, dein Gott, lebt: Ich habe nichts mehr vorrätig als eine Handvoll Mehl im Topf und ein wenig Öl im Krug. Ich lese hier ein paar Stücke Holz auf und gehe dann heim, um für mich und meinen Sohn etwas zuzubereiten. Das wollen wir noch essen und dann sterben.

Dann raubte der Tod dieser Witwe den Sohn. Gott im Himmel hörte jedoch ihr Flehen.

Durch seinen Propheten gab er ihr das Kind zurück. So wie dieser Frau von Sarepta erging es auch der Witwe von Nain. Auch sie verlor ihren Sohn, und auch er wurde ihr gesund und lebend zurückgegeben – ein Geschenk des Herrn Jesus Christus.

Und heutzutage? Findet das kummervolle Herz auch heute Trost? Gedenkt Gott immer noch der Witwe und ihrer Sorgen?

Es war im Jahre 1968 mitten in Deutschland. Eine Familie mit zwei Söhnen und einer Tochter. Sie wurden den Umständen entsprechend aufgezogen und für die Anforderungen des Lebens vorbereitet. Besonders die Tochter, sie war ein Segen an Menschlichkeit und Verantwortungsbewusstsein. Sie war knapp 20 Jahre und war im Haus der Eltern. Eine Selbstverständlichkeit, dass sie die schwerkranke Mutter über drei Jahre pflegte.

Sie wollte einmal den Beruf der Krankenschwester erlernen, nun war sie als Friseuse an der Seite der Mutter.,wie eine Krankenschwester.

Diese Fürsorge bedeute auch, dass sie sich viele Wochenenden nicht an den ehrenhaften Vergnügen Gleichgesinnter beteiligen konnte.

Die Mutter, jeglicher Klage fern, ertrug mit äußerster Disziplin die Schmerzen, den Verzicht auf einen normalen Schlaf und nahm die Fürsorge und Fürbitte der Tochter dankbar an. Ihr Mann, im Geschäft gefordert, wechselte sich mit der Tochter in der Pflege der Mutter ab; bis aufs Wochenende.

Dem Mann und der Tochter gingen Worte durch Herz, welche ihre Schwiegermutter, sich der Krankheit der Schwiegertochter bewusst, an herzloser Aussage schuldig machte. Sie bemerkte mit vollem Ernst: Mal sehen, Emmy, wer von uns beiden zuerst stirbt.

Was für ein Stich muss der Emmy durchs Herz gegangen sein?

Was für ein Charakter tritt hier zutage?

Es sollte sich ergeben, dass die Emmy qualvoll mit 52 Jahren starb und die Schwiegermutter noch einige Jahre auf der Erde verweilte. Wer möchte sich vorstellen, wie sie dereinst vor Gott stehen musste?

In solchen Situationen werden Erinnerungen wach. Zwei der Geschwister der Mutter konnten mit fast 92 Jahren auf ein erfülltes und arbeitsames Leben zurückblicken; und die liebe Emmy sie so früh verließ. Es gab damals bei der Beisetzung nicht wenige, die mit einem sicheren Gefühl dafür standen, dass die Emmy durch ihre Disziplin und das Lebensende die guten Früchte der Liebe Gottes ererben wird.

Das erinnert an zwei Frauen. Jede hatte zwei prachtvolle Söhne. Jede einen liebevollen Ehemann. Beiden ging es gut, und beide erfreuten sich guter Gesundheit. Dann aber wurden beide Familien vom Tod heimgesucht. Zuerst verlor jede der Frauen einen Sohn, dann auch den Ehemann. Freunde spendeten zwar Trost, aber der Schmerz blieb ohne Linderung.

Die Jahre vergingen. Die beiden Schwestern, immer noch gebrochenen Herzens, zogen sich aus dem Leben zurück und verschlossen sich ihrer Umgebung. Allein mit ihrem Kummer sperrten sie sich ein.

Da erging an einen würdigen Diener Gottes, der die beiden Frauen gut kannte, die Stimme Gottes und ließ ihn auf ihr Leid aufmerksam werden. Der Diener Gottes ließ die Geschäftigkeit seines Büros hinter sich und besuchte das Haus der einsamen Witwe.

Er hörte sich an, was sie vorbrachten, und litt mit ihnen. Dann berief er sie zum Dienst für Gott und die Menschheit. Beide traten den geistlichen Dienst in der Gemeinschaft der Kinder des Herrn an. Beide richteten wieder den Blick nach draußen, in das Leben anderer und auf zu Gott.

Sie waren nicht länger aufgewühlt, sondern fanden Frieden. Ihre Verzweiflung machte neuer Zuversicht Platz. Wieder hatte Gott der Witwe gedacht und ihr durch seinen Diener Trost gespendet.

Die Nacht des Todes lässt sich durch das Licht geoffenbarter Wahrheit durchbrechen.

Ich bin die Auferstehung und das Leben, sagte der Herr.

Wer an mich glaubt, wird leben, auch wenn er stirbt.

Wer die Tochter der Mutter Emmy kennt, kann verstehen, dass diese Zusage, diese heilige Bestätigung, dass es ein Leben nach dem Tod gibt, in einigen Jahren neuer Erkenntnisse ebenfalls in die Seele gegangen ist.

Ihr wurde erstmals richtig bewusst, dass es ein Leben nach dem Tod gibt, darin ist der Friede begründet, den der Erretter seinen Jüngern verheißen hat:

Frieden hinterlass ich euch, meinen Frieden gebe ich euch; nicht einen Frieden, wie die Welt ihn gibt, gebe ich euch. Eurer Herz beunruhigt sich nicht und verzagt nicht.

Glaubt an Gott, und glaubt an mich! Im Haus des Vaters gibt es viele Wohnungen …Wenn ich gegangen bin und einen Platz für euch bereitet habe, komme ich wieder und werde euch zu mir holen, damit auch ihr dort seid, wo ich bin.

In diesem Zusammenhang gibt es eine kleine Geschichte, die zum Nachdenken anregen sollte. Petrus begrüßt einen Verstorbenen an der Himmelspforte. Jedem, der an dieser Stelle steht, wird eine Wohnung in der neuen Welt zugewiesen.

Neugierig fragte der neue Besucher Petrus nach seiner Wohnung.

Petrus, pflichtbewusst und unbestechlich, zeigt ihm ein großes, einem Schloss ähnliches Gebäude, was Staunen auslöste.

Sie gingen hinein. Welch eine erschreckende Wahrnehmung; in dem großen Gebäude gab es keine Räume, keine Einrichtung, alles hohl.

Verdutzt fragte er Petrus: »Warum soll das denn so sein?«

Die Antwort von Petrus soll jeden nachdenklich machen: »Als du auf der Erde aufgehört hast zu dienen, haben wir aufgehört zu bauen!«

Es ist die Erkenntnis von der Wahrheit und Liebe Gottes, die tröstet. Das ist die Gewissheit, die den Bedrückten aus dem Schatten ins Licht treten lässt. Diese Hilfe wird nicht nur alten oder besonders gebildeten Menschen oder einigen wenigen Erwählten zuteil.

Sie ist für alle da!

Thomas S.M. verweist auf eine Begebenheit, die sich einreiht in die bisherigen der vorherigen Zeilen. Vor einigen Jahren erschien in den Zeitungen die Todesanzeige von einer Frau, die mir sehr nahestand, einer Mutter und Ehefrau in den besten Jahren ihres Lebens. Ich ging zum Begräbnis und sprach, gemeinsam mit der großen Schar von Trauergästen, dem erschütterten Ehemann und den verwaisten Kindern mein Beileid aus.

Auf einmal erkannte mich Lilly, das kleinste Kind, und fasste mich an der Hand. »Komm«, sagte sie und führte mich zu dem Sarg, in dem ihre geliebte Mutter lag.

»Ich weine nicht, und Sie dürfen auch nicht weinen. Mutti hat mir oft vom Tod und vom Leben beim himmlischen Vater erzählt. Ich gehöre zu meiner Mutti und zu meinem Vati. Einmal werden wir alle wieder beisammen sein.«

Mir fiel das Wort des Psalmisten ein:

Aus dem Mund der Kinder und Säuglinge schaffst du dir Lob.

Durch Tränen hindurch erkannte ich ein wunderschönes, glaubensvolles Lächeln. Für meine kleine Freundin, deren Kinderhand noch immer meine Hand umschlossen hielt, würde der Morgen nie ohne Hoffnung dämmern. Gestützt von ihrem unverrückbaren Zeugnis und mit dem Wissen, dass das Leben nach dem Tod weitergeht, können sie, ihr Vater, ihre Geschwister und alle, die mit ihnen die Erkenntnis dieser göttlichen Wahrheit teilen, der Welt verkünden:

Wenn man am Abend weint, am Morgen herrscht wieder Jubel.

Der Geist des Jungseins

Wir leben in einer Jugendära. In dieser Generation zählt das Jetzt. Es ist eine Zeit neuer Entdeckungen, eine Ära der Leistung. Die Betonung liegt auf Jugend. Jeder möchte jung wirken, sich jung fühlen, jung sein. Kein Mensch legt Wert auf mittleres Alter, ganz zu schweigen vom Lebensabend. Jahr für Jahr fließen Unsummen in Produkte, die den Menschen, wie sie hoffen, ihr jugendliches Aussehen wiedergeben. Es erhebt sich die Frage: Ist die Jagd nach Jugend neu?

Gibt es sie erst in dieser Generation? Ein Blick in die Geschichte gibt uns Aufschluss. Vor Jahrhunderten, im Zeitalter der großen Entdeckungen, wurden ganze Expeditionen ausgerüstet, und Schiffe stachen in See, um den buchstäblichen Jungbrunnen zu finden.

Legenden berichteten von einer magischen Quelle irgendwo jenseits des Horizonts, eine Quelle von reinstem Wasser. Um die Lebenskraft der Jugend wiederzuerlangen und nicht mehr zu verlieren, brauchte man nur reichlich vom Wasser dieser Quelle zu trinken.

Ponce de Leon, ein Begleiter des Kolumbus, unternahm Forschungsreisen in vollem Vertrauen auf die Legende, dass dieses Jugendelixier tatsächlich irgendwo auf den Bahamas zu finden sei.

Seine Anstrengungen und die vieler anderer führten jedoch zu keiner solchen Entdeckung.

Den Geist des Jungseins kann man sich wohl bewahren. Um geistig jung zu bleiben, muss man für die Jugend da sein, Samuel Ullman schreibt:

Jugend ist kein Lebensalter, sondern eine Geisteshaltung. Alt werden wir, wenn wir unsere Ideale verraten. Wir sind so jung wie unser Glaube und so alt wir unsere Zweifel; so jung wie unser Selbstbewusstsein, so alt wie unsere Frucht; so jung wie unsere Hoffnung, so alt wie unsere Verzweiflung.

Ein 73-Jähriger wurde an seinem Geburtstag nach seinem Alter gefragt. Seine Antwort: 37 Jahre. Das löste ein Lächeln und verständliche

Ungläubigkeit aus, bis er dem Fragenden erklärte, was wir soeben von Samuel Ullman lesen konnten.

Allen, die mit Jugendarbeit zu tun haben, kann man empfehlen:
Noch nie hat die Jugend Sie und Ihren Glauben, Sie und Ihr Selbstbewusstsein, Sie und Ihre Hoffnung, Sie und Ihr Herz so dringend gebraucht wie heute.

Das sind die Schlagzeilen unserer seriösen Tageszeitungen:

DROGENMISSBRAUCH – STAATSFEIND NUMMER EINS
SEXUELLE SCHRANKEN NIEDRIGER DENN JE
PORNOGRAPHIE WIRD ÖFFENTLICH
LEBENSLÄNGLICH FÜR JUGENDLICHEN TÄTER
REKORDANSTIEG DER JUGENDKRIMINALITÄT

Tag für Tag, Woche für Woche dominieren solche Schlagzeilen unserer Presse. Wir können es nicht als selbstverständlich voraussetzen, dass unsere eigenen Kinder gegen Sünden dieser Art immun sind. Viele junge Leute, für die wir verantwortlich sind, werden mitgerissen von der öffentlichen Meinung. Manche erleiden in diesen turbulenten Zeiten Schiffbruch, und manche gehen im Strudel der Sünde unter.

(1)
Nehmen wir uns Zeit zum Nachdenken

Wir müssen unsere Aufgabe in der Erziehung kennen; wir müssen unsere jungen Leute und ihre Träume kennen; wir müssen die richtigen Ziele setzen und den Weg einschlagen, auf dem wir sie erreichen. Das setzt voraus, dass man sich überlegt, was man tut. Nehmen wir uns Zeit zum Nachdenken.

(2)
Standhaft für die Wahrheit und Richtigkeit eintreten

Die ständig wechselnde öffentliche Meinung und der Druck von

Freunden und Bekannten üben in allzu vielen Fällen einen unwiderstehlichen Sog aus, der wertvolle Söhne und Töchter in die Tiefe zieht. Wer Kinder, vom Kindergarten an, erzieht, wirkt stabilisierend, sie sind wie ein sicherer Hafen in einem stürmischen Meer, wie Wächter auf dem Turm, wie Verkehrspolizisten auf einer verkehrsreichen Kreuzung. Die Jugend orientiert sich an uns. Wie bewähren wir uns? Hoffentlich können wir antworten:

> Ja, fest wie die Berge und Felsen
> so stark sei auch unser Stand.
> Auf dem Fels, den unsere Väter
> sich schufen durch Gottes Hand.

Gemeint ist der Fels unserer Ehre und Tugend.
   Seien wir uns bewusst, dass wir nicht irregehen können, solange wir richtig handeln, und dass wir, umgekehrt, nicht im Recht sein können, wenn wir Unrecht tun. Eine ganz einfache Formel, und doch eine grundlegende Wahrheit. Junge Menschen brauchen weniger Kritik und mehr Vorbild. Treten wir also standhaft für die Wahrheit ein.

(3)
Seien Sie da, um zu helfen
   Dreiakter, Roadshows, Fußball, Jugendgruppen bieten dazu reichlich Gelegenheit. Eine typische Zusammenkunft von Jugendlichen auf Schulausflügen – denken Sie an den Titel »Sieben Teenager« – stärkt diese Absicht. Seien wir uns stets bewusst:

> Die Seelen haben großen Wert in den Augen Gottes
> Wie schön ist doch die Jugend, wie strahlend hell
> mit ihren Illusionen, großen Zielen und Träumen,
> ein Buch, das immer neu beginnt und niemals endet;
> eine Heldin jedes Mädchen, jeder Mann ein Freund.

Die Liebe, die bewegt!

Es war im Sommer des Jahres 1963, als der 22 Jahre junge Erich und seine gleichaltrige Freundin Silvia sich am Theater trafen, um von da aus zur Gesine und ihren Freunden zu gehen. Silvia hatte sehr viel Ähnlichkeit mit einer weltweit bekannten Sängerin aus Griechenland, fand die aufmerksamen Blicke aller Männer, welche man als Frauenversteher ansieht.

Es wird, so verriet sie mir, ein längerer Abend, denn wir werden Gesine als eine Frau mit Leidenschaft, wenn es ums Theater geht, erleben.

Unser lieber Erich verstand sich auf ihre geistige Ausstrahlung, schätzte es, dass sie sich im Schauspiel und den Lebensgeschichten vieler Berühmtheiten vortrefflich auskannte, und somit besuchten wir die Gesine, die sich auf den Abend, wir nannten es einmal im Monat Kulturabend, vorbereitet hatte.

Wir waren etwas überrascht über die Personen, die im Mittelpunkt stehen sollten. Es ging um Marie und Carl von Clausewitz.

Die Gesine neigte dazu, sich mit diesem oder jenem Lebensbericht bekannter Persönlichkeiten zu identifizieren, somit auch mit Marie und Carl von Clausewitz.

Das tat sie, obwohl sie wohl noch nie eine ernste Beziehung zu einem Mann gefunden hatte. Lassen wir unserer Neugierde freien Lauf, was an diesem Abend besprochen werden sollte.

In dem Referat, da zeigte sie ein Talent, das eher auf die Bühne passte als hier, war sie mit entsprechendem Material ausgestattet und gab uns schon anfangs Hinweise darüber, wo wir uns »belesen« konnten, wie sie immer betont.

Wenden wir uns Marie und Carl von Clausewitz zu.

Die Liebe und das Leben von Marie und Carl von Clausewitz sind eng mit der Geschichte ihres Vaterlandes verbunden. In jenen Zeiten, in denen Napoleons harte Hand die Völker unterdrückte, wurde auch

Preußen von ihm niedergeworfen, an dessen Spitze ein schwacher König stand. Friedrich Wilhelm III. war stets ängstlich darauf bedacht, seinem Lande den Frieden zu erhalten, ganz gleich mit welchen Mitteln er ihn erkaufte. Er riss damit sein Land unaufhaltsam tiefer in unerträgliche Demütigung hinein. Aber in diesen Zeiten der größten Not regten sich im Volke immer stärker jene ewigen Kräfte, die ein Volk nicht untergehen lassen, solange es sie besitzt.

Sich selbst beherrschende, klar denkende und kühne Männer, die ihr eigenes Leben hintenansetzten und nur der Idee von der Wiedergeburt ihres Vaterlandes folgten, wurden von ihrem König mit Misstrauen verfolgt, er erschwerte ihnen ihre Arbeit und besann sich nur in der Not auf sie. Männer wie der Freiherr vom Stein, Scharnhorst, Gneisenau und Carl von Clausewitz wurden undankbar behandelt, und so liegt über dem Leben von Clausewitz eine Bitterkeit, die ihn ohne die zärtliche Liebe seiner Frau wohl zu einem großen Pessimisten gemacht hätte.

Das war also das Umfeld, welches Carl von Clausewitz für die Zukunft tragen sollte. Warten wir ab, was dabei für großartige Augenblicke erwachsen sollen.

Marie von Clausewitz, geborene Gräfin von Brühl, war die Enkelin des kunstliebenden und verschwenderischen sächsischen Ministers von Brühl. Ihre Mutter war Engländerin. Marie wurde am 3. Juni 1779 zu Warschau geboren, 1787 wurde ihr Vater als Erzieher des Kronprinzen an den preußischen Hof berufen.

Nun wurden einige hellhörig.

Jeder aufmerksame Zuhörer konnte Silvia verstehen, als sie sich wie folgt zu Wort meldete und folgende Feststellung traf:

»Es gibt doch die Brühler Terrassen am Flussufer in Dresden und dass Dresden Ende des Krieges so sehr bombardiert worden war, dass ca. 200.000 Tote zu verzeichnen waren.«

Gesine erhob die Hand und bat doch darum, nicht zu unterbrechen, denn Dresden sei heute nicht ihr Thema. Also fuhr sie mit Clausewitz fort.

Mit 18 Jahren erhielt Marie ihre Ernennung zur Hofdame der Witwe Friedrich Wilhelm II. Ihr liebenswürdiges Wesen gewann ihr überall Zuneigung und besonders die Freundschaft von Prinz Wilhelm, Prinzessin Luise Radziwill, der Schwester des Prinzen August von Preußen und des Freiherrn von Stein.

Als 1802 Maries Vater starb, zog sie sich vom Hofleben zurück. Der Tod ihres Vaters war das erste einschneidende Erlebnis in Maries Leben.

Eine Zwischenbemerkung von Erich: »Dann identifizierst du dich, Gesine, mit der Prinzessin, oder?« »Natürlich, aber ich will fortfahren«, reagierte sie ungehalten.

Der Tod des Vaters war für Marie ein einschneidendes Erlebnis in ihrem Leben. Es machte sie pessimistisch. Sie glaubte, dass sie nie Glück und Liebe in der Welt finden würde und wusste doch, dass nur Liebe sie glücklich machen konnte. Mit dem traurigen Gefühl, überflüssig auf der Welt zu sein, kehrte sie in das Berliner Hofleben zurück.

Als sie dann wieder beim Prinzen Ferdinand erschien, rührte es sie, Menschen und Räume wiederzusehen, die sie seit des Vaters Tod nicht mehr erblickt hatte. Bei den warmen Worten, die Prinzessin Luise ihr über ihren Vater sagte, konnte Marie die Tränen nicht mehr zurückhalten und trat ans Fenster, um sich zu fassen.

In diesem Augenblick betrat der 23-jährige Carl von Clausewitz, der Adjutant beim Prinzen August war, das Zimmer. Ihn zog nicht nur Maries innere Erregung an, die sicher ihren Gesichtsausdruck verschönte, sondern er erkannte sofort ihr ganzes Wesen und ließ sich ihr vorstellen.

Sie aber konnte noch immer nicht sprechen und nannte nur kurz ihren Namen. Er schrieb später über diesen Augenblick:

»Als ich Dich zum ersten Mal sah, geliebte Marie, dachte ich mir, Du müsstest mir eine recht liebe Freundin werden können; denn ich habe für gewisse Charaktere und also auch für gewisse Gesichtsbildungen *eine solche Vorliebe,* dass ich ihnen nicht nur sogleich wohl will, sondern auch überzeugt bin, dass sie mir gut sein werden, wenn sie mich kennen, und nie haben Züge dem inneren Urbilde mir verwandten Seelen mehr entsprochen als die Deinen …

Ohne Freund und näheren Bekannten, wie ich war in dem Zirkel, worin ich lebte, war mir der Gedanke ganz besonders reizend, Dich zu meiner Freundin zu machen; dieser Entschluss war das Werk des ersten Augenblicks, noch ehe wir ein Wort miteinander gewechselt hatten …«

Aus der projektierten Freundschaft ist sehr bald Liebe geworden.

Das Hofleben brachte es mit sich, dass die beiden sich heimlich Liebenden wenig Zeit füreinander fanden, wodurch ihre Gefühle nur stärker erwachten. Marie besaß ein ruhiges, besonnenes Wesen, das selten unüberlegt aus sich herausging. Erst als im Dezember 1805 die Truppen vor dem Ausmarsch standen, besiegte ihr Gefühl alle Bedenken, und als sie Carl nach langem Suchen endlich in einem Schuhladen traf, bat sie ihn, seine hiesigen Freunde nicht zu vergessen. Er fasste ihre Hand, küsste sie und sagte doppelsinnig:

»Oh, wer sie einmal gesehen hat, der vergisst sie nie wieder!«

»Wir hielten einander noch einen Augenblick schweigend und gerührt bei der Hand«, schrieb Marie in ihr Tagebuch, »wir wären einander in die Arme gesunken, wenn wir allein gewesen wären … wir hätten einander verstanden, und der Bund unserer Seelen war schweigend geschlossen. Nie, nie werde ich vergessen, was ich an diesem Tag empfand.«

In unserer kleinen Runde brach nun die Zeit der Diskussion über diese großartige Glücksgeschichte an. Silvia schaute Erich an, als wollte sie die Marie sein; doch dazu war es viel zu früh.

Für Erich war es bemerkenswert, dass er mit dieser Geschichte Neugierde geweckt hat.

Sie verabschiedeten uns nach einer Stunde für das nächste Treffen in Fortsetzung des glorreichen Anfangs einer Beziehung, die wohl alle Herzen anrührt.

Marie und Carl waren noch frisch in Erinnerung, als Silvia diesmal die Thematik vortrug; gemeinsam mit Erich vorbereitet. Ja, das vermochte Silvia, wenn sie sich auch innerlich mit dem Thema verbunden fühlte. Fahren wir fort:

»Noch am Tage vorher schienen Zentnerlasten auf meiner Seele zu liegen, sowie ich einen Augenblick allein war, versank ich in tiefe, schwermütige Gedanken. Wie mit der Macht der Zauberei hatte ein einziger Moment diese Schmerzen in Seligkeit verwandelt.

Ich dachte nicht an die Zukunft, nicht an die Vergangenheit, alles verlor sich in Seligkeit, mich so geliebt zu sehen und dem Geliebten auch meine Seele gezeigt zu haben.

Mir war den ganzen Tag, als berühre ich die Erde nicht mehr mit meinen Füßen, ich schien in ein ganz anderes, höheres Dasein versetzt …!«

Schon wenige Tage nach dem Ausmarsch der Truppen kam die Nachricht von der Schlacht bei Austerlitz, der ein Waffenstillstand und Friede folgte. Napoleon unterdrückte Preußen jetzt so sehr, hetzte England und Russland dagegen auf, dass Friedrich Wilhelm III. notgedrungen Frankreich im Oktober 1806 den Krieg erklären musste, trotzdem er nicht militärisch vorbereitet war. Carl zog erneut ins Feld. Vorher verlobten die Liebenden sich heimlich. Von diesem Zeitpunkt setzte ihr Briefwechsel ein, und noch heute kann sich niemand beim Lesen den klaren, aufrechten Seelen beider entziehen, die durch die Wirrnisse ihrer Zeit selbstverständlich und unzweideutig ihren Weg gingen, den ihnen die Liebe füreinander und für ihr Volk zeigte.

Kann man sich vorstellen, dass alle in der Runde sich persönlich angesprochen fühlten? Gesine, sie wartete noch immer auf einen Prinzen, verbrachte einige Minuten in tiefer Nachdenklichkeit, während Silvia den Erich ganz genau ins Visier nahm; jeder weiß warum!

»Glauben Sie nicht, dass ich mutlos verzweifelte«, schrieb Carl Marie vor den Kämpfen, »Gott wird mich vor diesem Zustand bewahren, solange ein Funken Lebensglut im mir ist; und verachten werde ich

jeden deutschen Mann, der dem Mute und den Hoffnungen entsagt ...
Diesem Frieden, den die Demut gibt, entsage ich auf ewig ...!
Ja, teuerste Marie, ich verehre und liebe Sie mit aller Kraft meiner Seele, und ich bin entschlossen, mir einen frisch duftenden Lorbeerzweig zu pflücken, um meiner Liebe bescheidene Blüte in diesen Kranz zu winden ...!«

Durch die Enttäuschungen und glücklichen Stunden des Kriegslebens trug Carl einen kleinen Ring, den Marie zwölf Jahre getragen hatte und den er sich vor seinen Auszug von ihr erbat. Dankbar erkannte sie: »... Ich habe die glückliche Erinnerung, diese Lippen in dem Kuss innigster Liebe berührt zu haben – und wie sind seit diesem Kuss an dem Baume meines Lebens alle Zweige neu ergrünt!«

Wie sehr hoffte Carl auf Siege, auf große Taten dieses Krieges, um sich Marie würdig zu erweisen und um sie zu erringen. Die Schlacht bei Auerstedt zerstörte seine Hoffnungen.

Das Hohenlohesche Korps steckte bei Prenzlau schimpflich die Waffen. Prinz August und Clausewitz versuchten mit ihren Bataillonen durch die sumpfigen Ackerbrüche zu entkommen und der Gefangenschaft zu entgehen. Aber die Munition ging ihnen aus, und der Morast wurde immer undurchdringlicher. Sie mussten sich gefangen nehmen lassen.

Da Prinz August sich tapfer benommen hatte, erhielt er eine ehrenvolle Gefangenschaft, in die Clausewitz ihn am 30. Dezember 1806 begleitete.

Auf der Reise nach Frankreich schrieb er Marie: »... Von Dir sich losreißen – ist unaussprechlich bitter, von den Gedanken an Dich, ist unmöglich ...Über Gegenstände des Gefühls ...kann ich mich keinem anderen mitteilen als Dir; denn alle Regungen meines Herzens fließen unaufhörlich zu dem Gefühle zusammen, was Du mir gabst und dem alles Gute in mir so nahe verwandt ist.

Wie oft betrachte ich die Locke, die Schrift, die Nadel, den Ring, alles, was ich von meiner Mutter habe!«

Aus Carls Briefen lernen wir Maries Wesen kennen, denn die meisten ihrer Briefe sind leider in den Wirrnissen des Krieges verloren gegangen. Wir erfahren, wie sie es verstand, den durch die Zeit bedingten Aufruhr seiner Seele zu besänftigen:

»Ich leugne es nicht, oft, wenn ich mich am meisten niedergedrückt fühlte, war es mir eine süße Labung, einen tiefen Blick in Dein Innerstes zu tun und den ganz entflohenen Wert des Lebens noch einmal in Deiner Seele wiederzufinden.«

Immer wieder versuchte er, ihr das wirkliche Leben zu zeigen, damit sie fähig wäre, ihn richtig zu erkennen. Er schilderte ihr seine traurige mutterlose Kindheit:

»Nie, Marie, werde ich es versuchen, Dir besser zu erscheinen, als ich mich fühle …Bedenke, dass ich ein Sohn des Lagers bin, aber aus der wirtschaftlichen, nicht aus Schillers poetischer Welt wie Max Piccolomini.

Nach einer sehr mittelmäßigen Erziehung war im 12. Jahr mein erster Ausflug in die Laufgräben von Mainz – da trug, als Mainz ein Raub der Flammen wurde, die wir angefacht, das Jauchzen des rohen Soldatenhaufens auch meine kindliche Stimme empor.

So den Umständen, den mannigfaltigen Einwirkungen und meiner schwachen Kraft überlassen, sind die äußeren Eindrücke, die Umstände, kurz, der Zufall, meine Erzieher gewesen!

Ich bin gerade und aufrichtig und nicht gesonnen, mich Dir von der Seite darzustellen, die Dir die liebste wäre, sondern von der *wahren,* die, wenn wir einst unsere Tage miteinander teilen, Du doch auch liebgewinnen müsstest, wenn wir nicht, anstatt unser Glück zu vermehren, uns unglücklich machen sollten …!«

Nach dem schmachvollen Frieden von Tilsit durften Prinz August und Clausewitz Frankreich verlassen und aus dem Totenschlaf, wie Carl die Gefangenschaft nannte, die er mit Mathematikstudien verbrachte, erwachen. Prophetisch rief er aus:

»Alles will in sein gewöhnliches Geleise zurück und, müde der außerordentlichen Anstrengungen, um jeden Preis Ruhe haben. Oh, sie werden dieses Ziel, so gemein es ist, verfehlen und ein Schicksal erleben, was sie in ihrem phantasielosen Dasein nicht ahnen! Es gibt einen Weg, uns zu retten! …Einen Geist wollte ich in Deutschland ausströmen, der wie ein Gegengift mit zerstörender Kraft die Seuche ausrottet, an der der ganze Geist der Nation zu vermodern droht …!«

»Zehnmal schlimmer als die äußere Gewalt ist das Gift unserer Erbärmlichkeit«, klagte er, als Napoleon den Abschied des Freiherrn von Stein erzwang.

Bei dieser Feststellung ergab sich eine gewisse Diskussion über den Mann Freiherr von Stein. Das Bild, wo er das sinkende Schiff verlässt, ist wohl jedem noch in Erinnerung. Gesine, sie überrascht uns immer wieder mit ihren Interessen und der Klarheit ihrer Aussagen. Silvia meinte sich zu erinnern, dass ihr Großvater ein Anhänger Bismarcks war. Sein Buch aus dem Jahre 1922 drückt sehr deutlich den Charakter, seine politischen Visionen und dergleichen aus. Silvia hat noch ein Foto vor einigen Wochen in dem Buch gesehen, wo ein Ahnenbild Valentin von Bismarcks, 1580 bis 1620, und seine vier Söhne vorgestellt werden.

Ein anderes Foto zeigt vermutlich Valentin von Bismarcks Gemahlin Bertha, geborene von Altenburg, 1782 bis 1642, und ihre vier Töchter. Gesine, blitzgescheit, wies darauf hin, dass sie Menschen kennt, die ihre Ahnenreihe zusammenstellen. Bei der Familie Bismarck scheint das selbstverständlich zu sein. Vielleicht eine Anregung, uns daran ein Beispiel zu nehmen?

Doch nun zurück zu unserem Glückspaar, Marie und Carl. Der Friede brachte ihm auch nicht seine Verbindung mit Marie, deren Mutter sich eine Verbindung feindlich gegenüberstellt. Sie hielt die Liebe ihrer Tochter für eine Romanliebe und wünschte sich eine reichere Heirat für Marie.

Der Hof und die königliche Familie residierten jetzt in Königsberg, und Carl folgte Prinz August dorthin. Hier nahm er endlich wieder

Fühlung mit Scharnhorst, dem großen Freund seines Lebens, der ihm einst Lehrer gewesen war.

Aus dieser Zeit sind einige Briefe Maries erhalten, in denen sie schrieb:

»Religion und Liebe schienen mir immer so nahe verwandt; jetzt, da ich weiß, was Liebe ist, bin ich noch inniger überzeugt von dieser schönen Übereinstimmung …Wie fromm und gut muss man nicht erst werden durch eine ganz glückliche Liebe!«

Selbstlos bat sie Carl:

»Nur die Bitte muss ich noch hinzufügen, dass Du bei Deinen Plänen für die Zukunft dem Gedanken an mich keinen Einfluss auf Deine Entschließungen einräumen mögest. Deine Liebe ist mein höchstes, mein einziges Gut; aber ich würde untröstlich sein, wenn Du mir, meiner Meinung, meinen Wünschen irgendein Opfer brächtest, das Du in der Folge bereuen könntest; an Dich und Deine Zukunft, nicht an die meinige denke, und wie Diotima im ›Hyperion‹ sagt: ›Handle du, ich will es tragen!‹«

Wie zärtlich und klug sind Worte, mit denen sie Carl aufzurichten versuchte: »Auch Dich möge dies Vertrauen ganz erfüllen …und Dich in der Überzeugung bestärken, dass die Kämpfe Deiner edlen Seele nicht verloren sind, wenn sie auch hier keinen sichtbaren Nutzen stiften sollten; an innerer Kraft und Vollkommenheit nimmst Du doch dabei zu, und vielleicht war dies die Art, wie Du Deine Bestimmung erfüllen solltest, und wenn Du ihr treu bleibst, hast Du nicht umsonst gelebt.«

Überhaupt bin ich fest überzeugt, dass ein edler Mensch nie umsonst lebt, wenn er auch nie in den Fall kommt, der Welt einen bestimmten Nutzen zu leisten. Sein bloßes Dasein ist eine Wohltat für die Welt, und nie ist diese Wohltat größer als in Augenblicken, wo wahre Tugend so selten ist; sie würde ja ganz sterben unter dem Drucke der Zeit und dem allgewaltigen Einflusse des Egoismus, des Leichtsinns und der Herrschsucht, wenn sie nicht in einem reinen, unbestechlichen und unwandelbaren Gemüt fortlebte und der Zukunft den Funken bewahrte, der einst wieder in hellen Flammen auflodern wird.

Hugo Hertwig, er berichtete begeistert über dieses Paar, hat auch uns angesteckt. Wir können verfolgen:

Unter diejenigen zu gehören, welchen dieses heilige Geschäft anvertraut ist, scheint mir eine so schöne, so edle Bestimmung, dass auch der ewige, schmerzliche Kampf, der damit verbunden ist, sie einem großen Gemüte nicht zu sehr verbittern sollte.

»So erscheinst Du mir, mein Carl, als einer der wenigen, die mit ganzer Seele einer besseren, kräftigeren Zeit angehören, und wenn auch das Unglück des Vaterlandes Dein edles Streben in Fesseln schlägt, so wird es doch für die Zukunft nicht verloren sein.«

Immer stärker entwickelte sich in Maries Seele das Bewusstsein, Frau zu sein:

»Wie schön, wie göttlich erscheint mir jetzt die Bestimmung der Frauen! Sonst wünsche ich immer, ein Mann zu sein, jetzt beneide ich ihnen zuweilen manche einzelne Vorgänge; aber tauschen möchte ich nicht mehr, um keinen Preis möchte ich der schönen Pflicht entsagen, nur zu leben, um zu lieben. Mein einziger Wunsch ist nur, sie ganz *erfüllen zu können*.«

Manchmal tröstete sie sich und den Geliebten zugleich in dem Kummer der jahrelangen Trennung: »Es ist schmerzlich, die schönsten Jahre des Lebens in unbefriedigter Sehnsucht und vergeblichem Hoffen hinzubringen, aber der Gedanke, ein unaussprechlich großes Glück noch vor sich zu haben, hat doch auch etwas Angenehmes und erhält der Seele ihr ganzes jugendliches Gefühl auch in den Jahren, welche die meisten Menschen nur der Vernunft widmen zu müssen glauben!«

Es war keine leere Phrase, wenn ihre Seele jauchzt: »Ich wäre ja schon glücklich, wenn ich mit Dir unglücklich sein könnte!«

Als Napoleon den königlichen Hof von Königsberg nach Berlin dirigierte, wurde Carl in den Generalstab versetzt und zum Major ernannt. Endlich erlaubte sein Gehalt es, Marie zu heiraten. Am 17.

Dezember 1810 war die sechsjährige Prüfungszeit der Liebenden zu Ende, von der Marie festhielt:

»Ich wünschte, Carl einige Jahre früher kennengelernt zu haben, um das Glück unserer Ehe noch vor dem gänzlichen Entfliehen der Jugend genossen zu haben, allein die lange Prüfungszeit, die wir ertragen mussten, kann ich unmöglich aus meinem Leben wegwünschen; denn ohne sie fehlt mir gewiss ein großer Teil der beseligenden Empfindungen, die jetzt mein Herz erfüllen, und es wäre mir bei meiner äußeren Ruhe, die so oft im Kontrast mit Carls Lebhaftigkeit war, gewiss viel schwerer gewesen, ihn von der ganzen Stärke und Innigkeit meiner Liebe zu überzeugen, wenn ich nicht so viel für ihn hätte kämpfen und ertragen müssen!«

Jetzt war in der Gruppe der Augenblick gekommen, dass Gesine sich des Textes der Marie annahm, um die Atmosphäre auf die ganze Gruppe zu übertragen. Wir verabschiedeten uns voneinander mit der halb ausgesprochenen Auflage, dieses Thema zu Hause weiter zu verfolgen.

Silvia war auf den Geschmack gekommen. Einige Tage später traf sie Erich wieder und sie konnte mit Zufriedenheit ihm folgenden Sachverhalt bezüglich der Geschichte und der Erfahrungen von Carl aus ihren Notizen vortragen:

Marie, deren »zarte und leidenschaftliche Seele« Carl in allen Kämpfen innerlich stets geholfen und wie einen Engel beschützt hatte, wurde jetzt seine Lebensgefährtin, die seine Interessen und seine Arbeit teilte.

Da die Sehnsucht der Liebenden, Kinder zu haben, nicht erfüllt wurde, wuchsen sie innerlich umso fester und unzertrennlicher zusammen. Aber schon nach einjähriger Ehe forderte das Schicksal ihres Volkes eine neue Probezeit ihrer Herzen.

Als am 5. März 1812 der französisch-preußische Bündnisvertrag ratifiziert worden war und der Einmarsch französischer Truppen in Berlin bevorstand, zog sich Clausewitz mit Scharnhorst nach Schlesien zurück.

Bevor er – wie der Freiherr von Stein und viele deutsche Männer damals – in russische Dienste trat, um auf russischer Seite gegen Napoleon zu kämpfen, verfasste er im Namen von Scharnhorst, Gneisenau und Boyen ein Glaubensbekenntnis, welches das Handeln jener Offiziere, die sich vom preußischen Dienst in diesem Augenblick lossagten und die man Verräter nannte, rechtfertigte.

Gegen Clausewitz wurde ein gerichtliches Verfahren eingeleitet und sein Vermögen eingezogen. »Ich habe nie etwas getan, um das zu verdienen«, schrieb er an Marie.

Carl erlebte den Russisch-Französischen Krieg in seiner ganzen Furchtbarkeit. Alles Schlimme half ihm der Gedanke an Marie zu ertragen. Er erinnerte sich an alle Einzelheiten ihrer Liebe, an die Seligkeit der ersten Umarmung und des ersten Kusses, an den Augenblick, wo er zum ersten Mal mit ihr allein im Wagen fuhr, »mit Dir allein in einer kleinen Welt, die uns allein gehört. Mitten im Getümmel des Krieges fühlte ich mich einsam, und in dieser Einsamkeit verrinnen die schönsten Jahre ihres Lebens. Die Welt erwacht mir erst wieder an Deinem Herzen.«

Am 30. Dezember 1812 konnte Carl von Clausewitz dazu beitragen, dass General York die Konvention von Tauroggen abschloss, wodurch dieser mit seinen Truppen zu den Russen übertrat.

Diese auf eigenem Entschluss geborene Tat gab den Anstoß zu Preußens Erhebung. Die ostpreußischen Stände warteten nicht mehr auf Befehle des Königs, sondern leiteten im Februar 1813 die allgemeine Bewaffnung der Provinz ein.

Ein Aufsatz von Clausewitz diente ihnen als Richtlinie für die Bewaffnung der Landwehr. König Friedrich Wilhelm III. sah sich dadurch genötigt, am 28. Februar 1813 ein Bündnis mit Russland abzuschließen.

Am 17. März folgte sein »Aufruf an mein Volk« und damit begannen endlich die von Clausewitz, Scharnhorst, Gneisenau, Stein und vielen anderen so sehr ersehnten Befreiungskriege gegen Frankreich.

Ich möchte hier nicht einzeln die Demütigungen aufzählen, die König Friedrich Wilhelm III. Clausewitz zuteilwerden ließ. Er verweigerte ihm, wieder als Offizier ins preußische Heer einzutreten, und erst als nach dem glücklichen Ausgang des Krieges die gesamte deutschrussische Legion wieder in den Dienst aufgenommen wurde, konnte man Clausewitz nicht dabei übergehen.

Bei seinen Freunden Scharnhorst, Gneisenau, Blücher fand er selbst in den schlimmsten Zeiten immer Verständnis.

Als Gneisenau nach dem Zweiten Pariser Frieden Kommandeur des rheinischen Armeekommandos wurde, ernannte er Clausewitz zu seinem Generalstabschef, und hier in Koblenz verlebten Carl und Marie glückliche Jahre.

Aber Neid und Intrige zwangen Gneisenau, seinen Abschied zu nehmen. Clausewitz arbeitete noch einige Jahre unter seinem Nachfolger weiter. 1808 musste er das ihm übertragene Amt des Direktors der Allgemeinen Kriegsschule in Berlin antreten.

Zwölf Jahre harrte er in dieser Stellung aus, die alle seine Fähigkeiten brachliegen ließ. Nutzlos sah er sein Leben verrinnen.

Aber er verzagte nicht und schuf in diesen zwölf Jahren in unermüdlicher stiller Arbeit kriegswissenschaftliche Werke, in denen er sein Wissen niederlegte.

Er wollte »ein Buch schreiben, das nicht nach zwei oder drei Jahren vergessen wäre«. Und es gelang ihm. An seinen Büchern »Vom Kriege« hat sich nach dem Zeugnis des Grafen Schlieffen, »ein ganzes Geschlecht bedeutender Soldaten herangebildet«.

Dieses Werk entstand nicht im Büro seiner Kriegsschule, sondern im Wohnzimmer seiner Frau, die ihm bei dieser Arbeit half. Wenn sie versuchte, ihn auf Drängen seiner Freunde zur Herausgabe seiner Aufzeichnungen zu bewegen, weigerte er sich stets.

Er hatte den Glauben an die Menschen seiner Generation verloren und hoffte auf die Jugend.

»Ich bin nicht mehr der Mann, meine Meinungen durchzukämpfen«, und als fühlte er seinen Tod voraus, sagte er scherzend zu Marie: »Du sollst es herausgeben!«

Nach Ausbruch des polnischen Aufstandes 1831 nahm er noch einmal als Chef des Generalstabes von Gneisenau aktiv an diesem Feldzug teil. Er tat seine Pflicht, aber ohne große innere Begeisterung wie einst: »Mit den fröhlichen Tagen ist es auf immer vorüber! Das höchste Glück, was ich mir noch vorstellen kann, wäre, ganz in Ruhe und Abgeschiedenheit von der Welt mit Dir zu leben …!«

Während in Polen die Cholera ausbrach und immer mehr um sich griff, erhielt er die Nachricht von Steins Tod, der ihn tief erschütterte:

»So sinken die Erscheinungen des Lebens, mit denen wir enger zusammenhingen, und mahnen uns, dass es nicht mehr so fern ist, wo auch wir untersinken werden!«

Innig bat er Marie, im Fall seines Todes nicht um ihn zu trauern. Seine Liebe beschwor noch einmal den Anfang ihres gemeinsamen Lebens herauf:

»Wenn ich sterbe, teure Marie, so ist es mein Beruf. Gräme Dich nicht zu sehr um ein Leben, womit nicht mehr viel anzufangen war.

Die Torheit nimmt überhand, kein Mensch kann ihr wehren, so wenig wie die Cholera. Es ist wenigstens ein kürzeres Leben, an dieser zu sterben als an jener. Ich kann nicht sagen, mit welcher Geringschätzung des menschlichen Urteils ich aus der Welt gehe …Was mir tiefen Kummer macht, ist nicht mehr für Dich gesorgt zu haben – es war nicht meine Schuld. Ich danke Dir, teurer Engel, für den Beistand, den Du mir im Leben geleistet hast!«

Am 23. August 1831 starb Gneisenau an der Cholera. Und ihn würdigte der König keines Nachrufes, so wie schon Stein – unerkannt von ihm – gestorben war. Die innere Bitte wuchs dadurch in Carl bis aufs Höchste an, sodass er Marie schrieb:

»Das überwinde ich in meinem ganzen Leben nicht, über diesen Berg komme ich nie hinweg!«

Traurig fühlte er beim Überlesen dieses Briefes, dass er Marie ganz darin vergessen hatte, und er fügte hinzu:

»Indem ich diesen Brief wieder überlese, finde ich, dass ich Dich, mein geliebtes Weib, nicht ein einziges Mal darin angeredet habe. Es ist doch nicht so, dass sich meine Seele nicht zu Dir hingezogen fühlte, und sich sehnend meine Blicke zu Dir richteten. Über diesen Gegenstand kann ich nur mit Dir reden; Deine Milde wird mir ein beruhigendes Gefühl geben, mich von der Herzlosigkeit abwenden zu Deinem tiefen Herzen!«

Gneisenau war der Letzte der einstigen Freunde gewesen. Als die Cholera nun auch Clausewitz traf, nicht einmal schwer, holt sie ihn nur zu leicht von dieser Erde weg. Er starb am 16. November 1831 im Alter von 51 Jahren.

Marie erfüllte nach seinem Tod den Auftrag, den er ihr einst gegeben hatte, und gab seine Werke heraus. Dass sie als Frau kriegswissenschaftliche Bücher herausgab, rechtfertigte sie in ihrem Vorwort:

Wer unsere glückliche Ehe gekannt und weiß, wie wir alles miteinander teilten, nicht allein Freud und Leid, sondern auch jede Beschäftigung, jedes Interesse des täglichen Lebens, der wird begreifen, dass eine Arbeit dieser Art meinen geliebten Mann nicht beschäftigen konnte, ohne auch von mir genau gekannt zu sein!

Marie, der eigene Kinder versagt waren, erzog in dieser Zeit den späteren Kaiser Friedrich, und sie übergab im Geiste ihm und der Zukunft das Werk ihres Mannes:

»Möchte der teure kleine Prinz, der in diesem Augenblick meiner Obhut anvertraut ist, einst dieses Buch lesen und durch dasselbe zu Taten begeistert werden, ähnlich denen seiner großen Ahnen!«

Sie überlebte ihren Mann nur um vier Jahre und starb am 28. Februar 1836. Der Sockel des Kreuzes, unter dem Marie und Carl von Clausewitz gemeinsam begraben liegen, trägt die Inschrift:

Amara Mors Amorem Non Separat.
Der bittere Tod trennt die Liebe nicht.

Musik, Familie, geistige Ideale

Begabungen in der richtigen Waage zu halten, ist eine Kunst. Sie fördert damit die Ausgeglichenheit der Persönlichkeit. Ein Beispiel dafür ist das Familienleben der Bachs in seiner wundervollen Harmonie am besten aus dem Geist der Musik heraus zu verstehen.

Johann Sebastian Bach (1685 bis 1750) ist der hervorragendste Vertreter der größten Musikerfamilie, die es jemals gab.

Lange vor Johann Sebastian waren Musiker mit dem Namen Bach in Erfurt, Eisenach, Arnstadt und anderen thüringischen Städten bekannt. Das Herzogtum Thüringen mit der Hauptstadt Weimar galt im 16. Jahrhundert als Hochburg der Reformation. Luthers Eltern waren Thüringer, und er selbst verbrachte als junger Mann seine Studienjahre in Erfurt und Eisenach. Daher wird begreiflich, dass Luthers religiöse Inbrunst in vielen Kompositionen von Johann Sebastian Bach ihr Echo fand.

Bach wurde am 21. März 1685 in Eisenach als vierter und letzter Sohn des Stadtpfeifers Ambrosius Bach geboren. Als Kind lernte er vom Vater, die Streichinstrumente zu spielen, bis ein trauriges Schicksal die Familie traf: Beide Eltern starben, ehe Johann Sebastian das zehnte Lebensjahr erreichte. Er wurde zu seinem älteren Bruder Johann Christoph gebracht, der Organist in Ohrdruf war und der den Jungen im Cembalo-, Clavichord- und Orgelspiel unterrichtete.

Johann Christoph war selbst Schüler eines der bedeutendsten Komponisten für Tasteninstrumente seiner Zeit, jenes Johann Pachelbel, der wiederum bei einem Schüler des großen italienischen Meisters Frescobaldi studiert hatte und in einem südlichen, in der Auffassung weit freieren Stil als die Komponisten aus dem Norden Deutschlands spielte und schrieb.

Um dem Leser erneut eine beispielhafte Lebensbiographie aufzuzeigen, möchte ich über die Bach-Familie berichten.

Es ist heute allgemein bekannt, dass die musikalische Begabung in der Bach-Familie erblich war. Vielleicht aber hatte Bach auch noch ein anderes Erbteil mitbekommen, das ebenso wenig aus seinem Leben wegzudenken ist wie die Musik: seine tiefe Religiosität.

In Hochheim bei Gotha war 1260 der spätere Dominikaner und größte deutsche Mystiker, Meister Eckhart, geboren, dessen Schüler Johann Tauler großen Einfluss auf Johann Sebastian ausübte.

Auf der Wartburg bei Eisenach hatte Luther 1521 das Neue Testament übersetzt, derselbe Luther, der später der eigentliche Schöpfer des Kirchenliedes wurde.

Während die alten Kirchengesänge von Sängerchören nur lateinisch vorgetragen wurden und ihre Hymnen und Psalmen dem Volke fremd blieben und nur durch die Liebe der Mystiker im 14. und 15. Jahrhundert dem Volksgefühl näherkamen, legte Luther zuerst den protestantischen Chorgesängen das Volkslied zugrunde, dem er allerdings religiöse Texte beimischte.

In Bach fand später die Vertonung der protestantischen Choräle eine Tiefe und Größe, die nie wieder erreicht wurde. In aller Ernsthaftigkeit vermag man festzustellen, Religion und Musik sind zwei Elemente in der Bach-Natur, die eng verschmolzen sind und ohne die wir sein Wesen und seine Entwicklung nicht verstehen können.

Es kann nicht verwundern, dass Bach die Gedankenwelt Taulers kannte. Damals hatte jede Religion ihre mystischen Begleiterscheinungen gehabt. Das Wort Mystik kommt vom griechischen *mnein*, die Augen schließen, und bedeutet ebenso eine Ablehnung der Sinneswelt mit dem Ziele, den gläubigen Menschen unmittelbar mit seinem Gotte zu vereinen.

Man nennt das die »unio mystika«, das Ich löst sich auf, der Mensch ist in Gott und Gott ist in ihm.

Bachs Leben wurde auch durch Erfahrungen außerhalb seiner Geburtsstadt, z.B. in Mühlhausen in der Kirchengemeinde, beeinflusst. Es gab dort eine puritanische Gruppe, die dagegen war, dass beim Gottesdienst viel musiziert wurde.

Daher zog er im Sommer 1708 weiter – diesmal nach Weimar, wo er in das Orchester des regierenden Herzogs von Sachsen-Weimar aufgenommen wurde. Obgleich Bach zunächst als Orchestermusiker angestellt war, wurde er dank seiner Befähigung bald zum herzoglichen Organisten berufen. Während dieser Jahre in Weimar (1708 bis 1717) schrieb er viele Orgelkompositionen, die uns bis heute besonders vertraut sind – Toccata und Fuge in d-Moll, die Passacaglia und Fuge in c-Moll und Stücke in selbem prunkvollen Stil.

Der Verfasser hat sich diese Stücke besonders gemerkt, weil er in den 80er Jahren durch einen hochbegabten Geiger (Boris S.) in Konzerte mitgenommen wurde. Damals wurde mir nach und nach bewusst, dass man sich vorstellen kann, wie groß in Zeiten religiöser Hochspannungen das Verlangen vieler Menschen war, sich von berühmten Mystikern oder ihren Schülern führen zu lassen.

Die primitive Mystik sucht durch Nahrungsmittel und Getränke, auch durch bestimmte Pflanzen – Giftpflanzen, magische Getränke und so weiter – die Vereinigung mit der Gottheit herzustellen. Durch Ekstase, die man durch Rausch- und Erregungsmittel, Tanz, Musik, aber auch durch Askese herstellt, sucht man die Aufnahme Gottes (oft direkt durch Aufnahme in die Geschlechtsorgane) zu erreichen.

Eine Mystik, weit ab von der Wahrheit und Klarheit der Religion Christi in der damaligen Epoche. Das begründet auch die Tatsache, dass uralte Versuche des Menschen, seine Existenz zu ändern, sich zu verklären und zu vergöttlichen. Wir haben viele Beispiele dafür, dass solche Versuche mehr oder weniger drastisch von den Nonnen mit dem Herrn Jesus und von den Mönchen mit der Jungfrau Maria vorgenommen wurden.

Auf diese Weise sucht der Mystiker mit seiner Gottheit eine Ehe einzugehen. Auf der höheren mystischen Erlebnisstufe fallen natürlich äußere Hilfsmittel weg, Meditation und Kontemplation genügen bereits, um den menschlichen Geist zu erleuchten und mit Gott zu vereinen. Für den Mystiker mit großen Verstandes- und Gefühlsgaben ist es selbstverständlich, dass Gott in ihm lebt, denkt und handelt. Er muss sich ihm nur immer mehr hingeben und auch in allen Mitmenschen, Tieren und Pflanzen seine Brüder und Schwestern in Gott sehen, dann wird er Gott immer stärker erleben. Auf diesem Wege versiegt für ihn langsam die äußere Welt, denn der Weg, den er geht, ist ein Weg nach innen.

Bach ist diesen Weg nach innen von Kindheit an durch sein ganzes Leben gegangen.

Ich habe in meinem privaten Leben schon oft betont, wie ähnlich sich Glauben und Liebe sind. Für den biologisch fühlenden und denkenden Menschen sind es dieselben Naturkräfte. Wobei es im Grunde gleichgültig ist, ob der primitive Mensch diese Kräfte noch lebendig oder der wissenschaftliche Mensch sie rein mechanisch erfasst. Die Kräfte bleiben deshalb doch, was sie sind.

Der Verfasser möchte aus der Gegenwart der Wiederherstellung vor allem die Schlichtheit der göttlichen Aussage durch einen Liedertext aus dem Jahre 1882 verdeutlichen:

Lasst uns nochmals singen Lob und Preis dem Herrn.
Unserem Erlöser dienen wir gern.
Seine treue Güte, sein fürsorgend Herz
Richten unser Sinne freudig himmelwärts.

Bach, der im Glauben Luthers und der Mystiker Eckhart und Tauler aufgewachsen war, hatte auch von der Liebe eine völlig religiöse Vorstellung. Für ihn konnte es gar keine andere Ehe geben als die Verbundenheit und Treue bis in den Tod.

Heute ist es vom Volk akzeptabel, dass eine politische Persönlichkeit – theologisch geschult – den Begriff der Treue dahin auflöst, dass er als Verheirateter seit mehr als zehn Jahren mit einer Freundin zusammenlebt und gemeinsam den Staat als Staatsoberhaupt mit ihr präsentiert. So ändern sich die Wertmaßstäbe. Man nannte es früher und heute »Abfall vom Glauben«.

Wohl war es möglich, dass der böse Geist Bach versuchte, wovon ja schon Luther und Hans Sachs erzählt hatten, um Unlust und Uneinigkeit im Ehestand und der Verwandtschaft anzurichten.

Wenn er aber die richtige gläubige und standhafte Frau, die in seinem Fall musikalisch und gesanglich begabt sein musste, fand, dann war es für ihn sicher, dass die in der Ehe selbst liegende Kraft des Guten Tod und Teufel besiegen musste.

Bach kam aus einer Welt oder lebte doch in einer solchen, in der praktisch noch uralter Glaube lebendig war, der, wenn wir uns nur tiefer zu sehen gelernt haben, von der christlichen Kirche lediglich übernommen wurde.

Die Familien, welche aus diesem Glauben geboren wurden, stammten aus Urzeiten. Ihnen war das Vaterrecht mit all seinen Konsequenzen noch heilig. Ursprünglich hatte in solchen Familien der »Hausvater« Macht über Leben und Tod der Seinen, aber genauso groß war auch seine Schutzpflicht für Frau und Kinder. Der Vater sorgte dafür, dass seine Töchter Männer bekamen, die er auswählte, genauso wie er auch die Frauen für seine Söhne aussuchte.

Die Verpflichtung des Vaters in solchen alten Familien war viel größer und ging vor allem viel tiefer, als wir heute ahnen. Den Grund dazu müssen wir stets in der noch ungebrochenen Glaubenskraft suchen. Dabei wird uns bewiesen, dass wahre Liebe ohne wahren Glauben gar nicht möglich ist.

Es will nichts dagegen besagen, dass die Zersetzung – Domestikation – unserer heutigen menschlichen Beziehungen, besonders diejenigen der Liebe und Ehe, schon so weit fortgeschritten sind, dass wir diese tieferen Zusammenhänge nicht mehr erkennen.

Der Vater der alten Familie schützte seine Frau und seine Kinder nicht nur gegen äußere Feinde, sondern auch gegen all die unheimlichen Gewalten, die in so vielerlei Gestalt das Gemeinschaftsleben bedrohen können.

Er war für den Frohsinn, die Heiterkeit, mit einem Wort für das Glück der Familie verantwortlich.

Man darf davon ausgehen, dass sich Bach dessen wohl bewusst gewesen ist, und man braucht nur einmal in der »Kleine Chronik der Anna-Magdalena Bach« nachzulesen, um festzustellen, wie wundervoll er äußerlich und innerlich für seine Familie sorgte.

Man darf respektvoll über Bachs Religionsverständnis bemerken, dass das »Evangeliumsverständnis« der damaligen Zeit wieder weit von der ursprünglichen Wahrheit Christi entfernt war; es von beeinflussenden Kräften aus Kurie und Politik so zurechtgezimmert wurde, wie es ihren Interessen entsprach.

Das sollte sich, wie die heiligen Schriften prophezeien, in der Wiederherstellung zur klaren Wahrheit zurückgeführt werden.

Groß und schwer wie ein Fels wirkte Bachs äußere Erscheinung auf die viel zierlichere Magdalena, seine zweite Frau, die er heiratete, als seine erste Frau, seine Kusine Maria Barbara, gestorben war.

Erkenne dich selbst!
Werde dir und dem Mitmenschen gerecht!

Bachs große, schwere und etwas massive Gestalt, deren Eindruck durch ein ernstes Gesicht verstärkt wurde, hatte für die Seinen nichts Bedrückendes. Wohl spürte von den Fremden jeder, der ihn kennenlernte und ein bisschen Menschenkenntnis besaß, dass ein ungewöhnlicher und ausgezeichneter Mensch vor ihm stand, in dem viele wohl einen Priester und Machthaber vermuten mochten.

Und die Familie selbst dachte sicher manchmal an das alte Sprichwort:

Was Gott im Himmel, ist der Vater auf Erden.

Bach war ein lieber, gütiger und fröhlicher Vatergott, der gerne mit seiner Familie scherzte und musizierte, und jeder war traurig, wenn ihm wirklich einmal etwas Kummer bereitete.

Musiziert wurde im Bach-Hause immerzu, denn Musik gehörte in dieser Familie zum täglichen Brot. Wenn Bach auch jede Art von Musik schreiben und mehrere Instrumente spielen konnte, so fühlte er sich als tiefgläubiger Mensch doch am stärksten zur religiösen Musik hingezogen.

Schon die Naturvölker glauben in den Tönen und Geräuschen der Natur die Stimmen von Dämonen und Geistern zu vernehmen, und ihre Priester haben sich früh bemüht, diese Kräfte in heiligen Kultgeräten einzufangen.

Diese Geräte galten dann für beseelt und durften nie von Uneingeweihten benutzt werden. Zuerst bevorzugte man furchteinflößende Geräusche, die man bei allen Zauberhandlungen, also bei Fruchtbarkeits- und Liebes-, Wetterzauber und so weiter, anwandte und deren Reste schließlich in unseren Kinderzimmern, wo sie uns nicht immer erfreuen, gelandet sind. Bach aber machte es Spaß, wenn sich seine Kinder auf Jahrmärkten solche Schreckmusikinstrumente kauften, und er ließ sich eine Zeit lang geduldig daheim damit quälen.

Die Trommeln und die Luren, die wir in Gräbern vorgermanischer Zeit finden, erinnern uns noch an die magische Anwendung alter »Musik«, an deren übernatürliche Kraft und göttliches Wesen der Menschen stets glaubten.

Ich will hier nicht die viele Jahrtausende alte Geschichte der Musik beschreiben. Aber ich muss doch zum besseren Verständnis von Bach kurz ihren kosmischen Charakter betonen.

In prähistorischer Zeit glaubte man an die Harmonie zwischen Himmel und Erde, von der alles Menschenglück abhängig war. Man glaubte, dass mit dem Wandel der ewigen Gestirne am Himmelszelt auf der Erde der ewige Wandel von Sommer und Winter, von Tag und Nacht aufs Engste verbunden wäre und seinen Ausdruck in einem ganz bestimmten Zahlenverhältnis fände.

Und dieses kosmische Zahlenverhältnis glaubte man im Schilfrohr, das aus der Mutter Erde sprießt, in fester Form ausgedrückt zu finden.

Es war das kosmische Maß, nach dem man die ersten Tempel baute, die Acker einteilte und auch die Musikinstrumente bestimmte, damit sie das kosmische Maß der Weltharmonie in sich trügen.

Mit anderen Worten: Die Töne der Musik sollten zum Weltganzen in Beziehung stehen. Dadurch glaubte man die Melodien zu erfinden, welche die Kräfte der Natur und das Leben der Menschen bezaubern können.

So entstand die Hirtenpfeife Pans, welche die Alten aus mehreren mit Wachs aneinandergeklebten, verschieden langen Rohrpfeifen herstellten. Und aus der einfachen Panflöte ist das große Pfeifenwerk der Kirchenorgeln, die anfangs Wasserorgeln waren, wobei das Wasser zur Regulierung der Windstärke benutzt wurde, entstanden.

Daran musste ich denken, als ich las, wie Bach seiner Magdalena amüsiert erzählt, dass sein Urahne jener eingewanderte Veit Bach war, der eine Mühle am Bach des Waldes besaß und zum Takt des Mühlrades eine kleine Gitarre spielte.

Wasserorgeln finden wir schon im 10. Jahrhundert in den europäischen Klöstern. Aber es dauerte einige Jahrhunderte, bis eine vollendete Mechanik ein fließendes Orgelspiel ermöglichte.

Erst im 17. und 18. Jahrhundert wurden die Orgeln in unseren Dorfkirchen allgemeiner. Die Orgel ist immer das schönste sakrale Instrument religiöser Musik geblieben.

Eng verbunden mit der Orgel lebte der Kantor. In kleinen Gemeinden war der Kantor früher zugleich Organist, Lehrer und Küster. In größeren Kirchen leitete er den Sängerchor. Kantor heißt lat. Sänger und Küster; Wächter.

Der Kantor war also der Vorsänger seiner Kirchengemeinde und zugleich der Wächter über die Schlüssel und die heiligen Geräte.

Aus solchen Einzelheiten erkennen wir noch deutlich, wie sakral einst die Tätigkeit des Kantors war, der die heilige Orgel spielte und seiner Gemeinde nicht nur vorsang, sondern auch die Kinder im Geiste des Herrn unterrichtete.

Es ist kein Zufall, dass die alten Orgeln im Aberglauben eine so große Rolle spielen. Oft erklangen die Orgeln mitten in der Nacht, ohne dass man einen Organisten erkennen konnte. Dann sagte man wohl: Die Toten halten ihren nächtlichen Gottesdienst ab.

Oft erklingt geheimnisvolles Orgelspiel auch aus Seen und Sümpfen oder aus anderen Plätzen, wo versunkene Orgeln ruhen.

Noch im Mittelalter galt das Orgelspiel nur dem Preise der Unschuld, der erleuchteten Predigt des Geistlichen und der göttlichen Wahrheit, meint Hugo Hertwig.

So wie man einst vor Jahrtausenden aus dem Schilfrohr die Töne göttlicher Harmonie zwischen Himmel und Erde hervorzuzaubern versuchte, wollte man später in der Kirche mit Orgelspiel und Gesang der Gläubigen Gott beschwören.

Das sollte man alles wissen, wenn man sich eine Vorstellung davon machen will, wie Sebastian Bach seinen innersten Beruf auffasste, und wenn man begreifen will, welche Kräfte es waren, die ihn nicht nur den Gipfelpunkt aller Orgelkompositionen, sondern auch ein glückliches Familienleben erreichen ließen, das so natürlich und einfach war, wie man es sich nur denken kann.

Wie glücklich die Bach-Familie war, kann man leicht in der »Kleinen Chronik der Anna Magdalena« nachlesen. Aber ich wollte bei dieser Gelegenheit meinen Lesern einmal am Beispiel der Bach-Familie deutlich zeigen, was im Grund die Voraussetzungen einer so ungewöhnlich glücklichen Ehe sind und warum heute so viele Ehen Schiffbruch erleiden.

Wirklich glücklich werden kann der Lebensweg zweier Menschen nur, wenn ihre gegenseitige Liebe zugleich zu einem wirklichen Glauben verbunden ist.

Kann es da nicht sein, dass jeder Glaube aus der Natur kommt?

Sein Niederschlag in einzelnen, klimatisch ganz verschieden bedingten Glaubensbekenntnissen und Symbolen ist für das glückliche Leben zweier Menschen erst einmal gleichgültig.

Nur die Glaubenskraft selbst darf nicht fehlen, denn sie speist immer wieder – förmlich aus den Wurzeln der Natur heraus – die Liebeskraft und erneuert so immer wieder die eigentliche Lebenskraft der Ehe.

Die Ehen wirklich frommer, nicht scheinfrommer oder scheingläubiger Menschen, die deshalb noch längst nicht bestimmten Kirchen anzugehören brauchen, werden immer gute sein.

Wohl können solche Ehen aus Armut, Not und Krankheiten weniger glücklich verlaufen. Aber Liebe und Glauben werden auch dann noch Wunder verrichten. Während Ehen, die äußerlich weder Not noch Schwierigkeiten, Krankheiten und so weiter kennen, oft genug an ihrer Glaubens- und Lieblosigkeit scheitern.

Bach hatte zwei Frauen. Die erste, seine Kusine, war 13 Jahre glücklich mit ihm verheiratet, als sie starb.

Sie wurde von Bach und seiner zweiten Frau nie vergessen, und die Kinder aus der ersten Ehe merkten es kaum, dass Anna Magdalena nicht ihre richtige Mutter war.

Sebastian Bach lernte seine zweite Frau Magdalena in einer Hamburger Kirche kennen, wo sie seinem Orgelspiel lauschte. Er wusste gleich, dass er sie zur Frau haben wollte, sie selbst war sofort völlig von ihm überwältigt und wagte kaum zu hoffen, dass er sie nehmen würde. Er war 15 Jahre älter als sie und hatte mit seiner Barbara bereits sieben Kinder gehabt, von denen drei gestorben waren.

Magdalena bedankte sich bei Bach, als er um sie warb. Sie hatte das Gefühl, dass dieser Mann zugleich ihr guter Vater war, dass sein Blick alles sah, was sie dachte.

Dieser gute Blick, der doch zugleich so tief und mystisch nach innen gerichtet war, was ihr nicht entging, nahm sie völlig gefangen. Anfangs wirkte Bach auf sie vielleicht etwas zu schwer und ernst, aber sie fühlte sich doch unendlich ruhig und sicher in seiner Nähe.

Sie war glücklich, mit ihm und den kleinen Kindern nun eine Familie zu bilden. Heiter verliefen für Magdalena die Verlobungs- und

Hochzeitstage. Schon bald lebte sie nur noch für Sebastian, dessen Worte ihr anfangs zu schwer geklungen hatten, wenn er ihr sagte:

»Die Liebe ist die Erfüllung des Gesetzes.«

Wie konnte sie ahnen, dass nur wahrer Glaube wirkliche Liebe gebären kann und dass die Liebe im Leben des Menschen nichts anderes ist als das, was ihr Glauben wachsen lässt.

Dann kamen das tägliche Leben und die unaufhörliche Arbeit mit ihrem Mann, den sie nur selten einmal bei seinem eigentlichen Schaffen beobachten konnte.

Wenn das aber einmal geschah, sah sie, wie ungeheuer nahe ihm die Erzählungen des Neuen Testaments gingen, der christliche Glaube, den er in allen Einzelheiten erschütternd erlebte, da er ja immer nur um die Erkenntnis Gottes rang und seine Liebe zu ihm unaufhörlich in Tönen ausdrückte.

Magdalena erlebte im Laufe der Jahre, wie Sebastian langsam der göttlichen Liebe näherkam und wie wundersam seine Musik am Herzen Gottes reifte. Er erlebt so wie Angelius Silesius, der cherubinische Wandermann, dichtete:

»Ich mag mich auf der Welt in keiner Kunst so üben, als wie ich meinen Gott aufs Innigste soll lieben!«

Da Bach gut mit seiner Zeit umging, täglich unterrichtete, komponierte, die Orgel oder ein anderes Instrument spielte und ständig religiöse Bücher studierte, kam seine Familie nie zu kurz. Manchmal wollte es Magdalena nicht in den Kopf, dass Sebastian auch draußen im gesellschaftlichen Leben die Ordnung anerkannte und sich vor äußerlich Höhergestellten beugte, die doch in Wirklichkeit viel weniger als er waren.

Dann fiel es ihr schwer, dass er im Grunde seines Herzens an die himmlische Drohung dachte, die, wollten die Menschen sie nur anerkennen, jedem gerecht werden würde.

Erkannte er nicht auch die Musik ordnende Gesetze an, die nur durch unaufhörliche Arbeit und Unterordnung errungen werden und erst nach ihrer Erkenntnis den großen Künstler werden lassen. Es waren immer wieder Gottes Gesetze, nach denen Bach sich zu leben bemühte und die ihn schließlich trotz aller Qualen, die ihm böse Schüler und kleinliche Vorgesetzte bereiteten, unsterblich machten.

So gingen die Jahre dahin. Äußerlich gab es nicht viel Abwechslung in der Ehe von Sebastian und Magdalena Bach. Er unterrichtete die Kinder und spielte die Orgel. Vielen frommen Menschen und Musikkennern gab er mit seinem Spiel einen Vorgeschmack himmlischer Freuden.

Immer wieder erzählt uns Magdalena, dass ihr Sebastian der religiöseste Mensch war, den sie kannte. Die Vorstellung des Todes spielte eine große Rolle in seiner Musik, da der Gekreuzigte in ihm lebte und die Sehnsucht nach der anderen schönen Welt ihn nie verließ. Oft erschütterte sie die große Liebe, die er stets für sie im Herzen trug: *Ich danke Gott für dich, Magdalena!*

Und sie verstand ihn, ging in ihm auf und bat Gott, seiner würdig zu sein. Gewiss, sie war eine tüchtige Frau, verstand ihre Küche, wenn sie auch einfach lebten, sie konnte nähen und spinnen, die Kinder der Barbara und ihre eigenen aufziehen und pflegen, und sie war im Hause die Ordnung, Pünktlichkeit und das Gemütsvolle selbst, Eigenschaften, die Bach so liebte, weil sie äußerlich und innerlich Harmonie bedeuten, weil sie typisch weiblich sind und das Schaffen des Mannes förderten.

Vieles machte Magdalena mit Sebastian durch, seine Kämpfe mit beschränkten Vorgesetzten, die Erlebnisse mit guten und schlechten Schülern. Sie lernte seine über alles geliebte Orgel kennen und spielen. Ängstlich war er um sie bemüht, wenn ein Kind geboren wurde, und er konnte sie mit seinem Glauben trösten, wenn sie eines ihrer Kinder wieder hergeben mussten.

Rührend erzählte Magdalena, dass Bach nie eines seiner Kinder schlug, aber völlig niedergeschlagen war, als ihn sein Söhnchen Friedemann einmal vorsätzlich belog.

Wie glücklich war er, als dann Mutter und Kind zu ihm kamen, um ihm zu sagen, wie leid ihnen die Lüge tat.

Die Familie war der Boden, den Bach brauchte, wie uns Magdalenas Chronik von Bachs Familienleben zeigt.

Selten kam es einmal vor, dass ihn der Lärm der Kinderschar beim Komponieren und Schreiben störte. Nie hatte er eine erlesene Umgebung, besonders Anregungsmittel, außer bisweilen die völlige Einsamkeit, für seine Musik gebraucht und damit der Welt bewiesen, dass der Weg nach innen sich überall und jeden Augenblick gehen lässt.

Da Sebastian Bach täglich arbeitete, ist der Umfang seiner Werke erstaunlich groß und vieles davon größeren Kreisen unbekannt.

Ganz zu schweigen von Melodien, die er eigentlich für Magdalena oder die Kinder erfand und nicht aufbewahrte.

38 Jahre alt war Bach, als er mit seiner Familie im Kantorhaus in Leipzig ankam, wo er bis zu seinem Tode im Juli 1750 lebte. Hier haben es sich Sebastian und Magdalena manchmal gestanden, dass sie ihr ganzes Leben lang junge Liebesleute waren. Und das bleibt man auch, wenn man wie Bach in seiner Musik um immer tiefere Erkenntnis und um immer größere Liebe ringt.

Der Verfasser erinnert sich noch, wie er mit dem von ihm beschriebenen großen Geiger Boris S. und seiner Pianistin L.J. zu einem Bach-Konzert in der Michaeliskirche zu Lüneburg Mitte der 80er Jahre gehen durfte.

Die *h-Moll-Messe* zeigte Bachs Universalismus in einem ganz anderen Sinne. Es duldete kaum Zweifel, dass Bach diese »große katholische Messe«, wie sie im Nachlass von Carl Philipp Emanuel genannt ist, als einen Betrag zu überkonfessioneller Gläubigkeit versteht. Hatte er in den Eingangschor zur *Matthäuspassion* den protestantischen Choral »O Lamm Gottes, unschuldig« eingeflochten, so komponiert er das »Credo in unum deum« als einen seiner letzten Sätze mit *stile antico* über die entsprechende Intonation der mittelalterlichen Messe, die freilich dem lutherischen Kultus nicht unbekannt ist. Er, der als lutherischer Christ sicherlich unter manch konfessionellem Streit gelitten hat, der als Hofcompositeur für den katholischen Kurfürsten eines protestantischen Landes tätig ist, leistet seinen Beitrag zur »una sacta catholica ecclesias«, wie es dem Zuhörer im Programm erläutert wurde.

Man muss wahrhaftig keine Musikbegabung aufweisen, um in diesen knapp zwei Stunden mit dem ganzen Sinn erfassen und fühlen zu dürfen, dass hier ein großes, von Gott gefördertes Genie der Musik der Menschheit anvertraut wurde.

Später las ich von Hans Werner Henze (1983) über Bach Folgendes: Es kommen ja in dieser Musik Dinge zur Sprache, die bis dahin mit Tönen zu sagen niemand gewagt, niemand vermocht oder auch nur versucht hatte.

Mit einem Realismus sondergleichen ist da eine schmucklose Universalsprache entstanden, und es werden mit ihrer Hilfe und Vermittlung menschliche Gefühle und Zustände dargestellt, in denen sich – erst heute können wir es so sehen und reflektieren – nicht mehr allein die traditionelle christlich-bürgerliche Hörerschaft als Gemeinde erkennt, sondern gerade der moderne, einsam zweifelnde Mensch, dem der Glaube abhandengekommen ist, der keinen festen Halt in der Gesellschaft weiß und der die größte Zeit seines Lebens sozusagen »ohne den Segen der Kirche« zu verbringen hat. (In: Die Zeit, 28.10.1983, S. 51)

Leider glauben so viele Eheleute, dass mit zunehmendem Alter das Leben nüchterner und die Liebe geringer werden müssten. Das ist aber bei entsprechender Phantasie nicht der Fall, wenn man mit diesem Leben um ein anderes Leben, nämlich um das unsterbliche ringt.

Wohl verblasst auf dem Wege nach innen langsam das äußere Leben auf dieser Seite, aber das Leben auf der anderen Seite wird dafür immer leuchtender.

So behält das Wort Ehre recht, das die Ewigkeit meint. Nicht jedes Liebespaar, das eine Ehe eingeht, erringt die Unsterblichkeit. Aber ich glaube, ich habe in meinen Beispielen auch unsterbliche Liebespaare (Ehepaare) gezeigt.

Manchmal geschah es, dass ein erlesener musikverständiger Gast Bach in Leipzig besuchte und stolz war, Magdalena versichern zu können, dass ihr Mann der beste Orgelspieler der Welt sei.

Der Betreffende war erstaunt, wenn Frau Bach das einfach zugab und meinte, dass nicht alle Meister von ihren Frauen anerkannt würden. Bach erwiderte ihm, dass das nur die Fehler der Meister selbst wären, die ihre Gattinnen nicht fromm überlegt und genug ausgewählt hätten.

Sicherlich dürfte es kaum vorkommen, dass sich ein Mann, der mit dem inneren Auge seine Frau wählt, täuscht. Die meisten Verhältnisse im Leben der Menschen kommen durch das äußere Auge zustande und entstehen aus äußeren Erwägungen.

Auf dem Wege nach innen hört der Mensch nur noch auf Gottes Stimme, die ihn nie betrügt. Das heißt, dass jeder nur halbwegs rechtschaffene Mensch sich der Stimme des Heiligen Geistes bedienen kann. Wer den Heiligen Geist verleugnet, der bleibt in seiner Persönlichkeit in Finsternis.

Man kann das Bach-Leben verstehen, auch sein Eheleben, um das es hier geht, wenn man z.B. die Worte Heinrichs von Nördlingen begreift, die ebenfalls für Bach gelten:

Gott sprach von dem Tauler; ich wohne in ihm als ein süßes Saitenspiel.

Man ist in unserer Zeit der Ansicht, dass nur das äußere Leben dem Menschen Erlebnisse bringen könnte, das ist ein großer Irrtum.

Bachs Musik, das habe ich in Lüneburg empfunden, ist der beste Beweis dagegen.

Ich gebe allerdings zu, dass man heute, wo oft schon die einfachste Regung der Menschlichkeit als Schwäche gilt, meistens anders denkt. Sicher wird meinen Lesern auffallen, dass sich von dem äußeren Leben Bachs und seiner Familie nicht die geringsten Absonderlichkeiten erzählen lassen. Dieses Leben waren tägliche Kleinarbeit, handwerkliche Tätigkeit an so mancher Orgel, regelmäßiger Gottesdienst ohne Prunk in der Kirche, Schülerunterricht, inniges Familienleben, ständiges Komponieren, sobald die Zeit vorhanden war.

An stillen Winterabenden saßen Sebastian und Magdalena nebeneinander und schrieben Musik ab. Stille, glückliche Arbeit ohne irgendwelche Sensationen. Das gewaltige schöpferische Werk Bachs vollzog sich unauffällig und wuchs ruhig und langsam wie ein Baum, der nach Jahrtausenden dasteht und allen wie ein Wunder erscheint. Man erkennt, dass der Schöpfer dem Willigen und Gehorsamen das Wissen, gemäß seinem Verständnis, Stück für Stück, Zeile um Zeile zukommen lässt.

Ich kann keine Lieder über unglückliche Liebe und Liebessehnsucht schreiben, *da die Magdalena ja besitze*, so Bach einmal. Die Musik, welche er schrieb, gebar seine Liebe und Sehnsucht nach der anderen Welt, und was er von dieser anderen Welt erlebte und erfasste, das drückte er in Tönen aus. Und um das zu können, muss man so gläubig und liebevoll im Schoße der Familie ruhen, wie Bach es tat.

Bach hat keine großen Reisen, keinen Ortswechsel, keine besonderen äußeren Anregungen, nicht das Treiben der Welt gebraucht, sondern die innere Welt. An den Winterabenden genügte das Feuer im Ofen, der Schein der Kerzen und das Musizieren mit der Frau, den Kindern und vielleicht einigen Freunden auf seinen vielen Instrumenten, um ihn glücklich zu machen und ihn noch spät in der Nacht zu seinen zartesten Melodien anzuregen.

Und als er berühmt war, blieb er seiner einfachen Lebensweise treu, machte nach draußen der Welt keinerlei Zugeständnisse und gab nichts auf das Lob, das man ihm spendete. Nur wenn ihm einmal ein Mensch gestand, dass das Anhören seiner Musik ihn verwandelt und zu einem besseren Menschen gemacht hatte, war er wirklich glücklich.

Immer waren seine Gedanken mit der anderen Welt und dem Leben des Erlösers beschäftigt, das ihn nie zur Ruhe kommen ließ, sah er doch, wie wenig das Leben und Streben des Heilands bisher das Leben der Menschen hatte verändern können.

Magdalena mochte in ihrem glücklichen Familienleben all die Jahre noch so eng mit Bach zusammenleben, keinen Augenblick verließ sie das Gefühl seiner unfasslichen Größe.

Sie hatte immer wieder Angst, urplötzlich aus einem Traum zu erwachen und allein zu sein, als hätte es nie zwischen ihnen eine lebende Wirklichkeit gegeben. Das fühlt eine Frau nur, wenn der Mann sich innerlich weit entfernt.

Gefühle der Hoffnung verband sie mit der Vorstellung, dass es die Ehe, eine ewige Ehe, eine Ehe über den Tod hinaus, geben muss.

Hat Gott uns vergessen, oder liegen seine Pläne in der Zukunft, um allen Menschen diese Möglichkeit zu geben?

Es gibt heute viele Ehen, wo die Ehegatten sich künstlich für längere oder kürzere Zeit trennen müssen, da sie sich zu nahe kamen und sich zu gut in ihren Schwächen kennenlernten. Durch solche Entfernungen werden dann unter Umständen wieder bessere Beziehungen geschaffen. In Wirklichkeit muss das ständige Wachstum einer Ehe durch die Weiterentwicklung der Partner gesichert sein.

Dadurch, dass beide Partner sich gleichzeitig innerlich entwickeln oder einer von ihnen einen Vorsprung gewinnt, sprechen sie sich von Neuem an und geraten immer wieder in neue Tauschbeziehungen.

Nur in ganz seltenen Fällen wird die innerliche Weiterentwicklung solche Dimensionen, zumal in den erkennbaren Leistungen, annehmen wie in der Bach Familie. Aber gerade an solchen großen Ausnahmen können wir lernen.

Um den Bach-Entwicklungsprozess näher zu motivieren, habe ich mich absichtlich anfangs so sehr in die religiösen Bedingungen seines Lebens versenkt. Gerade in alten gottesgläubigen Familien finden wir fast immer ein wundervolles natürliches Familienleben, und gleichzeitig ist damit eine ähnliche, wenn auch nicht immer so tiefe Gottesschau verbunden wie in der Bach-Existenz.

Oft las Bach seiner Frau Luthers Tischgespräche und Sprüche vor, und ganz besonders begeisterte ihn Luthers Ansicht, dass es möglich ist, in den höchsten Leistungen der Musik die Weisheit Gottes zu erkennen, die er in seiner Schöpfung niedergelegt hatte.

Diese Gedanken hatte Luther sicher ebenfalls aus mystischer Erkenntnis geschöpft. Sollte es sein, dass Gott der Menschheit noch mehr kundtun wird, bloß wann?

Oft ist es Magdalena zum Bewusstsein gekommen, wie seltsam es war, dass dieser Mann, der da neben ihr so anspruchslos und unscheinbar lebte, der aß, trank und sich freute wie alle in der Familie, zugleich der Mensch sein sollte, der so ungewöhnliche Tonschöpfungen vollbrachte. Darin erkannte sie deutlich den großen Unterschied zwischen ihnen beiden, den er selbst ihr nie zum Bewusstsein kommen ließ.

Vielen Künstlern aber und anderen, die am Liebesproblem scheitern, sollte das Leben Bachs nachdenklich machen. Es zeigt ihnen, dass unserer Liebe nach außen – also im Menschensinne – stets Grenzen gesetzt sein werden, da wir immer nur einen Menschen vollkommen lieben können, dass es aber nach innen gerichtet keine Grenzen der Liebesfähigkeit gibt.

Seltsamerweise überschreiten die meisten Menschen das äußere, doch biologisch so begrenzte Maß, während sie innerlich maßlos arm bleiben.

Der Ausruf »Ich wäre froh, wenn ich den Mann los wäre, ich finde jederzeit einen *neuen*, dem Partner wird die Zukunft lehren, dass Irrtum zum Leben gehört« ist für mich der beste Beweis, dass die meiste Menschenliebe rein sexueller Natur ist. Um die ganze ungeheure innere Liebeskraft Bachs richtig zu beurteilen, wird man immer wieder die Matthäus- und Johannespassion hören müssen. Diese Werke dürften ein Beweis dafür sein, dass alle nicht sterblichen und die Menschheit immer wieder erregenden Werke nur die sein werden, welche aus der Liebe geboren wurden.

Man kann bezweifeln, ob bei derartigen Schöpfungen alle Frauen ihren Männern so dienen werden, wie es Anna Magdalena Bach tat.

Man kann aber auch bezweifeln, dass es viele Männer geben wird, die den inneren Weg gehen und sich Frauen wie Magdalena aussuchen.

Je älter Bach wurde, umso mehr arbeitete er, bis seine Augen erblindeten. Leider bekamen ihn die Ärzte unter das Messer, sie ruinierten ihm seine Augen völlig und zerstörten seinen Körper mit Arzneien und Aderlässen. In all diesen Qualen, er war 65 Jahre alt, ging er unerschütterlich seinen inneren Weg zu Gott und suchte nur seinerseits Magdalena, die Kinder und Freunde zu trösten und davon zu überzeugen, dass für seine äußeren Augen die inneren sich öffneten.

Von innen heraus kam eine große Heiterkeit über ihn, und er hörte nicht auf, an seiner Musik zu arbeiten, wenn jetzt auch andere für ihn schreiben mussten. Bis zuletzt hörte er Musik in seinem Kopf und diktierte. Wenn er merkte, dass Magdalena um seinetwillen wachte, bat er sie, um seinetwillen schlafen zu gehen.

»Vor deinen Thron trat ich hiermit« war seine letzte Melodie, die er seinem Sohn Christoph diktierte. Magdalena erzählt uns, dass Bach kurz vor seinem Tode noch einmal die Sehkraft wiedererlangt habe.

Glücklich soll er ihr gesagt haben, dass er dort, wo er jetzt hingehe, viel schönere Farben zu sehen und viel schönere Musik zu hören bekäme, solche, von denen sie beide bisher immer nur geträumt hätten, vor allem aber würde er Gott selber schauen.

Dann habe er um Musik gebeten, und sie und die Kinder sangen für ihn seinen schönen lichten Choral:

»Alle Menschen müssen sterben!«

So starb Bach, wie er sich das sicher immer gewünscht hatte, in der Mitte der Familie. Magdalenas Leben schloss mit dem Tode ihres Mannes, da es wie die Ehe in uralter Zeit auf eine ewige Dauer gerichtet war, die nach dem Tode eines der beiden Eheleute nur in der anderen Welt fortgeführt werden kann.

Ehrfurcht ist nicht bloß eine Verhaltensweise, sondern eine Tugend, die ein fester Bestandteil unseres Lebens sein muss.

Schlusswort

Sehr geehrter Leser, danke, dass Sie mit etwas Geduld und vielleicht auch Nachdenken diese einzelnen Aufzeichnungen verfolgt haben. Der Verfasser hat sich vorgenommen, in reiner und sauberer Sprache zu schreiben. Das mag vielleicht ein Widerspruch zu den Aussagen stehen, die wir oftmals im Bücherregal finden.

Es passt aber zu der Überschrift meiner Gedanken.

Ich bin zufrieden, dass man mir hier und dort thematische Anregungen zukommen ließ, die der Zielsetzung dieses Buches entsprechen. Das Leben des Verfassers spannt sich wie ein Bogen über die bisherigen Lebensjahre und Wahrnehmungen unterschiedlichster Art. Mit Fehlern, Versäumnissen.

Die Jahre gaben ihm Erkenntnis über den Weg es besser zu machen als vorher. Ja, das Leben kann wunderbar sein, wenn man aus der trüben Sicht zum Sonnenschein gelangt.

Hellmut Hilse